空き家対策の実務

北村喜宣
米山秀隆
岡田博史
編

PREFACE
はしがき

　老朽空き家への対応は，2010年代前半の自治体法政策のなかでも，特筆すべき事象であった。住民からの苦情に対して，それまでどちらかといえば「権限がない」として消極的な姿勢をとっていた市町村が，自主的に条例を制定して権限を創出し，正面からの対応をしはじめたからである。まさに，「空き家条例ブーム」と評すべき状況が現出した。

　一方，空き家条例には，条例であるがゆえの限界も認識されていた。そこで，自治体の取組みに反応して，国が立法をする。2014年11月に，「空家等対策の推進に関する特別措置法」（平成26年法律第127号）（以下，本書において「空家法」という）が，可決成立したのである。今後，市町村の空き家対策は，空家法を中心に展開されることになる。

　本書は，空家法の解説書である。第1章では，同法制定に至る経緯を説明する。第2章は，空家法の逐条解説である。第3章では，同法の施行を受けて，市町村はどのような法的対応をすべきかを解説する。第4章では，市町村の法律実施にあたって考慮されるべき諸点を解説する。さらに，自治体で実施された行政代執行の実例の紹介や財産管理制度の説明もしている。そして，第5章では，空き家問題への対応のために実施されている諸施策を解説する。

　空家法は議員立法であったことから，内閣提出法案の場合にあるような法律施行通知が出されていない。このため，法律を受け止める市町村のなかには，いささかとまどいもみられる。本書は，そうした市町村行政に対して，「ひとつの考え方」を示すものである。本書が提示する法解釈の部分については，編者である北村喜宣および岡田博史，執筆分担者である文山達昭および青山竜治が，原稿を持ち寄って議論し調整した。実務の使用に十分たえうる内容になっていると考えている。

私自身は，行政実務経験がないため，京都市役所で実務をされる3人の発想を目のあたりにした編集作業は，学問的にも，たいへん刺激的なものであった。このような作業を経験できたことについては，本書の企画者である有斐閣書籍編集第1部の笹倉武宏さんに感謝している。最近，ご自身が関係する空き家の処理をされただけに，本書の構成や内容に対して，的確なアドバイスをしてくださった。

　市町村による空家法の実施は，これから本格化する。現在は居住されている住宅を空家等にしない方策，そうなった場合においてもそれを特定空家等にしない方策，特定空家等になった場合にこれに的確に対応する方策……。市町村の実践に学んで制定された空家法は，市町村が，その地域空間管理を，住宅の適正管理という観点から，行政内部の部署横断的に，さらには，行政と地域コミュニティの協働によって進める機会をもたらした。それにあたって，本書がいくばくかのお手伝いができるとすれば，それは，編者・執筆者の大きなよろこびとするところである。

　2016年　春の予感のする頃に

編者を代表して　北 村 喜 宣

AUTHOR'S NOTE
著者紹介

編集・執筆

北村 喜宣（きたむら・よしのぶ）　　　　　CHAPTER 1 Ⅱ・CHAPTER 2
　　　　　　　　　　　　　　　　　　　　上智大学法科大学院教授

米山 秀隆（よねやま・ひでたか）　　　　　CHAPTER 1 Ⅰ・CHAPTER 5
　　　　　　　　　　　　　　　　　　富士通総研経済研究所 上席主任研究員

岡田 博史（おかだ・ひろし）　　　　　　　　　　　　　CHAPTER 3 Ⅰ
　　　　　　　　　　　　　　　　　　　京都市行財政局総務部法制課長

執　筆（五十音順）

青山 竜治（あおやま・りょうじ）　　　　　　　　　　　CHAPTER 3 Ⅲ
　　　　　　　　　　　　　　　　京都市行財政局総務部法制課法規係長

今﨑 匡裕（いまざき・まさひろ）　　　　　　　　　　　CHAPTER 3 Ⅱ
　　　　　　　　　　　　　　　　京都市行財政局総務部法制課訟務係長

河田 真一（かわた・しんいち）　　　　　　　　　　　CHAPTER 4 Ⅴ 2
　　司法書士河田法務事務所　司法書士（大阪司法書士会 空き家問題対策検討委員会 委員長）

春名 雅史（はるな・まさふみ）　　　　　　　　　　　　CHAPTER 3 Ⅱ
　　　　　　　　　　　　　　　　　　京都市行財政局総務部法制課主任

文山 達昭（ふみやま・たつあき）　　　　　　　　CHAPTER 4（Ⅴ 2 除く）
　　　　　　　　京都市都市計画局まち再生・創造推進室　密集市街地・細街路対策課長

執筆協力（Report 執筆）（五十音順）

阿部 克義（あべ・かつよし）　　　　川崎市市民・こども局市民生活部企画課長
大石 貴司（おおいし・たかし）　　横須賀市こども育成部こども施設指導監査課長補佐
須田 崇（すだ・たかし）　　　　　　　　　　　　大仙市総務部総合防災課
寺澤 昌人（てらさわ・まさと）　京都市都市計画局まち再生・創造推進室 空き家対策課長
長谷川高宏（はせがわ・たかひろ）　　　　大阪市都市計画局建築指導部監察課長
平野 次郎（ひらの・じろう）平野・寳意司法書士・行政書士事務所　司法書士・行政書士
　　　　　　　　　　　　　（大阪司法書士会 空き家問題対策検討委員会 副委員長）

目　次

CHAPTER 1　空き家問題の背景と現状
空家法の成立まで　　1

- Ⅰ　問題の背景 …… 1
  - 1　空き家率の推移　1
  - 2　空き家の内訳　2
  - 3　空き家発生に伴う問題　6
- Ⅱ　条例の展開と議員立法の経緯 …… 8
  - 1　空き家条例ブーム　8
  - 2　2つのタイプの条例　9
  - 3　空き家条例の概要　10
  - 4　認識されていた問題点　13
  - 5　自由民主党空き家対策推進議員連盟の活動　14
  - 6　空家法の成立　15

CHAPTER 2　空家法の逐条解説　　17

- 1　目的（1条）　17
- 2　定義（2条）　18
- 3　空家等の所有者等の責務（3条）　21
- 4　市町村の責務（4条）　22

- **5** 基本指針（5条） 23
- **6** 空家等対策計画（6条） 24
- **7** 協議会（7条） 26
- **8** 都道府県による援助（8条） 28
- **9** 立入調査等（9条） 29
- **10** 空家等の所有者等に関する情報の利用等（10条） 32
- **11** 空家等に関するデータベースの整備等（11条） 33
- **12** 所有者等による空家等の適切な管理の促進（12条） 34
- **13** 空家等及び空家等の跡地の活用等（13条） 35
- **14** 特定空家等に対する措置（14条） 36
- **15** 財政上の措置および税制上の措置等（15条） 45
- **16** 過料（16条） 46
- **17** 附則（17条） 47

CHAPTER 3 法律の施行に伴う自治体の対応

49

I 空家法に先行して条例を制定していた自治体の対応 … 50

- **1** 条例改正の必要性　50
- **2** 条例改正の留意点　52

II 空家法に先行して制定していた条例の改正内容 …… 68
京都市の例

- **1** 条例改正の基本方針　68
- **2** 題名，目次および章名の改正について　69
- **3** 1条の改正について　70
- **4** 2条の改正について　71
- **5** 3条から13条までの規定の改正について　73
- **6** 14条から17条までの規定について　76
- **7** 18条（16条の改正）について　81
- **8** 19条（17条の改正）について　84

9 20条（18条の改正）について　85
　　10 21条, 22条（19条, 20条の改正）について　85
　　11 第3章について　86
　　12 27条（21条の改正）について　87
　　13 28条（22条の改正）について　87
　　14 29条（23条の改正）について　87
　　15 30条（24条の改正）について　89
　　16 31条（25条の改正）について　89
　　17 附則について　90
　Ⅲ 空家法に対応した条例モデル　92
　　　　　　　　総合条例型

CHAPTER 4　空き家対策の実際 ①
　　　　　　　法の運用を中心として　105

　Ⅰ 所有者の特定　105
　　1 調査の進め方　105
　　2 固定資産税情報の利用　108
　　3 相続人調査　109

　Ⅱ 現地調査　111
　　1 外観目視調査　111
　　2 立入調査　111

　Ⅲ 特定空家等の認定　114
　　1 「空き家等」の判断　114
　　2 特定空家等の認定　118

　Ⅳ 法的措置　123
　　1 助言・指導　123

- **2** 勧　　告　125
- **3** 命　　令　128
- **4** 代　執　行　131
- **5** 即 時 執 行　135

V　所有者等が不明の場合の対応　137
- **1** 略式代執行　137
- **2** 不在者財産管理人・相続財産管理人制度　155

CHAPTER 5　空き家対策の実際 ②
各種取組みの実例　171

I　空き家率の将来展望　171
- **1** 試　算　例　171
- **2** 日本の住宅市場の特異性　174

II　空き家所有者への啓発　176
- **1** 工作物責任　176
- **2** 先送りリスク　178
- **3** 空き家化の予防，相談体制　180

III　実態調査，庁内体制　184
- **1** 実態調査，データベース　184
- **2** 庁内体制，協議会　188
- **3** 国，都道府県の支援　188

IV　除却支援策　190
- **1** 空家法の効果と予想される弊害　190
- **2** 除 却 支 援　193
- **3** 所有者不明の場合の対応　196

4 相続放棄されていないケースでの公売　196

  V　利活用支援策　　　　　　　　　　　　　　　198
    1 空き家バンク　198
    2 空き家バンクの成功要因　198
    3 空き家の売却・賃貸化のネック　200
    4 空き家利活用支援のための措置　201
    5 空き家関連ビジネスとの連携　209
    6 跡地の活用　212

  VI　まちづくりとの連動　　　　　　　　　　　　212
    1 コンパクトシティ化の必要性　212
    2 コンパクトシティの事例　215
    3 より根本的な空き家対策　217
    4 中古住宅の流通促進策　218

資　料　　　　　　　　　　　　　　　　　　　　　223
　空家等対策の推進に関する特別措置法　223
　空家等に関する施策を総合的かつ計画的に実施するための基本的な指針　226
　「特定空家等に対する措置」に関する適切な実施を図るために必要な指針
　　（ガイドライン）　237

参 考 文 献　　　　　　　　　　　　　　　　　　263
索　引　　　　　　　　　　　　　　　　　　　　266

Report 目次

- 空き家適正管理条例のもとでの行政代執行──秋田県大仙市の事例 140
- 建築基準法にもとづく代執行──大阪市城東区新喜多の事例 144
- 建築基準法にもとづく略式代執行──京都市上京区東柳町の事例 148
- 空家法にもとづく行政代執行──横須賀市の事例 151
- 空き家対策における財産管理人制度の課題等
  ──財産管理人制度の具体事例ほか 163
- 相続財産管理人制度を用いた対応──川崎市中原区木月の事例 168

本書では下記の略語を用いた。

空家法	空家等対策の推進に関する特別措置法（平成26年法律127号）
空家法施行規則	空家等対策の推進に関する特別措置法施行規則（平成27年総務省・国土交通省令1号）
基本指針	空家等に関する施策を総合的かつ計画的に実施するための基本的な指針（平成27年総務省・国土交通省告示1号）
ガイドライン	「特定空家等に対する措置」に関する適切な実施を図るために必要な指針（平成27年5月26日，国土交通省・総務省）
パブコメ回答	『「特定空家等に対する措置」に関する適切な実施を図るために必要な指針（ガイドライン）（案）』に関するパブリックコメントに寄せられたご意見と国土交通省及び総務省の考え方（平成27年5月26日，国土交通省・総務省）

国土交通省ウェブサイトでは，本書で取り扱った法令・ガイドラインなどのほか，空家法関連情報を提供している（http://www.mlit.go.jp/jutakukentiku/house/jutakukentiku_house_tk3_000035.html）。

本書のコピー，スキャン，デジタル化等の無断複製は著作権法上での例外を除き禁じられています。本書を代行業者等の第三者に依頼してスキャンやデジタル化することは，たとえ個人や家庭内での利用でも著作権法違反です。

CHAPTER 1

空き家問題の背景と現状

空家法の成立まで

I 問題の背景

1 空き家率の推移

　2014年7月に公表された総務省『平成25年住宅・土地統計調査』によれば，2013年10月1日現在の日本の空き家数は820万戸，空き家率は13.5%となり，過去最高を記録した（●FIGURE 1.1）。空き家率は，過去一貫して上昇を続けてきた。1963年までは総世帯数が総住宅数を上回り，住宅はまだ絶対的に足りないという状況だった。その後，住宅供給が増えストックが積み上がり，住宅市場においてゆとりが生まれてきた。空き家は現在問題視されているが，空き家がないと住み替えができないため，一定数は必要である。

　空き家率は，1990年代初めには，一旦は頭打ちの傾向を示していた。しかし，その後，再び上昇が加速した背景には，90年代終わり頃から，地方で先

FIGURE 1.1　総住宅数，総世帯数，空き家率

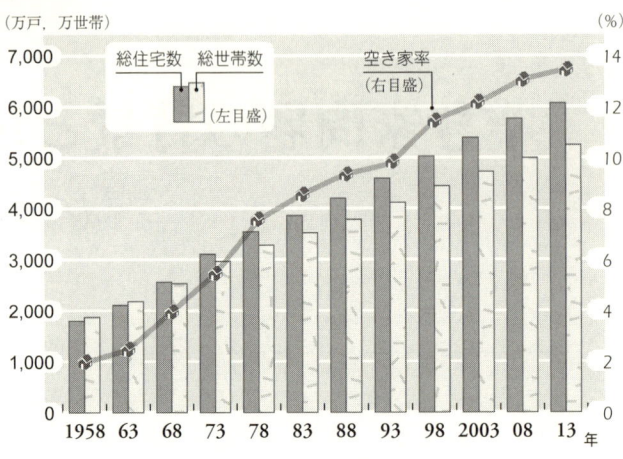

（出所）　総務省『平成25年住宅・土地統計調査』（2014年）。

行して人口，世帯の減少が始まったことがある。地方でも条件の悪い地域から空き家率が高まるようになった。近年では，都市部でも郊外など条件の悪い地域，さらに都心部でも木造住宅密集地域などの条件が悪い地域では，空き家率が高まる状況となっている。

2　空き家の内訳

　前出の『平成25年住宅・土地統計調査』では，空き家は，「売却用」，「賃貸用」，「二次的住宅（別荘等）」，「その他」の4つに分類されている。このうちとくに問題となるのは，空き家になったにもかかわらず，買い手や借り手を募集しているわけではなく，そのまま置かれている状態の「その他」の空き家である。高齢になって高齢者向け施設・住宅に転居したり，親の死亡後そのままにしておくケースなどがこれに当たる。住まなくても維持管理を適切に行っていれば問題はないが，放置期間が長引くと倒壊したり，不審者侵入や放火，不法投棄の危険性が増すなど周囲に悪影響を及ぼす問題空き家となる。空き家のうち，他の3類型は，近年，増加は頭打ち傾向にあるにもかかわらず，「その他」

FIGURE 1.2　　　　　　　　　　　　　　　　　　　　　空き家の内訳

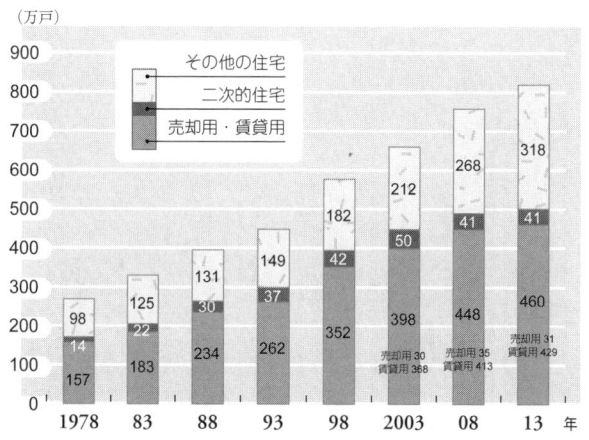

（出所）　総務省『平成25年住宅・土地統計調査』（2014年）。

だけは増加の勢いが増している（→FIGURE 1.2）。

　2013年に，「その他」の空き家の数は，318万戸に達した。それが空き家全体に占める割合は，2008年の35％から2013年には39％にまで高まった。「その他」空き家の割合を地域別でみると，三大都市圏が31％，それ以外が46％と，地方の方が高くなっている。「その他」の空き家318万戸の内訳をみると，木造戸建てが220万戸と69％を占めている。また，「その他」の空き家318万戸のうち，「腐朽・破損あり」が105万戸と33％を占めている。さらに，「その他」の空き家の木造戸建て220万戸に限ると，「腐朽・破損あり」が80万戸と36％を占めている。空家法で特定空家等に該当する可能性が高いのは，これら腐朽・破損ありの住宅のうち，とくに状態の悪いものと考えられる。

　一方，「その他」の空き家率（「その他」の空き家数／総住宅数）は5.3％と，これも2008年（4.7％）に比べ上昇した。都道府県別では，鹿児島県，高知県など過疎で悩む県が上位となっている。これに対し，都市部では低い。一番低いのは，東京都である（→FIGURE 1.3）。「その他」の空き家率は，高齢化率との相関が高く，高齢化率の高い都道府県ほど，「その他」の空き家率が高くなっている（→FIGURE 1.4）。今後，高齢化率が上昇していくにつれ，「その他」の

FIGURE **1.3** 「その他」の空き家率（2013 年）

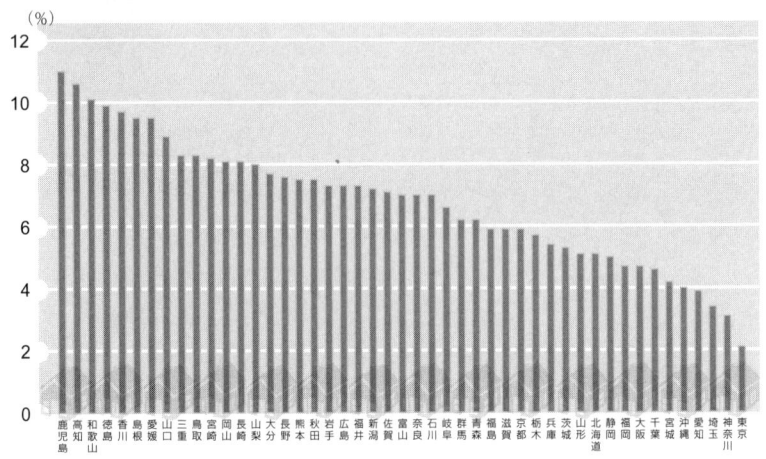

（出所）　総務省『平成 25 年住宅・土地統計調査』（2014 年）。

FIGURE **1.4** 高齢化率と「その他」の空き家率

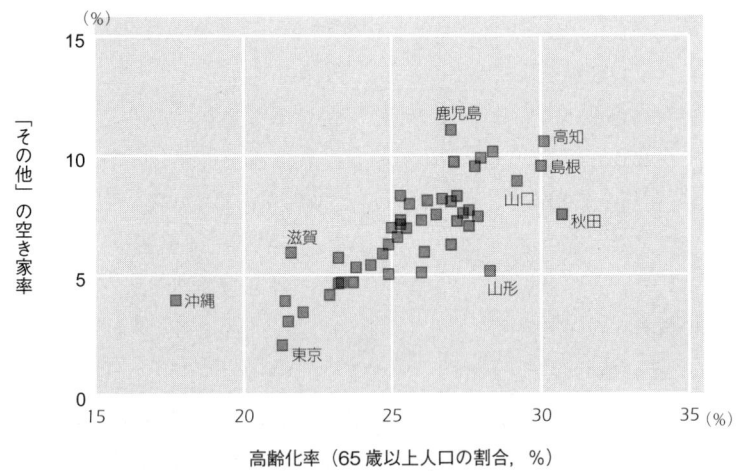

（出所）　総務省『平成 25 年住宅・土地統計調査』（2014 年），『人口推計（平成 24 年 10 月 1 日現在）』より筆者作成。
（注）　高齢化率は 2012 年，「その他」の空き家率は 2013 年。

空き家も上昇していくことが予想される。

　都市部では「その他」の空き家率は低いが，低いから問題が少ないというわけではない。都市部では「その他」の空き家率は低くても，「その他」の空き家の絶対数は多い。「その他」の空き家の数が一番多いのは大阪府（21万戸），次いで東京都（15万戸）となっている。また，都市部では住宅が密集しているため，問題空き家が1軒でもあると近隣への悪影響が大きいという問題がある。

　東京都の空き家についてみると，2013年の空き家数は82万戸と過去最高となったが，空き家は11.1％と5年前と変わらなかった。都市部においては，まだ空き家率の上昇は顕著になっていない。一方，空き家の構成比は，全国では「その他」の割合が増えたが，東京都ではこの割合が25％から19％に低下する一方，「賃貸用」の割合が66％から73％に上昇した。東京都では，2013年調査では「その他」の空き家が減ったという意味では状況は改善したが，賃貸用が目立って増えた。

　都市部においては，賃貸物件の供給が多い。最近は相続対策で物件供給がまた増えたが，新築は満室になる一方で，古い物件の空室が増えている。借り手を募集しているうちは一定の管理を行っているため問題はないが（「賃貸用」としての分類），老朽化して募集を止めると，そうした賃貸物件は「その他」の空き家に分類されることになる。管理が放棄されると，戸建てと同様，近隣に悪影響を及ぼす可能性が高まる。「賃貸用」の空き家が多い地域では，将来的にそれが問題になる可能性が潜在的に高いことを示している。

　戸建ての問題空き家となる予備軍が増加している背景には，①人口減少，②核家族化が進み，親世代の空き家を子どもが引き継がない，③売却・賃貸化が望ましいが，質や立地面で問題のある物件ゆえに市場性が乏しい，④売却・賃貸化できない場合，除去されるべきだが，更地にすると土地に対する固定資産税等の住宅用地特例（◆13頁）が適用除外となるため，そのまま放置しておいた方が有利，などがある。つまり，引継ぎ手がないうえ，中古としても売れず，さりとて除去するにも費用がかかり固定資産税等も上がってしまうため，空き家をそのまま放置するという状況となっている。固定資産税等の問題は，都市部や地方でも地価の高い地域ではとくに深刻になっている。

　なお，ここで用いた総務省統計は，サンプル調査である。全国や都道府県の類型別の数については十分な精度を有するが，市区町村の類型別ではかなりの

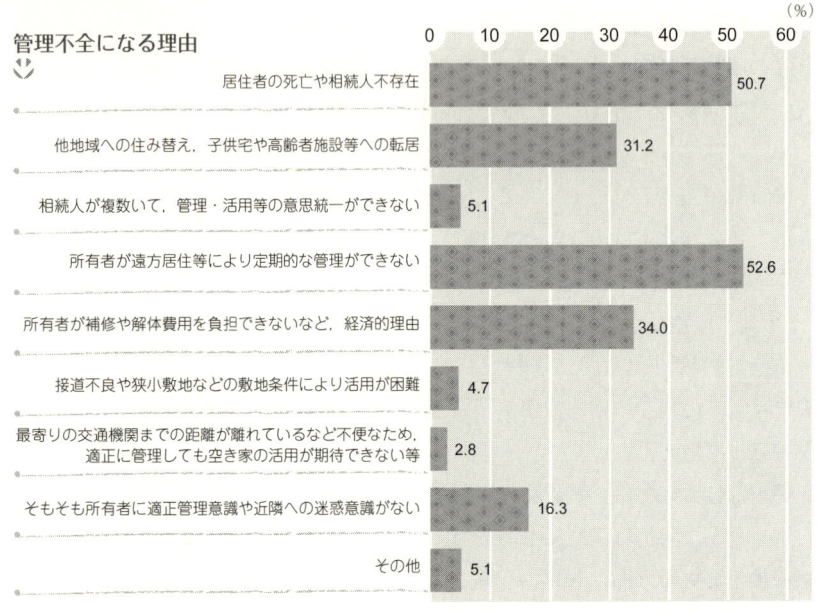

FIGURE 1.5　空き家が管理不全となる理由

（出所）　国土交通省近畿地方整備局『住環境整備方策調査業務報告書』（2012年3月）。
（注）　複数回答。

誤差が生ずる。このため，空き家対策を講ずる前提として，正確な空き家の数を把握するため，独自に調査を行う自治体が増えている。

3　空き家発生に伴う問題

　自治体は，空き家問題をどのようにとらえてきたのだろうか。国土交通省近畿地方整備局が管内の自治体に対して実施したアンケート調査によれば，空き家が管理不全となる理由として多くあがっていたのは，「所有者が遠方居住等により定期的な管理ができず，管理不全」，「死亡や相続人不存在による管理不全」，「所有者が補修や解体費用を負担できないなど，経済的な理由により管理不全」であった（⊕FIGURE 1.5）。このほか，「そもそも所有者に適正管理意

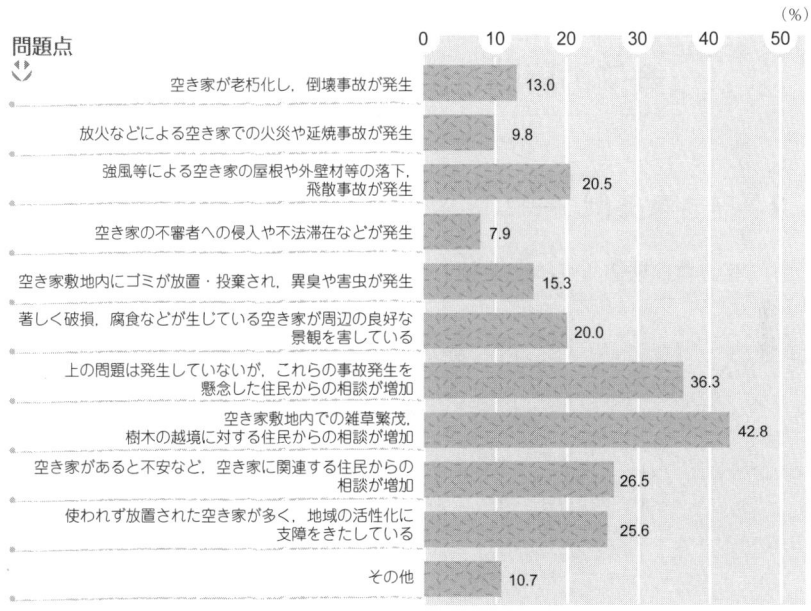

FIGURE 1.6　空き家発生に伴う問題

（出所）　国土交通省近畿地方整備局『住環境整備方策調査業務報告書』（2012年3月）。
（注）　複数回答。

識や近隣への迷惑意識がない」も一定割合あり，所有者の自覚が乏しいことが，問題を深刻化させる一因になっていることもうかがえる。

　同じアンケート調査で，空き家発生に伴う問題として一番多くあがっていたのは，「敷地内での雑草繁茂，樹木の越境に対する住民からの相談が増加」であった（🔵 FIGURE 1.6）。これは，問題としては軽微であるが，隣人にとっては迷惑な場合が多い。とくに所有者がわからない場合には，自治体に苦情が向かうことになる。より重い問題としては，「倒壊事故」，「火災，延焼事故」，「外壁落下，飛散事故」があり，そのほか「不審者侵入」，「不法滞在」，「不法投棄」，「景観阻害」などの問題もある。さらに「上の問題は発生していないが，これらの事故発生を懸念した住民からの相談が増加」という回答も多く，地域に問題空き家が1軒でもあると不安になって自治体に相談が寄せられ，自治体が対

I　問題の背景　　7

応に苦慮してきたことがうかがえる。

II 条例の展開と議員立法の経緯

1 空き家条例ブーム

(1) 使えない法律，使わない行政

　不適正管理のもとにおかれている空き家に関しては，Ⅰで紹介したような問題点が指摘されていた。防災，防犯，公衆衛生，景観，地域イメージなどへの悪影響である。これらは，地元住民の不安の原因となっている。

　こうした不安は，苦情あるいは議員を通じた陳情の形をとって，市町村行政窓口に持ち込まれる。ところが，行政は，これに果敢に取り組むというよりも，適用できる法律がないとか自課の所管ではないなどという理由をならべ，住民を庁内で「たらい回し」にしていたのが実情であった。

　建築基準法についてみよう。同法10条3項は，いわゆる既存不適格建築物の状態が著しく保安上危険または著しく衛生上有害である場合に，所有者等に対して，当該建築物の除却や修繕など，適切な措置を講ずべきことを命ずる権限を特定行政庁に与えている。特定行政庁とは，建築基準法のもとで建築確認事務を行うために建築主事がおかれる人口25万人以上の市の市長である（建築基準法2条35号）。なお，25万人未満であっても，木造2階建てのような比較的小さな建築物に関して10条3項命令を含むいくつかの権限の行使を自らなすべく都道府県知事に協議をすれば，当該市町村の長が特定行政庁になる。これを，限定特定行政庁という。また，東京都23区の区長も含まれる。

　同法10条3項を所管するのは，通常，建築指導課である。しかし，同課は，全国的に命令事例がほとんどない，命令発出要件が抽象的で判断が困難，命令の履行が期待できないなどの理由で，権限行使にきわめて消極的であった。最近では，大阪市（2013年，2015年），京都市（2015年），横須賀市（2015年）において，命令の発出および行政代執行による除却等の実績があるが，全国的にみれば，例外的である。

⑵ **所沢市空き家等の適正管理に関する条例**

　特定行政庁である所沢市（中核市）においても，同様の事情であった。しかし，対応を求める住民の声は強かった。そこで，それにこたえて，2010年7月に，危機管理担当部署（危機管理課防犯対策室）を担当とする「所沢市空き家等の適正管理に関する条例」を制定した。この条例が，2014年に法律が制定されるまでの4年間の「空き家条例ブーム」の嚆矢となったといわれている。

　所沢市は，条例案作成にあたり，1998年に制定されていた「長万部町空き地及び空き家等の環境保全に関する条例」などを参考にしたようである。長万部町条例ではなく所沢市条例がブーム到来の引き金を引いたとされるのは，名称が「空き家」のみであったこと，2010年当時において，空き家対応の必要性を痛感していた市町村（特別区を含む。本書において，以下同じ）が多かったことなどが理由であろう。

2　2つのタイプの条例

　国土交通省の調査をもとに，2014年時点で施行されていた空き家条例の制定年別の状況をみると，2012～2014年の3ヶ年において，全体の約81％が制定されていることがわかる（●FIGURE 1. 7）。その後もさらに数は増加し，空家法成立時においては，401の条例が制定されていたとされる。その条例は，2つに大別できる。第1は，建築基準法などの法律とは独立して制定される独立条例である。所沢市条例をはじめ，大半がこのタイプである。第2は，建築基準法を用いて老朽空き家対策をしようとする建築基準法実施条例である。このタイプの条例は，2012年制定の「市川市空き家等の適正な管理に関する条例」を嚆矢として，特定行政庁である自治体において例がある（佐世保市，長崎市など）。

　以下では，第1のタイプの条例（以下「空き家条例」という）を前提に整理をする。時期を経るにしたがって，所沢市条例を踏まえつつも，独自の対応を制度化する例がみられるようになる。条例による法政策の進化を目の当たりにできる分野である。

FIGURE 1.7　　　　　　　　　　　　　　　空き家適正管理条例制定件数の推移

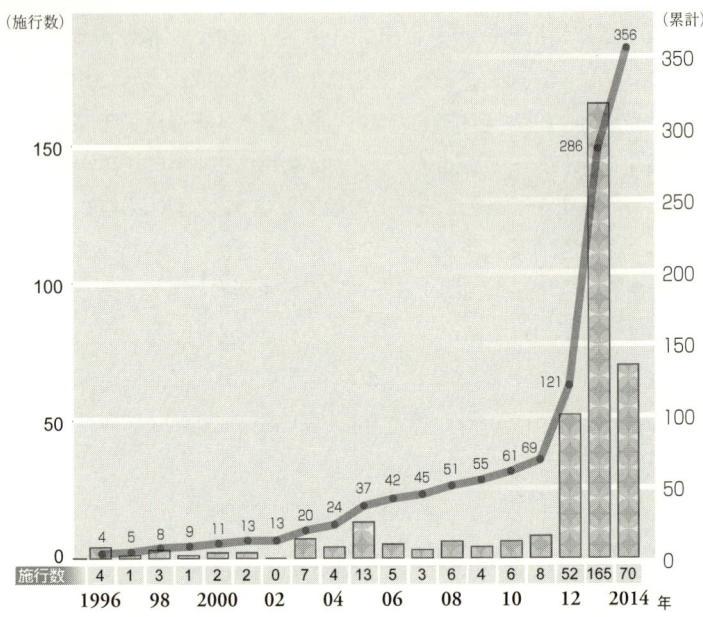

（出所）　国土交通省資料をもとに筆者作成。ただし，施行年による表示である。

3　空き家条例の概要

(1)　目　的

　空き家条例において目的とされているのは，防災，防犯，生活環境保全である。すべてを含む条例もあれば，いくつかに限定するものもある。

(2)　対　象

　対象物件については，これを，常時無人状態にある空き家に限定する条例と，居住の有無にかかわらず保安上・衛生上相当に劣悪な質にある建築物を対象とする条例がある。前者が大半である。後者の代表例は，2011年制定の「足立区老朽家屋等の適正管理に関する条例」である。

(3) 義務付け

建築基準法8条1項は、「建築物の所有者、管理者又は占有者は、その建築物の敷地、構造及び建築設備を常時適法な状態に維持するように努めなければならない。」と規定する。建築物の状態のいかんにかかわらず所有者等に求められるために努力義務となっているが、空き家条例が対象とするのは、現実の管理状態が悪い建築物である。そこで、ほとんどの条例は、「空き家等の所有者等は、……当該空き家等が管理不全な状態にならないよう適正な管理を行わなければならない。」(所沢市条例3条)というように、義務規定としている。

(4) 状況の調査

条例の実施であるが、通常は、住民からの通報を踏まえて受動的に対応される。第1段階は、現状確認である。職員が現場に行くのであるが、一般には、外観目視による実態調査が規定されている。初期の条例は、これにとどまるものが多かったが、その後、立入調査の権限を明記するものがあらわれるようになった。その場合でも、敷地内への立入りにとどまるのか、建築物内部への立入りも可能かについては、規定ぶりが分かれる。2013年に制定された「京都市空き家の活用、適正管理等に関する条例」のように、条例の実施に必要があれば、扉や窓が破損していて建築物内部への立入りが事実上可能になっている場合にはそれをも可能とする規定を持つ条例も制定されている(23条。2015年の改正後は29条)。

居住されていれば問題は少ないが、常時無人状態の空き家の場合には、行政は、対応すべき相手方を調査しなければならない。関係自治体の協力を得て、登記簿、住民票、戸籍等を追って所在をつかもうとするが、困難な場合も少なくない。一方、固定資産税が課税されている場合には、本人あるいは関係者の氏名や所在に関する情報を資産税担当が保持していることから、その利用が検討される。ところが、地方税法22条が規定する守秘義務を理由として、同じ庁内であったとしても、空き家条例担当に対して情報提供がされない実務もある。

(5) **不適正管理への対応**

(a) **伝統的な対応**　所沢市条例が、「助言・指導⇒勧告⇒命令⇒公表」という手段を規定したことから、これにならう条例が多い。これは、法律においても一般に確認できる伝統的な対応である。

同条例の場合、助言・指導の要件は、「管理不全な状態になるおそれがあると認めるとき、又は管理不全な状態であると認めるとき」(6条1項) である。管理不全な状態とは、「建物その他の工作物が、老朽化若しくは台風等の自然災害により倒壊するおそれがある状態若しくは建築材等の飛散による危険な状態又は不特定者の侵入による火災若しくは犯罪が誘発されるおそれのある状態」(2条2号) とされる。実質的には、保安面に関しては、建築基準法10条3項の要件と実質的に同じと解されている。

たとえば、除却を命ずる命令は、他人が代わってすることができる義務であるため、命令の不履行が著しく公益に反する状態になれば、行政代執行法にもとづいて行政代執行ができると解されている。この点を条例の中で確認的に規定するものもある。空き家条例にもとづく命令について実際に除却の代執行を実施した自治体として、大仙市 (2012年、2013年)、美郷町 (2013年)、八郎潟町 (2013年)、長岡市 (2013年)、大田区 (2014年)、墨田区 (2015年) がある。

一方、あくまで行政指導で問題を解決する方が早いと考える自治体は、条例では「勧告どまり」にしている。前出の足立区条例がそうであり、後述の助成措置と相まって、相当の除却実績をあげている。

(b) **自治体ならではの対応**　それ以外に、法律ではみられない自治体ならではの対応を規定する条例がある。1983年に制定された「沼田町あき地及びあき家の管理に関する条例」は、所有者の申出があった場合に、町長は、適正管理のために必要な措置を所有者に代わって行い費用を請求すると規定する (9条)。前出の足立区条例は、同様の対応を「緊急安全措置」と称して規定している (7条)。一種の請負契約である。

同じく「緊急安全措置」という文言を用いるけれども、足立区条例とはまったく異なる内容を規定するのが、京都市条例である。それによれば、「市長は、空き家の管理不全状態に起因して、人の生命、身体又は財産に危害が及ぶことを避けるため緊急の必要があると認めるときは、当該空き家の所有者等の負担

において、これを避けるために必要最小限の措置を自ら行い、又はその命じた者若しくは委任した者に行わせることができる」（17条1項〔2015年の改正後は、19条〕）。これは、行政法学でいうところの即時執行である。所有者等の意思に関係なく、行政の判断で実施できる（➡64頁、135頁）。

現実には、経済的支援をしないかぎりは問題が解決しないという認識のもとに、助成金を用意する自治体もある。足立区条例は、「区長は、前条の指導又は勧告に従って措置を行う者に対し、別に定めるところにより助成を行うことができる。」（6条）と規定する。原則として、除却に対して、最大90％・100万円までの補助がされる。これはかなりの高率・高額であるが、助成措置を用意する自治体では、50％・50万円までというのが相場のようである。

4 認識されていた問題点

積極的な実施姿勢を持つ市町村においては、空き家条例は、それなりの効果をあげていたようである。その一方で、実施を通じて、いくつかの課題が認識されていた。

第1は、所有者等の了解を得ないで敷地や家屋内部に立入調査をすることが可能かどうかである。第2は、とりあえずの調査で所有者等が判明しない場合に固定資産税情報を利用することが可能かどうかである。登記簿・戸籍簿・住民票を調査しても所有者等が判明しない場合であっても、前述のように、固定資産税担当には所有者等や納税管理者の情報が保有されていることがある。第3は、Ⅰでも指摘したように、住宅が建っている土地については固定資産税の特例措置（例：200㎡以下の土地の場合は6分の1になる）や都市計画税の特例措置（例：200㎡以下の土地の場合には3分の1になる）（以上の2つをあわせて、本書では「住宅用地特例」という）が適用されるために、売却するなら別であるがそうした予定もない以上、除却して更地にするインセンティブがないことである。この住宅用地特例は、居住用に供せないほどに劣化した老朽空き家には適用されないと解すべきであるが（固定資産税務研究会編『固定資産税実務提要』〔ぎょうせい、加除式〕）、厳格な運用はされていない場合が多かった。これが、管理不全のままに空き家を存置する原因のひとつと指摘されていた。第4は、行政代執行により除却したくても、命令の相手方が判明しないかぎりは手の打ちよう

がなかったことである。

　第1および第2の点については，たとえば，京都市条例16条（2015年の改正後は，18条）のように，一定の条件や手続のもとでこれを可能にする規定を設けているものもあった。札幌市や大阪市は，個人情報保護審議会の答申を踏まえて，一定の場合には，固定資産税情報を利用する運営をしていた。第3の点については，たとえば，「見附市老朽危険空き家等の所在地に係る固定資産税等の減免に関する要綱」のように，解体しても減免の特例措置を2年間継続するとするものもあった（⊕191頁）。しかし，こうした措置を講ずる市町村は例外的であり，条例運用上の課題として認識しつつもそのままにしていたところが多かった。第4の点については，行政代執行法の特例を条例で規定することはできないという解釈が，実務では一般的であった。

5　自由民主党空き家対策推進議員連盟の活動

　「国が空き家に関する法律を制定してほしい」という声は，市町村になかったわけではない。しかし，この政策分野を所管する国土交通省（国土交通省設置法4条66号参照）は，新たな法律は不要という立場であった。建築基準法10条3項は，いわゆる既存不適格建築物に関するものであり，とくに空き家を念頭においた制度ではないにしても，制度の射程に含まれると考えていたのである。また，居住者がいる老朽家屋が同法の基準に違反して危険な状態になるときには，同法9条1項にもとづく命令が可能という整理であった。同法で十分対応できるというのである。この立場からは，前出（⊕9頁）の市川市条例のように，同法の権限行使を積極的に実施しようという法律実施条例は，望ましい対応であっただろう。

　ところが，こうした状況に対して，政治家が動き出す。2013年3月に，自由民主党の議員が「空き家対策推進議員連盟」（会長：宮路和明衆議院議員〔当時〕）を結成し，議員提案による法律制定を目指して，関係自治体や有識者のヒアリングを精力的に重ね，関係議員や関係省庁とも調整しながら法案を準備していったのである。

6　空家法の成立

　当初，法案は，衆議院国土交通委員長提案として，第186回国会に提案される予定であった。しかし，野党内の異論に配慮して対応に時間をかけ，第187回国会に提案された。そして，2014年11月21日の衆議院解散のまさに直前の同月19日に，「駆け込み成立」した。空家法案以外にも，同国会には，多くの法案が上程されていた。その中で，空家法案が選ばれたのは，議員連盟の中心人物であった宮路和明氏が，政界引退を予定していたことが影響しているのかもしれない。議案が委員長提案として提出される場合，いわば委員会の総意であるから委員会審議は不要ということで，国会における法案審議はされていない。参議院国土交通委員会において付された附帯決議も条文解釈の参考にはならず，立法者意思を忖度するのが困難な状況にあった。

　この点で，法案作成にあたった関係者により執筆された自由民主党空き家対策推進議員連盟（編著）『空家等対策特別措置法の解説』（大成出版社，2015年）は，市町村行政にとって，貴重な情報を提供する。本法の実施にあたっては，同書に示された解釈および本書で示される解釈を踏まえつつも，それぞれの市町村の実情に応じた合理的解釈を施すことが期待されている。

CHAPTER 2

空家法の逐条解説

1 目 的（1条）

(1) 「適切な管理が行われていない空家等」を対象

　本法は，適切な管理が行われていない建築物またはこれに附属する工作物のうち，2条1項にいう「空家等」を，施策の対象とする。最近，居住者が自らの生活から発生した物品や敷地外から収集した物品を建築物内やその敷地に大量にたい積させるいわゆる「ごみ屋敷」が問題となっている。これも，適切な管理がされていない建築物等であるが，居住等の使用がされているかぎり，本法の対象にはならない。また，たんに老朽危険状態にある家屋でも，居住がされているかぎり，本法の対象にはならない。

(2) 「地域住民の生命，身体又は財産を保護」および「生活環境の保全」を明記

　本法以前に制定されていた条例においては，①防災，②防犯，③生活環境保全のうちのいくつか（あるいはすべて）が目的とされていた。これに対して，本法1条は，目的を「地域住民の生命，身体又は財産を保護」「生活環境の保全」

としており、②が含まれていない。法案の初期段階では「防犯」という文言が目的規定に含まれていたが、その後の調整の中で、それは警察活動等の治安（犯罪）対策そのものであり、それとして実施するのが適切という判断から削除されたという経緯がある。

それでは、本法の実施にあたって、市町村行政が警察の協力を一切求めることができないかといえば、そうではない。この点は、本章の 7 条の解説および **CHAPTER 3** の解説において説明される。1 条の目的には明示的に含まれないけれども、本法がそれを排除しているとは解されない（🔁 27 頁、58 頁）。

「生活環境の保全」は、多くの事象を含みうる概念である。実定法においても使用される場面は多様であるが、これを直接に定義する例はない。1 条における「生活環境」は、景観法 1 条にある「潤いのある豊かな生活環境の創造」にほぼ重なるといえる。居住の側面を重視した生活環境である。建築物に起因する保安上の危険性と敷地の樹木雑草の繁茂に起因する生活環境の支障は、中央省庁でいえば、前者が国土交通省の所管であり後者は環境省の所管である。これらを同居させる法律は、内閣提出法としては、実現が困難であったかもしれない。先行する空き家条例に学んだ議員提案ならではのものであるとも評せよう。

(3) 「空家等の活用の促進」を含める

1 条は、上記のほかに、「空家等の活用の促進」を目的に含めている。既存条例においては、これを目的に含むものは少なかった（例外として、「京都市空き家の活用、適正管理等に関する条例」〔2013 年制定〕）。もっとも、市町村のなかには、条例に規定はないけれども、空き家バンク等の事業を立ち上げて、利活用の促進に取り組むところがあった。本法は、そうした動きを踏まえて、空家等の活用を正面から目的に加えている。

2 定 義（2条）

(1) 本法が対象とする「空家等」とは

2 条は、本法における中核的用語である「空家等」「特定空家等」の定義規定である。同条 1 項は、「空家等」を、「建築物又はこれに附属する工作物であっ

て居住その他の使用がなされていないことが常態であるもの及びその敷地（立木その他の土地に定着する物を含む。）をいう」と定義する。「建築物」「工作物」については，特段の説明はないが，建築基準法2条1号に規定されるそれら文言と同義である。すなわち，工作物とは広義の概念であり，土地に定着する工作物のうち屋根・柱・壁を有する建物およびそれに附属する門・塀を建築物といい，それ以外のもの（例：建物の外壁に附属した看板や物干し台，敷地内の広告等）を「附属する工作物」という。「附属する工作物」が，「空家等」の「等」の内容である。なお，たとえば，火災により屋根や壁が消失して柱が残っているだけの状態のものも，本法の制度趣旨に鑑みれば，建築物に含めることができよう。「土地に定着する物」には，庭木のほか，多くの住民苦情の原因となっている雑草等も含まれる。敷地が空家等の定義に含まれている点に注意を要する。

「空家等」という表現からは，人の居住の用に供する建築物のみが含まれるようにも思われるが，建築物の用途は問題にされない。したがって，人が居住していない専用店舗や工場等を広く含むと解するのが本法の制度趣旨にかなう。

不使用が常態であるというのは，客観的にそのように認識できるという意味であり，所有者等の主観的意思は決定的要素にならない。その判断は，①人の出入り実績，②電気・水道・ガスなどの使用実績，③外観，④登記簿・住民票の内容などを総合的に勘案して判断する。所有者等が「使用している」と主張していてもその様子が確認できないような場合には，「空家等」と判断されることになる。「常態」といえるための時間的範囲は，一義的には決まらない。硬直的に対応するのは適切ではないが，おおよそ1年を目途としてよい。所沢市条例のもとでは，そのような運用がされていた。2007年に制定された鳥取県景観形成条例は，「景観支障物件」の要件のひとつとして，本則で，「1年以上にわたって特定の目的に使用されず」と規定している（21条）。

なお，1項の「空家等」の定義は，既存の条例の多くが定めていた定義を参考にしている。年に数回の利用がある場合には，「不使用が常態」とはみなされない。一方，所有者が年に数回訪れて外観をみる程度であれば，管理はされているけれども使用はされていないため，「空家等」と判断される。

「空家等」として想定されるのは，戸建て住宅の場合が多いだろうが，アパートのような共同住宅形式の建築物の場合もある。そうした場合において，1部屋を残してすべての部屋が空き室となっているときには，当該建築物はまだ空

家等にはなっていないと考えられている。対象とする建築物全体において，何らの使用もされていない状態である必要がある。いわゆる長屋に関しても，すべての居住区画が不使用常態とならないかぎりは，空家等とならないというのが，国土交通省の解釈である。

2条に関する本法の施行は，2015年2月26日であった。おおよそ1年という不使用が常態の期間であるが，その日から算定を開始する必要は必ずしもない。それまでの調査などを通じて施行時においておおよそ1年以上にわたり不使用が常態となっていると判断できれば，当該建築物等を空家等として所定の対応をすることは妨げられない。また，行政としてその存在を把握したのは最近であっても，物件の状態から明らかに長期間利用されておらず，次にみる「特定空家等」であると合理的に判断できる可能性が高い場合にも，とりあえず空家等と整理してよい。

(2) 「特定空家等」とは

(a) **要件**　「特定空家等」(2項) は，「空家等」にさらに絞りをかけた概念である。整理して示せば，以下の状態にあるものである。

---

① そのまま放置すれば倒壊等著しく保安上危険となるおそれのある状態
② そのまま放置すれば著しく衛生上有害となるおそれのある状態
③ 適切な管理が行われていないことにより著しく景観を損なっている状態
④ その他周辺の生活環境の保全を図るために放置することが不適切である状態

「保安上危険」とは，たとえば，建築物の倒壊，建材の脱落・飛散のおそれがある状態である。「衛生上有害」とは，たとえば，空家等の建材に含まれるアスベスト等が飛散するおそれがある状態である。

本法の制定前は，倒壊の危険性がある老朽空き家に対して，建築基準法10条3項にもとづく措置（除却等の命令）が講じられることがあった。その除却命令の要件は，「著しく保安上危険であり，又は著しく衛生上有害であると認める場合」である。これと比較すれば，本法は「おそれのある状態」と規定されているように，より早期時点での対応を可能にしている。この点は，建築基準法と本法の両方の要件を充たす物件に対していずれを優先的に適用するかを

考えるにあたって重要な点である。

(b) **規定ぶりの特徴**　既存条例が措置対象とした空き家等と，本法にいう特定空家等は，劣悪な管理状態にあるという点でほぼ同じと考えられる。条例においては，対象とする空き家等を本法にいう空家等と同様に定義したうえで，除却等の助言・指導，勧告，命令といった措置の対象とするかどうかの判断を，本法でいえば14条相当の条文において行うようになっていた。

ところが，本法では，2条2項にあるように，その判断を施したものが特定空家等として定義されている。たしかに，抽象的には，空家等の中で上記要件①～④を充足するものを特定空家等と観念することは可能であるが，実務的には，条例のもとでなされていたように，14条が規定する措置を講じるかどうかの判断の際に要件充足の判断を個別にせざるをえないだろう。本条2項の定義は，判断基準として十分な詳細さを備えていないから，市町村は，具体化した基準を別に作成することになろう。

(c) **判断の方法**　特定空家等に該当するかどうかの判断は，7条にもとづく協議会の審議を踏まえてなされる場合もあるし，後述のように，市町村の独自条例にもとづく附属機関および手続によりなされる場合もある。7条協議会でなければ適法に判断ができないわけではない。判断の基準としては，本条2項が用いられる。

ただし，その基準はなお抽象的である。そこで，これを詳細化する内容を法律実施条例や実施要綱の中で規定することは可能である。不利益処分にあたって処分基準の作成と公表を努力義務とする行政手続法12条の制度趣旨に鑑みれば，行政庁としては，そのように対応するのが望ましい。その際には，ガイドライン別紙1～4に記述される「判断に際して参考となる基準」が参照できる（→250頁）。

3　空家等の所有者等の責務（3条）

本法は，既存の条例と同様に，空家等の所有者または管理者を「所有者等」とする。管理者とは，所有者から当該建築物の管理行為（保存，利用，改善）を委任されたものである。そのうえで，所有者等に関して，「周辺の生活環境に悪影響を及ぼさないよう，空家等の適切な管理に努めるものとする」と努力義

務を規定する。

　条例では，所有者等に対しては，「適切に管理しなければならない」というように抽象的ながらも法的義務とする例が大半であるが，そこまでは踏み込んでいない。法的義務は，後述（→39頁）の14条3項にもとづく命令によってはじめて課されるという整理である。なお，空家等にある工作物の不適正管理に起因して他人に損害を発生させた場合に民法上の工作物責任（717条）が問われるのは当然である。

　所有者等には，相続財産である空家等の相続人も含まれる。所有形態には，単独所有と共有がある。共有の場合には，共有者全員がこの責務の対象となる。

4　市町村の責務（4条）

(1)　市町村を前面に

　4条は，市町村の責務を規定する。本法は，法律の制定を通じて国が空家等に関する事務を創出するものであるが，その実施にあたっては，国，都道府県，市町村の間に適切な役割分担が規定されなければならない。地方自治法1条の2第2項，2条3項，同条5項が求めるところである。

　既存の空き家適正管理条例の制定主体のほとんどが市町村であったことを踏まえ，本法の事務は，住民に最も身近であり個別の空家等の状況の把握が可能な市町村の事務と考えられた。本条には，空家等対策計画の作成およびこれにもとづく対策実施等の措置を適切に講ずる旨の訓示規定が設けられている。本法の制定によって，空き家に起因する紛争は私人同士の問題であり，行政は介入すべきでないという整理はできなくなった。

　もっとも，市町村が前面に出るとしても，国および都道府県は，空家等対策の実施において，それぞれの役割を果たす義務がある。本法は，国および都道府県に関して，独立した責務規定を設けてはいないが，8条（都道府県による援助），15条（財政上の措置及び税制上の措置等）において，所定の規定をしている。さらに，都道府県に関しては，6条4項には，空家等対策計画の作成・実施に際して，市町村が都道府県に対して必要な援助を求めうる旨の規定がある。都道府県の関与を市町村条例で規定することは困難であり，この点で，法律を制定する意味はあった。

(2) 国, 都道府県の責務

　国および都道府県に関しては, 本条のような形での責務規定は設けられていない。国の行政的事務としては, 5条にもとづき, 国土交通大臣および総務大臣が, 基本指針を定める義務があるし, 14条14項にもとづき, ガイドラインを定める義務がある。そのほか, 14条11項にもとづき, 両大臣に, 命令の公示方法の決定が義務付けられている。これは, 空家等対策の推進に関する特別措置法施行規則（平成27年4月22日総務省・国土交通省令第1号）として制定された。15条は, 財政上・税制上の措置を講ずる責務を規定する。

　都道府県に関しては, 8条が市町村に対する援助の努力義務を規定するほか, 15条が, 財政上・税制上の措置を講ずる責務を規定する。

5　基本指針（5条）

(1) 国の事務としての基本指針作成

　5条は, 国が空家対策の基本的指針を定めると規定する。本法は, 国土交通省と総務省の共管法である。両省は, 2015年1月30日付けで, 都道府県・市区町村に対して,「『空家等に関する施策を総合的かつ計画的に実施するための基本的な指針(案)』に関する意見照会」を実施した。その結果を踏まえて, 基本指針（平成27年2月26日付け総務省・国土交通省告示第1号）が定められた。基本指針の全文は, 巻末に収録している（⬇226頁）。

　国土交通省が本法を所管するのは, 国土交通省設置法4条66号が同省の所掌事務のひとつとして,「住宅（その附帯施設を含む。）の供給, 建設, 改良及び管理並びにその居住環境の整備に関すること。」を規定するからである。総務省については, 総務省設置法4条26号「地方自治に係る政策で地域の振興に関するものの企画及び立案並びに推進に関すること。」がその根拠である。

(2) 基本指針の概要

　基本指針は,「空家等に関する施策の実施に関する基本的な事項」（以下「基本的事項」という），「空家等対策計画に関する事項」（以下「計画事項」という），「その他空家等に関する施策を総合的かつ計画的に実施するために必要な事項」

（以下「その他事項」という）の3部から構成される。このうち，基本的事項が，全体の約76%を占めている。内容としては，本法の第1次施行部分（2015年2月26日施行）に対応するものとなっている。

　事務が義務的とされた市町村には，本法の実施にあたって十分な体制を確保できるかが不安材料としてある。8条は都道府県の努力義務を規定するが，その内容として，具体的な措置が記述されているのが特徴的である。

6　空家等対策計画（6条）

(1) 作成は任意

　既存の条例には，計画を策定して対応するという規定を持つものはなかった。これに対して，本法は，前記基本指針とならんで，市町村による対策計画を規定する。基本方針と計画という組み合わせは，国法がよく用いる仕組みである。

　対策計画の作成は，市町村の任意である。計画の作成が本法の権限行使の前提となるわけではない。計画にもとづく対策の実施に対しては，本法15条が規定するように，財政上・税制上の措置が講じられるため，現実には，市町村は，国の基本指針に即してこれを作成することになろう。なお，基本指針は，「計画を作成することが望ましい」としている。作成をするとした場合の作成時期や作成手続の判断は，市町村の任意となる。

(2) 規定事項の枠付け

　市町村が計画を作成する場合には，規定されるべき事項が，6条2項各号において，以下のように指定されている。内容を法律が決定しているという意味で，一種の枠付けである。それぞれの具体的内容は，基本指針の中で解説されている。もっとも，1～8号は，いわばカートリッジであり，そこにどのような中身を充填するかについては，市町村に大きな裁量がある。

> 1号　空家等に関する対策の対象とする地区及び対象とする空家等の種類その他の空家等に関する対策に関する基本的な方針
> 2号　計画期間
> 3号　空家等の調査に関する事項

4号　所有者等による空家等の適切な管理の促進に関する事項
5号　空家等及び除却した空家等に係る跡地……の活用の促進に関する事項
6号　特定空家等に対する措置（第14条第1項の規定による助言若しくは指導，同条第2項の規定による勧告，同条第3項の規定による命令又は同条第9項若しくは第10項の規定による代執行をいう。……）その他の特定空家等への対処に関する事項
7号　住民等からの空家等に関する相談への対応に関する事項
8号　空家等に関する対策の実施体制に関する事項
9号　その他空家等に関する対策の実施に関し必要な事項

(3) 計画的・総合的の意味

　本法は，空家等に関する施策を「総合的かつ計画的」に推進することを目的にしている（1条）。「総合的かつ計画的」という文言を目的規定に含む法律は，2015年7月現在，本法以外に44法存在する。基本理念，基本方針，基本計画に関する規定のなかに含む法律を加えると，その数は相当になる。このような状況にあるため，「総合的かつ計画的」というスタンスそれ自体はおよそ行政ならば具備すべきものであり，一見それほどの独自性はないようにも思われる。

　しかし，空家等対策に関するかぎりでは，この規定ぶりの意味は大きい。本条の文言のみからは必ずしも明らかではないが，基本指針は，「空家等のそもそもの発生又は増加を抑制」することが本条1項9号「その他空家等に関する対策の実施に関し必要な事項」に含まれるとしている。これは，現在は居住者がいるけれども将来空家等になる可能性が高い家屋についても，未然防止の観点から，施策の対象にできることを意味している。

　独居老人が施設に入所したり死亡したりした場合，当該家屋は空家等になる可能性がある。そうした事態は避けられないにしても，それが特定空家等になるのを未然に防止するため，市町村行政が家族等と連携をとって適切な方策を講ずる必要がある。その所管は，建築や住宅というよりも，福祉の関係部署であろう。このように，未然防止の視点からは，空家等対策計画の策定および実施には，個々の家屋の状況の時間的推移に対応した的確な部局横断的関与が求められるのである。本法が福祉的観点からの関与の必要性を認めている点については，次にみる協議会の構成員の属性のひとつとして，「福祉に関する学識経験者」が規定されていることからも推察される。基本指針は，「市町村内の

関係部局による連携体制」という一節をわざわざ設け，行政分野を横断する全庁体制による取組みを期待している。

特定空家等に相当する物件に対して対症療法的に対応するだけでなく，空家等に相当する物件に対して，発生抑制や利活用を検討する自治体の数は増えてきていた。本条には，そうした先駆的な自治体施策を一般化する意義がある。

(4) 計画作成と補助との関係

空家等対策計画の作成は，任意である。ただ，空き家再生等推進事業による空き家の除却に係る費用の助成にあたっては，平成27年度国予算において，2018年度以降は，同計画を作成していることが利用の前提条件となっている（国土交通省住宅局『平成27年度住宅局関連予算決定概要』〔2015年1月〕参照）。

(5) 既存計画との関係

市町村が空き家の適正管理に関して計画を作成していた場合，本条2項各号の事項が規定されていれば，本法施行後にそれを6条にもとづく空家等対策計画とみなすことは可能である。

(6) 計画の期間と改定

本条2項2号は，「計画期間」を定めるよう求めている。何年計画とするかは，市町村の任意である。空き家をめぐる状況の変化の速度に鑑みれば，1期5年とするのが適切であろう。最終年度には，その後の状況を踏まえての改定作業がされることになろう。

7 協議会（7条）

(1) 構成員の属性

空家等対策計画の作成およびその実施にあたっては，専門的知識を有する者の協力が必要な場合がある。そこで，本法7条は，市町村が協議会を組織できる旨を規定する。設置は任意である。この協議会は，地方自治法252条の2の2に規定される協議会（地方公共団体の事務の一部を共同で管理・執行する等のために設置される）とは別物である。

本条2項は，構成員の属性として，「市町村長（特別区の区長を含む。以下同じ。）のほか，地域住民，市町村議会の議員，法務，不動産，建築，福祉，文化等に関する学識経験者」を例示する。このような踏み込んだ明示的規定は，協議会の設置が任意設置とされているがゆえのことであろう。

それぞれの属性がどのような職種に相当するのかは，一義的には明らかではない。この点，基本指針は，法務（＝弁護士，司法書士），不動産（＝宅地建物取引業者，不動産鑑定士，土地家屋調査士），建築（＝建築士），福祉（＝社会福祉士有資格者，民生委員），文化（＝郷土史研究家，大学教授・教員等）をあげている。また，「その他」の例としては，自治会役員，警察職員，消防職員，道路管理者等公物管理者，まちづくりや地域おこしを行うNPO等の団体をあげている。警察職員が含まれていることは注目される。防犯に関して本法が無関心でないという趣旨であろう。

(2) 市町村長は必要的構成員

この規定に特徴的なのは，市町村長は必ず構成員になるとされる点である。協議会の設置者が市町村であるため，その代表である長を，唯一の必要的構成員としたとされる。

もっとも，市長の出席を常に求めるのは，一般には現実的ではない。市長は形式上構成員とするとしても，職務代理者によることも妨げないと解するほかない。法律においても，内閣総理大臣を本部長などに指定する例は多いが，現実には，職務代理者が執務を担当している。

市町村長が構成員となることが法本則で規定されている点に鑑みれば，市町村長が指名する者をもって代理出席とする措置は，要綱よりも条例の委任を受けた規則でするのが適切であろう。従来から空き家適正管理条例を制定し，その運用のために審議会を規定していた場合には，市町村長を構成員に加えたうえで，それを本条にもとづく協議会とすることも可能である。

協議会の組織法上の性格は，地方自治法138条の4第3項にいう附属機関と解される（⇨60～61頁）。行政実例には，執行機関の附属機関を代表する職（会長や委員長等）を当該執行機関の長が兼ねることは差し支えないとするものがある（昭和33年3月12日，自丁行発第43号 福井県総務部長宛 行政課長回答）。

(3) 協議会の共同設置

本条は，協議会が設置される場合に，市町村ごとに置かれることを基本としている。しかし，市町村の事情によっては，それが困難な場合も考えられる。そうした場合に，地方自治法にもとづく機関の共同設置（252条の7）という方式が排除されるわけではない。その場合，形式的ではあるが，関係する市町村の長のすべてが構成員となる必要がある。

(4) 条例による独自の第三者機関の設置

本法の実施にあたって，本条にもとづく協議会でなく独自の第三者機関を，市町村長の附属機関として，条例にもとづき設置することは妨げられない。構成員を自由に決定できる点で，柔軟性がある。空家法制定後に制定された条例においては，独自に第三者機関を設置するものが多くなっている。そこでは，長は構成員に含まれていない。判断の適切性が担保される構成になっているかぎり，いずれを用いても，市町村長の決定の法的効力に差はない。

附属機関の構成員には，報償費が支払われる場合がある。とりわけ地方自治法203条の2が規定する給与条例主義に照らせば，一般的には，非常勤職員となる外部有識者の条例上の位置付けを明確にしておく必要がある。

外部有識者を構成員の一部とする組織を既存の条例の実施にあたって活用していた市町村はあったかと思われるが，「足立区老朽家屋等の適正管理に関する条例」（2011年制定）など少数の例外を除いて，給与条例主義の適用に関する認識は十分ではなかった。

8　都道府県による援助（8条）

本条は，都道府県に対する訓示規定として，空家等対策計画の作成・変更・実施をはじめとする本法にもとづき市町村が必要な措置を講ずる場合に，情報提供，技術的助言，市町村相互間の連絡調整のほか，必要な援助をすることを規定する。地方自治法2条5項を踏まえた規定である。市町村の要請を受けて受動的に対応する場合と，それにかかわらず能動的に対応する場合とがある。

具体的内容は，都道府県に委ねられるが，基本指針は，地方自治法にもとづ

く事務の共同処理（事務の委託〔252条の14〕），事務の代替執行（〔252条の16の2〕）といった方法を示している。また，建築部局が存在しない市町村に対しては，都道府県の建築部局による専門技術的サポートを受けられるような体制作りの支援や，7条が規定する協議会への参画，不動産・建築関係団体との連携の支援といった具体的内容を記述している。

　市町村が都道府県に期待する内容は，市町村の事情によって多様である。都道府県は，自らが適切と感じる援助をすればよいのではなく，情報力や技術力に長けているがゆえにこうした規定が設けられた制度趣旨に鑑み，個別市町村が空家等対策計画の作成・変更・実施を的確に行えるように，十分なコミュニケーションをとりつつ事務を進めなければならない。なお，あくまで市町村が事務の主体であるという本法の制度趣旨に鑑みれば，当該市町村の事務のすべてを都道府県が行うことは想定されていない。

　全体としてみれば，都道府県は，もともと空き家対策を市町村の事務と考えている。この点，国会においては，「国土交通省といたしましては，都道府県知事としっかりと連携をとりながら，市町村による空き家対策が円滑に進むよう努めてまいりたい」（第187回国会衆議院国土交通委員会議録6号〔2014年11月14日〕3頁〔西村明宏・国土交通副大臣答弁〕）とされている。市町村における実施体制の確立期においては，たとえば，都道府県が域内市町村の連絡組織をつくって情報交換を促進したり，14条14項にもとづく国のガイドラインを詳細化したガイドラインを作成して市町村独自の措置基準づくりをサポートすることが考えられる。

9　立入調査等（9条）

(1)　規定の意義

　市町村が本法を実施するには，空家等の所有者等を把握するとともに空家等の実情を確認する必要がある。また，その空家等が特定空家等に該当するかどうか，そうであるとしてどのような措置を講ずるのが適切かを判断する場合には，敷地内（場合によっては，家屋内）に立ち入って調査をする必要がある。

　本条1項は，空家等の所在および空家等の所有者等に関する情報収集を規定する。市町村長による任意の事情聴取，敷地外からの外観目視，登記簿や住民

票等による調査（いわゆる公用請求）が想定されている。拒否等に対して過料の制裁がある2項とは異なり，任意の調査である。この調査が正確にされることは，これに続くすべての対応の基本である。

　本条2項は，本法「第14条第1項から第3項までの規定の施行に必要な限度において」，すなわち，特定空家等に対して助言・指導，勧告，命令等をする際に，「空家等と認められる場所」への立入調査ができる旨を明確に規定した。実際には，特定空家等かどうかの判断をするために立ち入るのであるから，特定空家等の可能性があると合理的に認識される状態であれば，立入りは可能である。なお，9条にもとづく立入調査等の権限行使は，空家等対策計画が作成されていることを前提とするものではない。

　「市町村長は……ことができる。」と規定されているように，いつ調査をするか，どのような調査をするかなどについては，市町村長の裁量がある。しかし，事務それ自体は義務的である。この点で，6条にもとづく空家等対策計画の作成や，7条にもとづく協議会の設置とは異なる点に注意を要する。事務が義務的となるのは，10条や14条に関しても同様である。

(2) 敷地内・家屋内立入り

　「空家等と認められる場所」への立入りに関しては，敷地内に加えて建築物内立入りも可能である。空家等であるかぎり，プライバシーへの配慮の必要性は，相対的に低くなる。比例原則の観点からは，空家等かどうかの判断のための情報収集として不可欠であり，敷地内かつ建築物外からの調査では必要な情報が得られない場合にはじめて建築物内立入りが可能になると解すべきであろう。所有者等には，罰則（20万円以下の過料）の間接強制により，立入調査の受忍が義務付けられている（16条2項）。

　なお，本条3項は，2項調査の場合には，「その5日前までに，当該空家等の所有者等にその旨を通知しなければならない。」と規定している。通知だけで足りるのであり，応答までは必要ではない。3項は，「当該所有者等に対し通知することが困難であるときは，この限りでない。」とも規定する。通知困難事例については，恣意的適用等の主張に対抗するために，どこまで調べればよいかなどをあらかじめマニュアル化しておくのが適切だろう。住民票情報，戸籍情報，登記情報，固定資産税情報等の情報を利用するのであろうが，それ

であっても,「どこまでやるか」を明確に決定しておく方が,実務上の支障が少ない。通知はしたが宛先等不明で手紙が戻ってくる場合も考えられる。典型的なケースを想定した具体的内容にしておくべきである。なお,通知不要となるのは,客観的事情がある場合であり,行政担当者の業務多忙といった主観的事情は含まれないのは当然である。通知を受けた所有者等から調査日の変更を求められた場合には,それが合理的理由であるかぎり（例：自分も立ち会いたい）,調整をすべきであろう。

　通知を受けた所有者等の同意は求められていない。門の前に立ちはだかるなど,所有者等が物理的抵抗をした場合には,あくまで罰則の間接強制によるのであり,抵抗を排除して立入調査を強行できるわけではない。そうした場合には,抵抗状況を撮影・録音するなど,罰則の執行に備えた証拠保全をしておく必要がある。

　門扉が頑丈に施錠されていたり針金が巻き付けられていたりしている事例もあるだろう。こうした場合,所有者等の同意なしに,障害物を破壊してまで立ち入ることはできない。脚立を組み立てて塀をまたいで立ち入ることになるだろう。建築物に施錠がされている場合にそれを壊して立ち入ることはできないが,破損している窓,扉,壁を通って建物内に立ち入るのは可能である。

(3) 報　告

　行政上,規制対象の情報を把握する場合,一般には,相手方に対して報告を求めたりする権限が行政庁に与えられ,虚偽の対応に対しては刑罰が科される仕組みが規定される。この点,本法においては,所有者等に対して報告を求める権限は法定されていない。本条1項にもとづく調査の過程で,市町村長が,所有者等に対して,質問のほか一定事項を調査してその結果の報告を求めることは十分考えられるが,相手方に法的義務は課していない点に注意を要する。

　一方,建築基準法12条5項の実施として,特定行政庁が法的義務を伴う報告を所有者等に求めることは可能である（同法99条5号に,義務違反に対する刑罰が規定されている）。もっとも,そのようにして取得した情報を本法の実施にあたって利用することが,個人情報保護条例が原則として禁止する個人情報の目的外利用にならないかという問題はある。

10 空家等の所有者等に関する情報の利用等（10条）

(1) 固定資産税等情報

　市町村が空家等対策を進めようとする場合，当該空家等の所有者等を把握し，同者に働きかけることが不可欠である。前述の9条1項調査により，それが実現できる場合もある。それができなければ，公用請求により不動産登記簿を閲覧するが，当該空家等に関して，相続等による権利移転後に権利登記がされていないために現在の所有者等が把握できない場合もある。また，そもそも空家等に関して不動産表題登記がされていない場合もある。

　一方，当該空家等およびその敷地に関しては，固定資産税台帳に，納税者なり納税管理者なりの情報が記載されている場合があり，所有者等にたどりつくために有用なことがある。

　空き家適正管理条例の運用にあたって，この点は，市町村において十分に認識されていた。ところが，地方税である固定資産税等に関しては，地方税法22条が「……地方税の徴収に関する事務に従事している者又は従事していた者は，これらの事務に関して知り得た秘密を漏らし，又は窃用した場合においては，2年以下の懲役又は100万円以下の罰金に処する。」と規定している。地方公務員法34条および60条2号が「1年以下の懲役又は3万円以下の罰金に処する。」という対応に加重されている（2014年の同法改正後は50万円以下）。このため，登記簿上の名義人・住所と現況が異なっている場合に納税管理者等の氏名および住所に関する情報を提供するのは秘密漏洩罪に当たるおそれがあるという懸念から，同じ市町村行政内部であっても，利用が控えられる場合もあった。

　本条1項は，「市町村長は，固定資産税の課税その他の事務のために利用する目的で保有する情報であって氏名その他の空家等の所有者等に関するものについては，この法律の施行のために必要な限度において，その保有に当たって特定された利用の目的以外の目的のために内部で利用することができる。」と規定し，納税義務者の同意なしに市町村内部における目的外利用ができると明記した。こうした実務は，従来から，自主解釈を踏まえて市町村の個人情報保護条例の運用などを通じて実施されていた例がある。この立場によれば，本条は確認規定となる。この点，国土交通省および総務省は，ガイドライン作成に

あたってのパブコメ回答において,「固定資産税情報は,地方税法第22条により目的外利用が禁止されており,今回の法施行により空家等対策に利用することが可能となりました」として,本条を創設規定と解している。

本条2項は,東京都と特別区の関係で同様の対応がされることを規定したものである。東京都においては,本項の制度趣旨に鑑み,積極的に協力することが期待される。当該情報の利用は,当該市町村の内部に限定される。固定資産税情報の取扱いに関しては,「固定資産税の課税のために利用する目的で保有する空家等の所有者に関する情報の内部利用等について」(平成27年2月26日,国住備943号・総行地25号)が出されている。

固定資産税情報以外の情報としては,建築基準法のもとでの建築計画概要書,建築確認申請書などがある。

なお,6条にもとづく空家等対策計画が作成されていなくても,本条にもとづく情報収集は可能である。

(2) **関係自治体等への協力依頼**

本条3項は,所有者等把握のための情報源として,ほかの自治体等を規定する。具体的には,戸籍謄本や住民票を関係機関に公用請求することがあろう。そのほか,「その他の者に対して」として,想定としては電気・ガス・水道等の供給事業者に対して,空家等の電気・ガス・水道等の使用状況や関係設備が使用可能な状態になっているかどうかの情報提供を求めることができる旨を規定した。郵便物の転送先情報を日本郵便に求めることも含まれるだろう。

応答義務は課されていないが,自治体の場合はお互い様であり,照会がされた場合には誠実に対応することが期待されている。ただ,民間企業の場合には,顧客情報の提供となるため,どの程度の協力が得られるかは,不確実なところがある。関係法に制約が規定される場合もある。たとえば,日本郵便の場合は,郵便法8条2項が問題になる。本法のスムーズな実施が実現できるよう,国および都道府県のサポートが不可欠である。

11 空家等に関するデータベースの整備等 (11条)

本条は,市町村に対して,空家等に関する正確な情報把握のために,空家等

に関するデータベースの整備をはじめとする措置を講ずることを努力義務とした。市町村が空家等対策計画を作成する際には，域内にある空家等の現状の把握が不可欠であるから，実際には必要な作業となる。

　どのようなデータベースを整備するかは，市町村の裁量である。各種調査を通じて入手した情報を項目ごとに整理し，個別の空家等ごとに集積した「空家等カルテ」をつくり，それを地図上で表示するなどの工夫がされることになるだろう。

　もっとも，措置はそれなりの費用を要する。後述のように，15条は，国および都道府県に対して財政上の措置を講ずる法的義務を負わせるが，それは，「市町村が行う空家等対策計画に基づく空家等に関する対策の適切かつ円滑な実施に資するため」になされるものであり，計画作成そのものに対してではない点に注意を要する。

　6条にもとづく空家等対策計画の作成および本条にもとづくデータベース整備の作業に関しては，民間コンサルタントを活用する場合もあるだろう。そうした場合であっても，あくまで市町村が主体となって内容を決定するようにしなければならない。

12　所有者等による空家等の適切な管理の促進（12条）

　3条に規定されるように，空家等の所有者等には，周辺の生活環境に悪影響を及ぼさないよう，当該空家等の適切な管理をする努力義務がある。「悪影響」という文言については定義がされていないが，2条2項が規定する特定空家等の要件のような状態になることを意味している。本条は，所有者等に関するそうした責任を踏まえて，市町村に対して，適切な管理ができるような情報提供や助言をはじめとする援助をする努力義務を規定する。

　本法がとくに問題視するのは，空家等のうち所有者等の自ら利用，販売目的保有，賃貸目的保有等がされないために，管理が放棄されているものである。その状態が長期化すれば，空家等の状態は加速度的に劣化し，特定空家等となる。そこで，利用されないことが常態であっても，特定空家等となるのを回避すべく，その質を維持向上させるための措置が必要になる。

　具体的には，建築物の通風・換気，通水，清掃，敷地の除草や立竹木の剪定

を定期的に実施することなどがある。これらは所有者等の費用で実施されるべきは当然であるが，契約を締結してこうしたサービスを有料で提供する専門業者等が存在するために，それらに関する情報を伝えることなどが想定されている。また，NPOのなかには，まちづくり活動の一環として，空家等の適正管理の作業をしているところもあり，市町村が仲立ちをしてこうした活動を利用してもらう方法もある。さらに，「空家等を特定空家等にしない方策」を具体化し，所有者等の責務として条例で規定するという対応も考えられる。

なお，条例のなかには，現実的な必要性から，特定空家等に相当する建築物を所有者等が除却する際に，補助金の支給を前提とする規定を設けているものもある。この点，本条では，そうした措置は，明確には規定されていない。

13　空家等および空家等の跡地の活用等（13条）

空家等であっても良好な管理状態にあるものは，たとえば，地域コミュニティの活動拠点として使用できる。建築様式等に特徴のある空家等であれば，店舗等としての利用可能性もある。立地場所等一定の条件を充たす必要はあるが，把握している空家等が利用されることは，空家等問題の解消のひとつの有力な方策である。

また，除却するしかない状態の空家等（多くは特定空家等であろう）に関しても，除却後の跡地が，広場や駐車場などの用途に適切に利用されることは，まちづくりの観点からも重要である。

そこで，本条は，市町村に対して，空家等および空家等の跡地の活用のために必要な対策を講ずることを努力義務としている。多くの市町村は，法律で規定されるまでもなく，「空き家バンク」などの事業に対して，従来から取り組んでいた。こうした対策は，本条および空家等対策計画のなかに規定される（6条2項5号）ことで，その実施にあたって，15条の財政的措置の対象になりうるという意味がある。

14　特定空家等に対する措置（14条）

(1) 規定の意義

　特定空家等に対する具体的措置を規定する本条は，本法の核心的部分を構成する。既存の条例においても，本条が規定するように，助言・指導，勧告，命令を規定するものが多い。命令が不履行となった場合になされる行政代執行に関しては行政代執行法の適用となるところ，条例の実施を通じて，それでは不都合な場合があることが認識されていた。たとえば，命ずべき相手方が不明の場合には，建築物等が危険な状態にあったとしてもそもそも命令を出すことができないため行政代執行ができないのである。

　本条は，行政代執行法の特別法的規定を設けるとともに，その前提となる命令に関して，行政手続法の特別法的規定を設けている。条例の限界を法律により克服し，特定空家等の実情に即した対応をしているということであろう。的確な権限行使を可能にするために，市町村は，ガイドラインを参考にしつつ，市町村それぞれが地域特性を踏まえたマニュアルを作成しておくことが望ましい。なお，特定空家等に関しては，抵当権や賃借権が付されている場合もあるが，そのことのみをもって行政的措置を講ずる支障になるわけではない。

(2) 助言・指導

　本条1項は，市町村長は，特定空家等の所有者等に対して，除却，修繕，立木竹の伐採をはじめ周辺の生活環境の保全を図るために必要な措置を講ずるよう助言または指導することができると規定する。条例の規定ぶりと比較して特徴的なのは，前述のように（⊕21頁），助言・指導対象となる特定空家等は，既に2条2項の定義規定において確定されるという構成になっている点である。行政的措置の根拠規定において，要件が規定されていない。しかし，現実には，助言・指導の際に，本法2条2項の要件充足性の判断がされるだろう。

　なお，措置の内容として，かっこ書きで，「そのまま放置すれば倒壊等著しく保安上危険となるおそれのある状態又は著しく衛生上有害となるおそれのある状態にない特定空家等については，建築物の除却を除く。」とされていることに注意を要する。2条の解説の際に，特定空家等の要件として，①〜④を整理した（⊕19頁）。本項は，③「適切な管理が行われていないことにより著し

く景観を損なっている状態」にある特定空家等については，建築物の除却を助言・指導することはできないという趣旨である。なお，本条1項にいう「建築物の除却」とは，建築物等の全部除却を意味し，汚損した門扉の撤去などは含まれないとされている。

　①～②の「そのまま放置すれば倒壊等著しく保安上危険となるおそれのある状態又は著しく衛生上有害となるおそれのある状態」であれば格別，地域住民の生命，身体，財産への危険性がそれほどない特定空家等に関しては，憲法29条の財産権保障とのバランスから，除却という，侵害の程度が最強の措置を講ずるのは合理性を欠くと考えられたようである。比例原則の確認規定という趣旨であろう。

　所有者等が1人であれば，最初の助言・指導は口頭でよいかもしれない。しかし，勧告への移行を前提にするならば，それも文書で行うべきである。所有者等が複数存在する共有の特定空家等の場合には，その全員に対して，助言・指導を書面ですることになる。個々の共有者に対する文書には，共有者全員の氏名を記す必要はない。たとえば，「A外3名」で足りる。

(3) 勧　告

(a) 法的性質　　本条2項は，市町村長は，助言・指導をした場合において，当該特定空家等の状態が改善されないと認めるときは，当該助言・指導を受けた者に対して，相当の猶予期限を付けて，除却，修繕，立木竹の伐採など周辺の生活環境の保全を図るために必要な措置を「勧告」できると規定する。助言・指導内容の実現がないことが要件ではなく，特定空家等の状態の改善がないことが要件である。助言・指導の内容と勧告の内容は同一でなくてもかまわない。勧告の対象となるのは，助言・指導の場合と同じく，勧告時において市町村長が確知している当該特定空家の所有者等全員である。

　本法成立時において，次に説明する「命令」は行政手続法にいう不利益処分であるが，「勧告」は行政指導と考えられていたように思われる。本条4項から8項が規定する意見書提出等の手続（⇨40頁）は，勧告に関しては規定されていない。既存の条例が規定する勧告は行政指導であったから，それを参考にした立法者がそのように理解するのは自然であった。

(b) 行政手続の必要性　　ところが，2015年3月に，地方税法が改正された。

後述のように（→46頁），本法14条2項にもとづく勧告を受けた特定空家等に関しては，住宅用地特例の適用が廃止されることになったのである。そうなると，勧告は，将来における不利益的措置を確実に意味する。

ところで，最近，最高裁判所は，「通知」というそれ自体では処分とは解されない行政の行為に関して，将来的な法的不利益をもたらす前提となることから，行政事件訴訟法3条2項のもとで処分性を有すると解し，行政手続法のもとで不利益処分に対して必要とされる措置を講ぜずになされた通知を違法として取り消した（平成24年2月3日判決，判例地方自治355号35頁）。この判例を踏まえると，本法の勧告にも処分性があると判断されないとはかぎらない。

この点，ガイドラインに関するパブコメ回答において，国土交通省および総務省は，「土壌汚染法に基づく通知とは異なり，空家法に基づく権利・義務の変動を相手方に生じさせない」として，本条2項勧告を行政指導と解している。上記最高裁判決の射程距離をこのように限定的にとらえる考え方もありえるが，処分性を認める考え方も十分に成り立つ。提訴された場合に，判決において処分性が認められても，国は，事後的に解釈を変更するだけで，何ら責任をとらないだろう。市町村における法的リスク管理の観点からは，これを処分と解し，所定の手続を講じておく方が安全である。

そこで，市町村においては，勧告を行う際には，少なくとも，行政手続法13条1項2号に規定される弁明機会の付与を実施しておく方がよい。かりに処分ではなく手続は不要であったとしても，勧告の相手方に対しては手続的に手厚い措置となるから，それ自体が違法になることはない。「明石市空家等の適正な管理に関する条例」8条は，本法14条2項勧告にあたっての義務的聴聞を規定しており，参考になる。勧告文書には，教示を記述しておく方がよい（行政事件訴訟法46条，行政不服審査法82条）。

(c) 住宅用地特例との関係　　(ア) 課税担当部署との連携——勧告がされると，住宅用地特例の適用が除外される。そこで，勧告がされたことは，課税担当部署に速やかに連絡される必要がある。

ところで，特例適用除外によって特定空家等のある土地の所有者等の納税額は増加するが，確実な納税が期待できるかという現実的問題がある。この点について消極的な予測をする課税担当部署は，勧告にあたって慎重な姿勢を求めるかもしれない。法14条2項は，「勧告することができる」というように，効

果裁量を肯定する。とはいえ，上記のような事情を踏まえた勧告の抑制的運用は，想定されていないだろう。

　(ｲ)　**勧告とその撤回**——本条2項にもとづき勧告を受けた特定空家等の所有者等が当該物件に関して修繕を施して，勧告の前提となっている状態が解消された場合には，住宅用地特例の適用除外につながる勧告を維持する必要がなくなる。そうした場合には，市町村長は，速やかに勧告を撤回しなければならない。庁内においては，勧告の履行状況を適時把握し，空家法担当部局から税務部局に的確に情報提供がされる体制を整備しておく必要がある。この措置は，勧告後，最初に到来する1月1日の前に行わなければならない。

　(d)　**家屋所有者等とその敷地の土地所有者が異なる場合**　　特定空家等とされる家屋の所有者等とその敷地の土地所有者が異なる場合には，一般に，後者は，「被害者」の立場にある。特定空家等には家屋も敷地も含まれるから，両者ともが本条にもとづく措置の対象になる。パブコメ回答は，両者を区別せずに助言・指導，勧告をすべきと考えているようである。

　土地所有者についてみれば，貸した土地に建てられている空家等が特定空家等と認定された以上，当該特定空家等に関する住宅用地特例が適用除外されるのは当然である。もっとも，自らに対してなされる勧告内容を実現しようとしても，それをする権原がない。土地所有者としては，借主に対して建物収去・土地明渡しを求める民事訴訟を提起することも可能だが，決着には費用も時間も要するし，請求が認容されるかどうかは不透明である。勧告内容の円満な実現のため，行政が，土地所有者や借主の話合いを側面的にサポートすることも考えられよう。

(4)　命　令

　(a)　**加重された要件とその内容**　　本条3項は，市町村長は，2項の勧告を受けた者が正当な理由なく当該勧告に係る措置をとらなかった場合において，特に必要があると認めるときは，その者に対して，相当の期限を付けて，当該勧告に係る措置をとるよう命ずることができると規定する。

　対象となる特定空家等が共有である場合には，原則として，全員に対して命令を発することになる。既存の条例においては，勧告に係る措置をとらなかったという事実だけで命令要件を充たすと規定される場合が通例であったが，本

法は，建築基準法10条3項とは異なって，「特に必要があると認めるとき」という要件を加重している点に注意を要する。命令を的確に発出するには，この抽象的な要件に関し，行政手続法12条にもとづいて，処分基準を作成しておくのが便宜である。

　個別に特定空家等と認定されるような物件は，多くの場合，現実的には，既に「著しく保安上危険」「著しく衛生上有害」な状態にあるだろう。これだけでも十分に命令が必要であると考えられるのに，それに加えて「特に必要があると認めるとき」というのであるから，本法の制度趣旨に照らしてこの要件の内容を整理しておく必要がある。

　保安上の危険に関していえば，①建材の崩落や建物の倒壊等の蓋然性，②それによる被害の内容・程度，③事故発生の時間的切迫性の3要件で考えることができる。このうち，「特に必要があると認めるとき」は，①×②×③が相当程度になっている（＝保安上の危険がきわめて著しい状態になり事故発生の蓋然性が高く，その場合には，深刻な被害が想定される）場合である。なお，この加重要件は，権限発動を抑制する趣旨で設けられたものではない。既存の条例においては，勧告をした空き家等に関して措置が講じられない場合でとくに必要な場合に命令に移行していたはずである。したがって，本条3項の「特に必要があると認めるとき」という要件は，比例原則を踏まえた実務を確認したものと受け止めるべきであろう。パブコメ回答も，同様の認識を示している。

　(b) **特別法的手続**　㋐ 手厚い手続——命令は，行政手続法にいう不利益処分であり，同法によるならば，弁明機会の付与手続がされる。本条4項は，この点に関する特別法的規定をしている。すなわち，市町村長に対して，意見書および自己に有利な証拠提出の機会を与えることを義務的とする。さらに，5項〜6項は，意見書提出の通知書の交付を受けた者に対して，意見書提出に代えて公開による意見の聴取を受ける権利を与えている。11項〜12項は，命令の公示を規定する。3項命令については，行政手続法第3章（12条および14条を除く）が適用除外とされる。これらは，建築基準法9条4項〜8項，13項〜15項（違反建築物に対する措置）に規定される手続にならったものである。命令書には，教示をしなければならない（行政事件訴訟法46条，行政不服審査法82条）。

　なお，「特に必要があると認めるとき」という加重要件を踏まえた状態については，上にみたとおりである。こうした状態は，行政手続法13条2項1号

「公益上，緊急に不利益処分をする必要があるため，前項に規定する意見陳述のための手続を執ることができないとき。」に該当し，手続が適用されないとも考えられる。しかし，前述のように，行政手続法13条はそもそも適用されないとなっているのであり，緊急性ゆえに本法14条4項〜8項の手続を適用しないことは想定されていないようにみえる。ガイドラインにおいても，緊急事態における応急措置であっても，助言または指導，勧告，命令の順を厳守すべきいう解釈が示されている。命令の相手方を過失なく確知できない場合に略式代執行が可能なのは後述のとおりであるが，所有者等が判明している場合に必ずこの手順を踏まなければならないことに対する積極的な理由は付されていない。

(イ) **緊急性が高い場合の対応**——このような手厚い手続は，特定空家等の所有者等の財産権に配慮したものと考えられる。しかし，一方で，本法1条にあるように，「地域住民の生命，身体又は財産を保護する」ことが本法の大前提であることに鑑みれば，この目的が実現できないような執行しかできないと立法者が考えたとは想定しにくい。

そこで，本法には規定されてはいないが，いくつかの空き家条例にあるように，市町村が即時執行によって必要最小限の事実行為をすることを想定し，その旨を規定する条例の制定を立法者は期待したと解するしかない。緊急時には手続を省略できる措置命令制度を規定する条例を併存させることを本法が予定したとは考えにくい。その要件は，前述の3要件の積，すなわち，①×②×③が相当程度になっている状態である。もっとも，そうであるとすれば，即時執行を規定しない市町村において，対応の遅れが住民への被害につながった場合，国家賠償法1条にもとづく立法不作為責任を市町村が問われる可能性もある。

あるいは，緊急的対応ができないことを立法者は容認する趣旨であったとすれば，適法な不作為による被害と構成して損失補償を憲法29条3項にもとづいて求めると解するほかないが，そのように整理するのは困難であろう。

加重された命令要件および加重された行政手続と緊急対応の関係は，本法の中で理解が困難な部分のひとつである。ガイドラインが示す前述の解釈は，法律の文言に忠実ではあるが，不合理な結果を招来する懸念がある。

(c) **家屋所有者等とその敷地の土地所有者が異なる場合** 特定空家等が存在する敷地の土地所有者が特定空家等の所有者と異なる場合，当該土地所有者には，

命令を実現する権原がない。したがって，命令の義務付けは，当該土地所有者に対して，事実上，不可能を強いる結果になる。

この点に関して，本条3項は，勧告がされた場合でも，正当な理由がある場合には，勧告の不履行があっても命令の名宛人にはならないとしている。上記事情は，正当理由がある場合に含まれると解される。

(d) **行為能力に疑問がある所有者等の場合**　所有者等として把握された相手方との連絡・交渉をした結果，同人の正常な判断能力に疑問が持たれる場合もある。こうした場合，市町村としては，同人が，民法上の法定後見制度の対象者（成年被後見人，被保佐人，被補助人）となっているかを確認する必要がある。そのような措置が講じられていれば，成年後見人，補佐人，補助人に連絡して対応を協議することになろう。一方，そのような措置が講じられていない場合には，家庭裁判所における後見開始等の審判手続に向けて，請求権者（本人，近親者，検察官等）との折衝を検討することになろう（民法7～9条，11～13条，15～17条）。

なお，所有者等の行為能力に疑問がある場合であっても，その所有にかかる特定空家等に関して，建材の崩落等の客観的な危険状況があれば，後述するように，条例に規定される即時執行により，必要最小限の措置を講ずることになる。しかし，同者に対して勧告や命令が可能かについては，困難な問題がある。

(5) **緩和代執行**

命令が履行されなければ，行政代執行法にもとづく行政代執行がなされる。行政代執行法2条は，命令が履行されない場合において，「その不履行を放置することが著しく公益に反すると認められるとき」という要件を規定する。本条9項は，この公益要件を不要としている。要件を緩和した緩和代執行である。

「特に必要があると認めるとき」というように要件が加重された本法14条3項にもとづく命令が発せられた以上，同条9項にもとづく行政代執行は，「……させることができる」というように裁量を認める規定ぶりではあるものの，ほぼ義務的に実施されると考えるのが制度趣旨にかなう。

行政代執行の手続は，行政代執行法による。行政代執行に要する費用は，とりあえず市町村において負担することになる。

(6) 略式代執行

(a) **過失なく確知できない場合**　特定空家等の状態にまで至っている建築物は，命令の相手方となる所有者等が不明である場合が少なくない。そうであれば命令を出すことができず，行政代執行をすることもできない。不明事案であっても命令要件を充足する場合には，行政代執行ができるようにしたいという思いを，既存の条例の実施を担当する市町村は感じていた。しかし，これは行政代執行法の特別法的措置になるために，条例では無理と解するのが通例であったため，法律によって実現するしかなかった。

本条10項は，市町村長が，「過失がなくてその措置を命ぜられるべき者を確知することができないとき（過失がなくて第1項の助言若しくは指導又は第2項の勧告が行われるべき者を確知することができないため第3項に定める手続により命令を行うことができないときを含む。）」は，行政代執行ができると規定する。行政代執行法の特別法的規定である。なお，建築基準法10条3項（同4項が準用する9条11項）においては，上記場合であっても，なお「その違反を放置することが著しく公益に反する」という要件が設けられているが，本法にはそれはない。居住者やその財産権に配慮する必要がないためであろう。

実務的には，どこまでの措置を講ずれば「過失なく確知できない」といえるのかについて，ガイドラインを参考にしつつマニュアルを作成しておく必要がある。合理的な調査を尽くしたことをもって判断すべきである。通常は，住民票情報，戸籍謄本情報，不動産登記簿情報，固定資産税課税情報などの利用による追跡調査，および，周辺住民への聞込み調査が該当しよう。ルールなく個別ケースごとに判断するのでは，客観的に要件を充たしている場合であっても権限行使に踏み出せなくなる可能性がある。

「措置を命ぜられるべき者」とは，それを実施する権原がある者という意味である。したがって，たとえば，当該特定空家等の所有者が死亡しているが相続人全員が相続放棄手続を完了している場合においては，相続人に可能なのは保存行為にとどまり除却まではできないため，略式代執行の要件を充たすと考えてよい。

(b) **番号法（マイナンバー法）との関係**　なお，2013年5月に制定された「行政手続における特定の個人を識別するための番号の利用等に関する法律」（番

号法）の施行によって，所有者等の特定が進む可能性がある。同法9条2項は，地方公共団体の長等に関して，「……防災に関する事務その他これらに類する事務であって条例で定めるものの処理に関して保有する特定個人情報ファイルにおいて個人情報を効率的に検索し，及び管理するために必要な限度で個人番号を利用することができる。」と規定する。本法にもとづく事務は，部分的には「防災に関する事務」といえるし，それに限定されないとしても，条例で規定すればよい。市町村は，独自に条例を制定することによって，個人番号を利用しての空家法事務が可能になる。

(7) 協議会との関係

先述のように，本法7条1項は，「空家等対策計画の……実施に関する協議を行うための協議会」を任意設置としている（⇨26頁）。協議会が設置される場合には，本条にもとづく権限行使の判断に際して，専門的見地からの意見聴取がされることが予定されている。

(8) ガイドライン

本条14項は，国土交通大臣および総務大臣に対して，「特定空家等に対する措置に関し，その適切な実施を図るために必要な指針」を定めることを命ずる。この規定は，法案調整の最終段階で，民主党の要望を入れて設けられたものである。5条の基本指針とは別物である。全文を巻末資料に収録している（⇨237頁）。

この指針は，パブリックコメントを経たうえで，2015年5月26日に，ガイドラインとして公表された。本法の実施において，ガイドラインは，きわめて重要な情報を提供している。もっとも，ガイドラインは，本法に関する中央政府の解釈を示したにすぎない点にも留意する必要がある。市町村として，それをさらに詳細にすることは可能であるし，同意できない部分については異なる解釈にもとづくことも可能である。また，ガイドラインには，市町村がそのまま使えるような十分具体的な内容には，意図的にされていない。市町村は，カスタマイズされたガイドラインを独自に作成すべきであろう。それにあたっては，本法8条にもとづき，より具体化した利用可能なものを都道府県が作成することが期待される。ガイドラインを踏まえた法律運用に関しては，

3以下で解説される。

15 財政上の措置および税制上の措置等（15条）

(1) 財政上の措置

　本条1項は，国および都道府県に関して，市町村が行う空家等対策計画にもとづく空家等に関する対策の適切かつ円滑な実施に資するため，空家等に関する対策の実施に要する費用に対する補助，地方交付税制度の拡充その他の必要な財政上の措置を講ずることを規定する。「講ずるものとする」というように，義務的となっている。財政状況が厳しい折から，都道府県には，このように規定されることに不満がある。義務的自治事務として規定した以上，国においては，都道府県に対しても必要な措置を講ずる義務がある。

　本法実施のどの範囲が財政上の措置の対象となるのかは，本条からは必ずしも明らかではない。この点に関して，基本指針は，「市町村が空家等対策計画の作成のため空家等の実態調査を行う場合や，空家等の所有者等に対してその除却や活用に要する費用を補助する場合，当該市町村を交付金制度により支援するか，市町村が取り組む空家等に関するデータベースの整備，空家等相談窓口の設置，空家等対策計画に基づく空家等の活用・除却等に要する経費について特別交付税措置を講ずる」といった例をあげている。これらとは別に，自治体が空家等対策を講ずるにあたって利用可能な予算支援策については，国土交通省のウェブサイト上で紹介されている (http://www.milit.go.jp/jutakukentiku/house/jutakukentiku_house_tk3_000035.html)。

(2) 税制上の措置

　(a) 住宅用地特例制度　　本条2項も，国および地方公共団体に関して，市町村が行う空家等対策計画にもとづく空家等に関する対策の適切かつ円滑な実施に資するため，必要な税制上の措置その他の措置を講ずることを規定する。こちらも，義務的である。

　具体的措置としては，先にもみた住宅用地特例制度への対応がある。住居用家屋の敷地に関しては，地方税法上，その固定資産税の課税標準額を6分の1（敷地面積200㎡以下の場合）あるいは3分の1（同200㎡超の場合）とする特例措

置が講じられていた（改正前の349条の3の2第2項）。同趣旨の措置は，都市計画税についても講じられていた。これらの措置は，本来，居住がなされる家屋に対して適用すべきものであるが，空家等に関しては，人が住んでいるかどうかの判断が難しかったり，明らかに居住の用に供されていない場合でも特例措置の適用を除外する判断が難しかったりして，実際には，適用除外を積極的に実施する市町村は少なかった。一方，空家等の所有者等の側にも，空家等を除却して更地にすればこの特例措置が適用されなくなることから，これを存置するインセンティブが発生するといわれていた。これが，相当に劣悪な管理状態の建築物であっても，除却されないまま放置される一因となっていたのである。

(b) **平成27年度税制改正大綱を受けた地方税法改正**　そこで，平成27年1月14日に閣議決定された「平成27年度税制改正の大綱」では，本法14条2項にもとづく勧告の対象となった特定空家等に係る土地については，「住宅用地に係る固定資産税及び都市計画税の課税標準の特例措置の対象から除外する措置を講ずる。」旨が決定された。その内容は，同年3月に第189回国会において成立した「地方税法等の一部を改正する法律」に反映された。

具体的には，地方税法349条の3の2第1項の改正により，14条2項勧告を受けた特定空家等の敷地に供されている土地が，住宅用地特例制度の対象から除外する対象に加えられた。こうした土地は，地方税法349条の3の2第1項にいう「住宅用地」（具体的には，同法施行令52条の11第2項1号にいう「専ら人の居住の用に供する家屋」）とは解されず，同法附則17条4号にいう「商業地等」となる。このため，同法附則18条5項にもとづき，「課税標準となるべき価格に10分の7を乗じて得た額」とされる。したがって，200㎡以下の敷地の場合，固定資産税に関しては，実際には，6分の1（=0.17）が0.7となるため，原則として，税額は6倍ではなく4.19倍となる。都市計画税に関しては，3分の1（=0.33）が0.7となるため，1.99倍となる。

この措置は，2016年度以降の年度分から適用される。なお，的確な徴税が期待できるかどうかは，別の問題ではある。

16　過　料（16条）

既存の条例のほとんどが刑罰を規定していないのに対して，本法は，秩序罰

である過料を規定する点で特徴的である。行政刑罰でなく秩序罰とされたのは，違反行為の反社会性の程度がそれほど重大ではないという判断による。

　地方自治法14条3項は，条例のなかに5万円以下の過料を規定することができるとする。既存の条例のなかには，過料を規定するものもあった。この執行は，同法231条の3にもとづいて行政庁による行政手続として行うことができる。

　一方，法律に規定される過料の場合には，非訟事件手続法119条以下にもとづいた処理になる点に，注意を要する。手続は，普通裁判権の所在地を管轄する地方裁判所の裁判官の職権により進むのがタテマエである。しかし，現実には，裁判所の職権探知には期待できないため，市町村が，必要があると思料する場合には，裁判所の職権発動を促すべく，違反事実を証する資料を添付して，裁判所に過料事件の告知をすることになる。

17　附　則

(1)　**施行期日 (1項)**

　本法は，公布の日（平成26年11月27日）から起算して3か月を超えない範囲内で政令で定める日から施行される。その日は，平成27年政令第50号により，平成27年2月26日とされた。ただし，特定空家等に関する立入調査（9条2項〜5項），行政措置（14条），罰則（16条）の規定については，公布の日から起算して6か月を超えない範囲内で政令で定める日から施行される。その日は，前記政令により，平成27年5月26日とされた。

(2)　**検　討 (2項)**

　政府は，本法施行後5年を経過したときに，その施行状況を勘案して必要があると認めるときは，本法の規定について検討を加え，その結果にもとづいて所要の措置を講ずるとされる。

CHAPTER 3

法律の施行に伴う自治体の対応

　本章では，まずⅠにおいて，空家法に先行して条例を制定していた自治体が，空家法との整合性を図るため，どのように条例を改正すべきかについて解説している。次にⅡでは，空家法に先行して制定していた京都市の条例を例にあげ，具体的にどのように改正したのかについて解説している。最後にⅢでは，Ⅱの京都市の例のように法律でカバーされていない部分を条例で制定する（条例補完型 ➡ FIGURE 3.1）のではなく，当該部分に加え，法律でカバーされている部分も併せて条例で規定するもの（総合条例型 ➡ FIGURE 3.2）をモデルとして作り，これについて解説している（考えられる対応のパターンについては，北村喜宣「空家対策特措法の制定と市町村の空き家対応施策」論究ジュリスト15号〔2015年〕75〜78頁参照）。

FIGURE **3.1** 　　　　　　　　　　　　　　　　　　　　条例補完型のイメージ

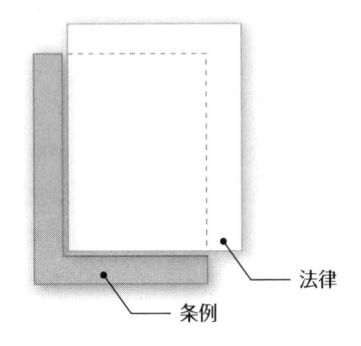

――法律
――条例

FIGURE **3.2** 　　　　　　　　　　　　　　　　　　　　総合条例型のイメージ

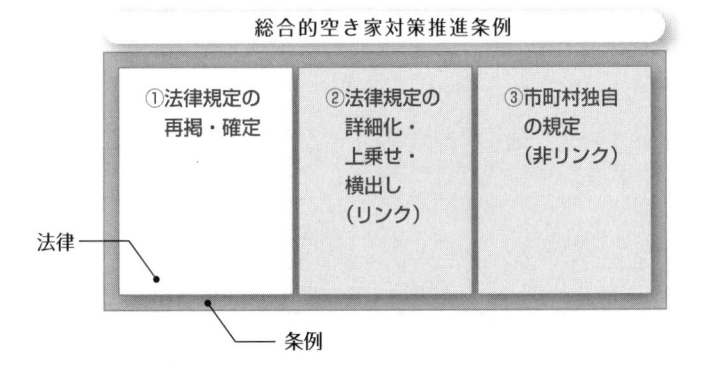

総合的空き家対策推進条例

①法律規定の再掲・確定　／　②法律規定の詳細化・上乗せ・横出し（リンク）　／　③市町村独自の規定（非リンク）

――法律
――条例

I 空家法に先行して条例を制定していた自治体の対応

1　条例改正の必要性

　一般に，自治体が実施する具体的な事務について，その根拠規定が法律にある場合，法律（これにもとづく政省令や告示を含む）の規律密度（事務処理の基準，方法，手続等を規定している度合い）が高い傾向にある。一方，その根拠規定が法律になければ，そもそも実施するかどうかを含め，自治体の自由度は高い。

その事務を実施するとすれば，条例を制定することにより実施する場合がある。情報公開条例や個人情報保護条例がその例である。情報公開制度と個人情報保護制度については，その後，それぞれについて法律が制定されている。両制度のように，数多くの自治体において条例が先行して制定されていると，後に制定された法律においては，自治体を規律する密度は低いのが一般である。たとえば，「行政機関の保有する情報の公開に関する法律」では，25条において「地方公共団体は，この法律の趣旨にのっとり，その保有する情報の公開に関し必要な施策を策定し，及びこれを実施するよう努めなければならない。」と規定されているだけである。法律は，自治体に対して，具体的な規律をしていない。このため，法律の制定により条例の改正が必要となることはない。

　ところが，空き家対策については，数多くの自治体において条例が制定されていたにもかかわらず，**CHAPTER 2** で述べたように比較的規律密度の高い法律が制定された。そのため，既に条例を制定している自治体にとっては，条例改正が避けられない事態となった。

　ところで，条例を改正せず，法律と併存させることは，当該条例に法律に違反する規定がないかぎり，可能である。しかし，法律の規定は適用しなければならない。このため，一定の内容に関しては，条例の規定を存置しておく必要性がない。それにもかかわらず，当該規定を放置しておくことは，形骸化した規定を残しておくことにほかならず，適切な対応とはいえない。この場合，条例改正を行うべきである。

　そこで，本節では，既に条例を制定している自治体がどのような点に留意して条例を改正すべきかについて解説する。

　なお，空き家対策の条例を制定していない自治体については，空家法が先行している以上，空家法で規定されている事項を実施する，または当該事項に規定されていない事項を補うという観点から条例の内容を検討し，**2**(2) で述べる内容を参考に条例を制定すればよい。そして，制定後の条文の形は，Ⅱで検討する一部改正後の条文の形と同じとなる。

2　条例改正の留意点

(1)　法律と条例の矛盾抵触の有無の検討

(a) **判例はどう述べているか**　法律が施行された時点では，当該法律と先行する独自条例が併存する関係にある。そこで，両者の抵触の有無については，道路交通法との関係が問題となった徳島市公安条例事件判決（昭和50年9月10日最高裁大法廷判決，刑集29巻8号489頁）の考え方に従って検討することになる。同判決では，次のように判示されている。

> ア　条例が国の法令に違反するかどうかは，両者の対象事項と規定文言を対比するのみでなく，それぞれの趣旨，目的，内容及び効果を比較し，両者の間に矛盾抵触があるかどうかによってこれを決しなければならない。
> イ　ある事項について国の法令中にこれを規律する明文の規定がない場合でも，当該法令全体から見て，当該規定の欠如が特に当該事項についていかなる規制をも施すことなく放置すべきものとする趣旨であると解されるときは，これについて規律を設ける条例の規定は，国の法令に違反することとなりうる。
> ウ　特定事項を規律する国の法令と条例が併存する場合でも，次のようなときは，国の法令と条例との間には矛盾抵触はなく，条例は，国の法令に違反しない。
> 　(ｱ)　条例が国の法令と別の目的に基づく規律を意図するものであり，その適用によって国の法令の規定の意図する目的と効果を何ら阻害することがないとき。
> 　(ｲ)　両者が同一の目的に出たものであっても，国の法令が必ずしもその規定によって全国的に一律に同一内容の規制を施す趣旨ではなく，それぞれの普通地方公共団体において，その地方の実情に応じて，別段の規制を施すことを容認する趣旨であると解されるとき。

空き家対策については，両者の目的が共通しているといえるので（(3)(a)で述べるとおり，防犯目的が空家法には明記されていないが，ガイドラインの記述から防犯目的は空家法の目的に含まれると解される），上記のウ(ｲ)に照らして検討することとなる。

(b) **条例による独自の規制が可能か**　ガイドラインで示された見解——条例において何らかの規制を施す規定を置いている場合，空家法14条の規定との関係が最も問題となる。

この点，条例が空家法の規定に照らして違法かどうかは，条例で具体的にどのように規定されているのかにも関係するため，一概にはいえない。しかし，同条の規定をみると，助言または指導，勧告，命令の3段階を経るべきと具体的に規定されているので，条例で別段の規制を施すことを容認しているとは認められないと解するのが相当のようにも思える。実際，ガイドライン第1章2.(1)ロでは，「法と趣旨・目的が同様の各市町村における空家等の適正管理に関する条例において，適切な管理が行われていない空家等に対する措置として，助言又は指導，勧告，命令の三段階ではなく，例えば助言又は指導，勧告を前置せずに命令を行うことを規定している場合，上記のように慎重な手続を踏むこととした法の趣旨に反することとなるため，当該条例の命令に関する規定は無効となると解される。」とされている。

　ガイドラインの案に対する意見——これについては，ガイドラインの案が公表され，意見募集が行われた際，次のような意見が出された。

　「助言又は指導，勧告を前置することを必須とするのは，どんなケースについても適切といえるのでしょうか。例えば，台風が通過して突然著しく悪化した状態になれば，直ちに命令の手続に入るという速やかな対応をすることの方が適切ではないでしょうか。このようなケースを想定して，条例で直ちに命令を出す手続に入ることができる旨の規定を置くと，その規定は無効となるというのは，合理的な解釈でしょうか。この点，ガイドライン案の1ページ『はじめに』には，『措置に係る手続については，必要に応じて，手続を付加することや法令等に抵触しない範囲で手続を省略することを妨げるものではない。』と書かれており，柔軟な対応を予定していることが読み取れます」。

　意見に対するパブコメ回答——これに対し，パブコメ回答では，次のとおり記述されている。

　「法第14条では，対象となる『特定空家等』の内容が，『そのまま放置すれば倒壊等著しく保安上危険となるおそれのある』など，将来の蓋然性を考慮した内容を含み，かつ，その判断の裁量の余地もあり，また措置内容も所有者等の財産権を制約する側面があることから，よりソフトな手段による働きかけである助言又は指導からはじめ，勧告を経て命令を行うという慎重な手続により，行政が予防的な段階から『特定空家等』の所有者等に接触して必要な措置につき働きかけをすることが望ましいため，必ず助言・指導，勧告，命令の三段階を経る必要があることとしています。

　このため，ご指摘のような場合等であっても，『特定空家等』の所有者等を確知している以上は，この法律に基づき対応するのであれば，この三段階のプロセスを省略する

ことはできないと考えております。法と趣旨・目的が同様の条例において，適切な管理が行われていない空家等に対する措置として，助言又は指導，勧告を前置せずに命令を行うことを規定している場合，上記のように慎重な手続を踏むこととした法の趣旨に反することとなるため，当該条例の命令に関する規定は無効と考えているため，原文の通りとさせていただきます。

なお，法は応急措置について何ら規定をしていませんが，これは，所有者等の同意を得て緊急安全措置を実施する旨の規定を有する条例を各団体が有することを妨げるものではなく，緊急事態にそれぞれの条例に基づいて手続きを行っていただくことは他法令に反しなければ可能と考えます。また，緊急事態において，災害対策基本法に基づく応急公用負担等，他法に基づく応急措置を行うことも，もちろん可能です」。

条例で別段の規制をすることが可能であることについて——以上の記述からは，一見したところ，あらゆるケースについて直ちに命令を出す旨の条例の規定は無効と解されているように読める。この点，いわゆる既存不適格建築物に対する措置として定められた建築基準法10条の規定をみると，「第3項が既に『著しく』危険や害のある状態に陥っている建築物を対象とした命令規定であるのに対し，第1項は，潜在的に危険や害の程度が高い既存不適格建築物について，それらの危険や害の程度が『著しく』なる前に特定行政庁が予防的に措置を行うための勧告規定として位置付けられている。なお，単なる予想段階での改善命令は財産権との関係で困難であるため，第1項については命令ではなく勧告を行うこととなっている」(『逐条解説建築基準法』〔ぎょうせい，2012年〕129頁参照)とされている。

このような建築基準法10条1項と3項の規定の趣旨の違いを踏まえれば，ガイドライン第1章2.(1)ロの記述は，現に著しく保安上危険であり，または著しく衛生上有害の状態にある空家等について触れたものではないと理解できる。また，当該空家等をいわゆる既存不適格建築物か否かで別異に扱う理由はない。よって，当該空家等を対象に，条例で建築基準法10条3項に相当する規定（助言または指導および勧告の手続を経ないで命令をすることができる旨の規定）を置くことは違法ではないと解するのが相当である。

○建築基準法
（保安上危険な建築物等に対する措置）
第10条　特定行政庁は，第6条第1項第1号に掲げる建築物その他政令で定

める建築物の敷地，構造又は建築設備（いずれも第3条第2項の規定により第2章の規定又はこれに基づく命令若しくは条例の規定の適用を受けないものに限る。）について，損傷，腐食その他の劣化が進み，そのまま放置すれば著しく保安上危険となり，又は著しく衛生上有害となるおそれがあると認める場合においては，当該建築物又はその敷地の所有者，管理者又は占有者に対して，相当の猶予期限を付けて，当該建築物の除却，移転，改築，増築，修繕，模様替，使用中止，使用制限その他保安上又は衛生上必要な措置をとることを勧告することができる。

2 　特定行政庁は，前項の勧告を受けた者が正当な理由がなくてその勧告に係る措置をとらなかつた場合において，特に必要があると認めるときは，その者に対し，相当の猶予期限を付けて，その勧告に係る措置をとることを命ずることができる。

3 　前項の規定による場合のほか，特定行政庁は，建築物の敷地，構造又は建築設備（いずれも第3条第2項の規定により第2章の規定又はこれに基づく命令若しくは条例の規定の適用を受けないものに限る。）が著しく保安上危険であり，又は著しく衛生上有害であると認める場合においては，当該建築物又はその敷地の所有者，管理者又は占有者に対して，相当の猶予期限を付けて，当該建築物の除却，移転，改築，増築，修繕，模様替，使用禁止，使用制限その他保安上又は衛生上必要な措置をとることを命ずることができる。

（以下略）

(2) **空家法で規定されている事項の取扱い**

以下では，多くの自治体が検討を余儀なくされると思われる項目を取り上げていく。

まず，条例で規定されていた事項について，法律で重複して規定されている場合，当該事項を定めた条項をどのようにするのかについては，次の2つの方法が考えられる。

(a) **当該事項を重複して規定する**　　この方法は，「(i)　成立した法律の必要規定を吸収し，実施に必要なかぎりでその内容を詳しく規定し，(ii)　法律の任意規定について採用を決定し，そして，(iii)　独自対応を盛り込む」という方法につながる（北村喜宣「空家対策特措法案を読む（二・完）」自治研究90巻11号〔2014年〕48頁）。そして，「ひとつらなりの施策に関する所要の規定をいずれも条例

という法形式で定める」こととなるので，「それらの規定が一本の条例にまとまり」，「一覧性に優れ，ユーザビリティも高い」といえる（青山竜治「空家特措法制定後の空き家条例の整備に関する一考察――京都市条例を素材として」自治実務セミナー 2015 年 7 月号 16 頁）。

　この場合，法律の規定をそのまま条例の規定として置かないようにした方がよい。空家法 14 条 3 項の規定にもとづく命令を例にあげる。

○空家等対策の推進に関する特別措置法
（特定空家等に対する措置）
第 14 条　市町村長は，特定空家等の所有者等に対し，当該特定空家等に関し，除却，修繕，立木竹の伐採その他周辺の生活環境の保全を図るために必要な措置（そのまま放置すれば倒壊等著しく保安上危険となるおそれのある状態又は著しく衛生上有害となるおそれのある状態にない特定空家等については，建築物の除却を除く。次項において同じ。）をとるよう助言又は指導をすることができる。
　2　市町村長は，前項の規定による助言又は指導をした場合において，なお当該特定空家等の状態が改善されないと認めるときは，当該助言又は指導を受けた者に対し，相当の猶予期限を付けて，除却，修繕，立木竹の伐採その他周辺の生活環境の保全を図るために必要な措置をとることを勧告することができる。
　3　市町村長は，前項の規定による勧告を受けた者が正当な理由がなくてその勧告に係る措置をとらなかった場合において，特に必要があると認めるときは，その者に対し，相当の猶予期限を付けて，その勧告に係る措置をとることを命ずることができる。
（以下略）

当該規定に相当するものを，ある自治体では，次のとおり規定している。

○△△市空き家等の適正管理及び活用促進に関する条例
（命令等）
第 11 条　市長は，前条の規定による勧告を受けた者が正当な理由がなくてその勧告に係る措置をとらなかった場合において，特に必要があると認めると

きは，その者に対し，相当の猶予期限を付けて，その勧告に係る措置をとることを命ずることができる。
（以下略）

　このように，法律の規定をそのまま写すという規定の仕方にすると，いざ命令をしようとするとき，(i)法律にもとづいて行うのか，(ii)条例にもとづいて行うのか，(iii)両者にもとづいて行うのか，条文上は明らかではない。(i)(ii)(iii)のうちどれを選択しても適法である。しかし，(i)を選択すると，条例の規定は適用されることがないので，形骸化したものとなる。(ii)を選択すると，法律の規定を使わないことを意味するので，条例はあたかも独自条例のような性質となる。(iii)を選択すると，法律と条例を重複して適用する法的な必要性は全くないのにもかかわらず，行うことになる。いずれを採用しても，違法とまではいえないものの，命令の根拠規定があいまいといえるため，適切な規定の仕方とはいえない。

　この点，兵庫県明石市は，次のとおり規定することにより，空家法の規定を根拠とすることを明らかにしている。このような規定の仕方の方が適切である。

○明石市空家等の適正な管理に関する条例
（特定空家等に対する措置）
第7条　（前略）
　3　市長は，法第14条第2項の規定による勧告を受けた者が正当な理由がなくてその勧告に係る措置をとらなかった場合において，特に必要があると認めるときは，同条第3項の規定により，その者に対し，相当の猶予期限を付けて，その勧告に係る措置をとることを命ずることができる。
（以下略）

(b) **当該事項を定めた条項を削る**　　この方法は，条例の規定に無駄がなくなり，法制執務の観点からは，優れている。しかし，(a)の方法に比べると，一覧性に欠けることは否めない。よって，住民や議会向けには，条文とは別に，法律の規定の内容を含んだ説明資料で補う必要がある。
　この方法を採用した例としては，仙台市がある。

(3) 空家法の個々の条項からみた検討

(a) 目的（空家法1条）　衆議院法制局の担当者によれば、空家法では、「防犯上の問題は直接には対象としていないが、それは警察活動等による治安（犯罪）対策そのものとして行うのが適当であり、空家等の対策の一環として行う必要はないと判断したためである」（小林宏和「空家対策を総合的かつ計画的に推進──立入調査、固定資産税情報の利用、要件が明確化された行政代執行が可能に」時の法令1974号（2015年）6頁）。

この点、パブコメ回答においては、「本法に防犯の観点は含まれません。『防犯』については本法の制定過程において、空き家対策として何らかの措置を講ずるよりは、直截に警察等によって不審者や不良少年に対応する方が適当であることから、本法の目的規定には掲げていないとの議論が制定者間であったと聞いておりますが、各地方公共団体の条例等において、空き家対策の目的として掲げることは妨げておりません。」、「［ガイドライン］別紙4の状態の例『門扉が施錠されていない、窓ガラスが割れている等不特定の者が容易に侵入できる状態で放置されている。』については、防犯の観点は含まれておりませんが、地域住民が不安に感じることが問題だと考えています。」とされている。

こうしたことから、空家法において防犯目的が掲げられていないからといって、この目的で空き家対策を講じてはならないとまでは言っていないと解される。たしかに、防犯活動が警察活動等による治安（犯罪）対策として行われることは間違いない。しかし、空き家対策を講じることが、本格的に警察の手を煩わせることなく犯罪の防止につながり、ひいては空家法1条にいう地域住民の生命、身体または財産の保護およびその生活環境の保全に資するといえよう。よって、同条に規定する「防災、衛生、景観等の地域住民の生活環境」の「等」の中に「防犯」が含意されていると解釈することができる。それを踏まえると、「防犯」が条例の目的にあがっているからといって、空家法の目的を「横出し」していると解釈する必要はない。したがって、この部分の条例改正は不要である。

(b) 定義（空家法2条）　(ｱ) 空家等（1項）──空家法では、マンションに空住戸が多数存在していても、「一部の住戸に居住者がいる限り、空家等ではない」とされている（小林・前掲解説7頁）。パブコメ回答においても、「建築物の

一部のみが使用されていない場合には空家等に該当しません。空家等に該当しない建築物に対応する必要がある場合には，空家法以外の法令（例えば建築基準法）や条例により対応することとなります。」とされている。このため，条例で一部の住戸に居住者のいるマンションを空家等に含めている場合，対象を横出ししていることになる。

　たとえば，マンションの一部の住戸が空き家であるため，当該空き家が著しく衛生上有害となるおそれのある状態にあり，何らかの措置を講じるべき場合があると考えられる。この場合の措置として空き住戸の除却という措置を採ることは，比例原則に違反し，かつ，現実的には不可能でもある。もっとも当該状態を解消するために，たとえば，放置されているゴミを取り除くという措置を講じるべき場合を想定することができる。

　このような場合を念頭に置くと，一部の住戸に居住者がいるマンションや長屋を規制の対象に加えるべきと考える自治体は，条例でこれらを規制の対象に加えるべきである。

　(イ) 特定空家等（2項）――これについては，空家法上の定義に加え，ガイドラインで示された解釈も踏まえ，条例で定義された内容との異同を確認する必要がある。

　たとえば，(ア)で検討したとおり，一部の住戸に居住者がいるマンションや長屋を規制の対象に加えるべきと考える自治体は，特定空家等に該当しなくても，条例による「横出し」によって独自に規制の対象に加える必要がある。

　また，条例で定義付けられたものよりも空家法で定義付けられたものの方が規制の対象が広いというケースが考えられる。たとえば，「適切な管理が行われていないことにより著しく景観を損なっている状態」を条例では対象外にしていた場合である。この場合は，条例でこれを規制の対象外にすることは法律に違反することとなるので，条例の規定の整備が必要である。

　ところで，空家法では，特定空家等の認定の仕方については，何も触れられていない。立入調査等により特定空家等であるかどうかの判断を行い，特定空家等であると認められれば行政指導や行政処分を行っていくというプロセスを経ることを想定している。この点，上越市のように，特定空家等の認定にあたってはあらかじめ空家法7条1項に規定する協議会の意見を聴いたうえで，市長が認定するという手続を経るようにすることも，検討に値するといえ

I　空家法に先行して条例を制定していた自治体の対応

る(「上越市空き家等の適正管理及び活用促進に関する条例」8条参照)。

(c) **空家等の所有者等の責務（空家法3条）**　既に制定された条例の内容が空家法の規定と矛盾抵触しないのであれば、改正するまでもない。空家法では「努めるものとする」として努力義務規定になっており、一方で条例では「しなければならない」と義務を課する規定となっている場合がある。その場合、条例で空家法よりも強い義務を課すことができるかどうかが問題となる。

これについては、地域の状況に鑑みて、「地域住民の生命、身体又は財産を保護するとともに、その生活環境の保全を図」る（空家法1条）には、空家等の所有者等に対して、空家法よりも強い義務を課す必要があると認められるときは、当該義務を課する規定は同条に規定する空家法の目的の実現に資するものといえ、空家法の規定と矛盾抵触しないと解する。

また、空家法の施行を機会に、空家法で課された責務以外の責務を課すのかどうか、空家法で課された責務を具体化する規定を置くかどうかの検討を改めて行った方がよいであろう。

(d) **市町村の責務（空家法4条）**　ここで規定されている責務以外の責務が既に条例で規定されていても、その内容が空家法の規定の趣旨に矛盾抵触しないかぎり、改正する必要はない。

(e) **空家等対策計画（空家法6条）**　空家等対策計画の作成については、6条では「できる」と規定しているため、作成するか否かは市町村の任意となっているように読める。ところが、空家法4条の規定により作成の努力義務が課されている。そこで、この規定を受けて、当該計画を定めることを義務付けるのであれば、その旨を条例で定める意義があるといえる。この点、上越市では、市長に当該計画の策定義務を課している（前掲条例7条1項参照）。

(f) **協議会（空家法7条）**　1項の規定により協議会を組織するかどうかは任意となっている中で、組織することとするのであれば、協議会は附属機関であると考えられるので、地方自治法138条の4第3項本文の規定により、その旨を条例で定める必要がある。

また、協議会は、「空家等対策計画の作成及び変更並びに実施に関する協議を行う」ことが1項において法定されている。しかし、計画策定過程においては想定されていなかった事案に対しても、臨機応変に、かつ、専門家の意見を十分に聴きながら対応したいとき、協議会を活用するという選択肢があってし

かるべきである（現に，ガイドライン第3章3.(2)では，勧告しようとする際に協議会で協議すること等も考えらえるとされている。また，名古屋市では，空家法14条3項の規定による命令の前に審議会の意見を聴かなければならないとしている〔「名古屋市空家等対策の推進に関する条例」9条2項〕）。そこで，協議会の役割を空家法で定められた事項に限定するのではなく，計画にはない事案に対応することも可能とする旨を条例に規定することも検討すべきである。

さらに，2項に明記されている者以外の者（たとえば，不動産関係団体）を協議会の構成員としてとくに必置としたいのであれば，その旨を条例で定めればよい。

次に，3項において，「前二項に定めるもののほか，協議会の運営に関し必要な事項は，協議会が定める」と規定されているので，協議会に代わり条例で当該事項を定めることができるかどうかが問題となる。

この点，協議会の肥大化（構成員の人数）や経費（構成員の報酬額）の増大化に歯止めをかけるには，協議会または市町村長に一任するのではなく，議会のチェック機能を働かせる必要性から，条例で定めるという選択肢があってしかるべきである。

よって，同項は，協議会の運営に関する事項を決める権限を空家法で協議会に付与したことを意味し，条例で定めることを排除した趣旨ではないと解釈するのが相当である。

一方，会長，副会長等の選任およびそれぞれの職務，協議会の招集や議事に関する事項については，運営の在り方そのものから行政組織の肥大化や経費の増大化を招くものではないことから，協議会または市町村長の決定に委ねて差し支えない。

なお，「協議会における協議の過程で空家等の所有者等の氏名，住所などの情報が外部に漏えいすることのないよう，協議会の構成員は当該情報の取扱いには細心の注意を払う必要がある」ため（基本指針一2(2)），構成員に対して守秘義務を課す旨の規定を置くべきである。また，これを担保するため，条例で罰則規定を置くかどうかも検討すべきである。

また，協議会とは別に，(1)で検討する特定空家等に対する措置（空家法14条）を講じるかどうかについて，専門家の意見を聴くため，条例により附属機関を設置するという方法も考えられる。とくに，これまで建築行政を行ってこな

かった市町村（建築主事を置かない市町村）については，建築基準法にもとづく事務のノウハウを持っていないので，同条にもとづく権限を行使すべきかどうかについて専門家の意見を聴く必要性は高いといえる。

(g) **立入調査等（空家法9条）**　特定空家等のみを対象に対応するときには，立入調査に関する条項が既存の条例にあれば，(2)(a)の方法を採用しないかぎり，これを削るべきである。一方，(b)で述べたように，一部の住戸に居住者がいるマンションや長屋も規制の対象にするのであれば，これらへの立入調査の根拠規定を置く必要がある。

次に，3項の規定により，空家等と認められる場所への立入りは，当該空家等の所有者等にその旨を通知することが困難でないかぎり，その5日前までに，当該所有者等に通知しなければならないこととなっている。そのため，上記の困難がないかぎり，どんな場合にも5日前までの通知を要するかのようにも読める。しかし，たとえ当該所有者等への通知が可能な場合であっても，天災により倒壊の危険が発生した空き家など事案によっては緊急に立入調査を行う必要性がある場合も想定される。こうした場合における必要最小限の対応を空家法が禁止しているとは考えられない。よって，このような場合を想定し，一定の要件の下，立入り5日前までの通知義務を課さない旨の規定を条例に置くべきである。

そのような規定は，一見したところ，条例の規定により空家法の規定を書き換えており，違法であるかのようにみえる。しかし，3項の規定は，2項の「第14条第1項から第3項までの規定の施行に必要な限度において」という規定を踏まえたものである。すなわち，助言または指導，勧告，命令という3つのステップを踏む手続を経ることを前提とした事案に対応したものである。よって，そのようなステップを踏まない事案については（そのようなステップを踏まないことが合法である場合があることについては，(1)で述べたとおり），3項の規定の適用を受けないこととし，当該事案については立入りの5日前に通知という制限をかけずに立入調査を行うことができる旨の規定を条例に置くことは，法律規定の横出しであり，違法ではないと解する。

(h) **空家等の所有者等に関する情報の利用等（空家法10条）**　ここで注意すべきは，「この法律の施行のために必要な限度において」と定められていることから，空家法の施行とは関わらない条例独自の内容があれば，条例において空家

法10条に相当する規定が必要になることである。たとえば、一部の住戸に居住者がいるマンションや長屋も対象としたり、(n)で述べる即時執行を行うことができるようにするのであれば、当該規定が条例に必要となる。

(i) **空家等に関するデータベースの整備等（空家法11条）** 空家法で定められた内容を条例で具体的に規定する必要があるかどうかを検討する必要がある。たとえば、データベースが目的外に利用されないよう、その活用方法についてルール化しておくことは、検討に値する。ただし、そのルールを定めることとしても、条例で規定する義務はない。

(j) **所有者等による空家等の適切な管理の促進（空家法12条）** 空家法で定められた内容を条例で具体的に規定する必要があるかどうかを検討する必要がある。たとえば、京都市では、基本的施策として、10条の規定（⇨74～75頁）を置いている。ただし、これを条例で規定する義務はない。

(k) **空家等及び空家等の跡地の活用等（空家法13条）** 空家法で定められた内容を条例で具体的に規定する必要があるかどうかを検討する必要がある。たとえば、京都市では、これに相当する規定として、12条および22条の規定（⇨75頁、85頁）を置いている。いずれも抽象的な内容にとどまっており、具体的な施策内容を条例で定めていない。京都市のように、実際には具体的に施策を講じるとしても、条例でその内容を規定する義務はない。

(l) **特定空家等に対する措置（空家法14条）** (1)で検討したとおり、現に著しく保安上危険であり、または著しく衛生上有害の状態にある空家等について、助言または指導および勧告の手続を経ずに命令することができる規定を置くことを検討すべきである。

なお、現に著しく保安上危険であり、または著しく衛生上有害の状態にある空家等を対象にした命令に違反すれば、それを放置することが著しく公益に反するといえる。よって、行政代執行法2条の規定により代執行を行うことができる。

(m) **過料（空家法16条）** 空家法で過料を科すこととしている行為について、条例で過料の規定を置いている場合、これを残しておくべきかどうかが問題となる。

たとえば、一部の住戸に居住者がいるマンションや長屋も対象とするのであれば、空家法14条3項の規定による命令に相当する命令に違反した者に対し

て過料を科する規定を置くことが考えられる。

　また，(n)で述べる即時執行を行うことができるようにするのであれば，その際に行われる立入りを拒み，または妨げた者に対して過料を科する規定を置くことが考えられる。

　なお，空家法が秩序罰である過料を選択したことに鑑みれば，条例における義務履行確保のための手段として，罰金を規定することは，原則としてできないと解される。

　(n) **即時執行**　　(1)に関連して，空家法には規定されていない即時執行について検討する。

　「即時強制（即時執行ともいう）とは，相手方私人に対する義務賦課行為を介在させずに行政機関が直接に私人の身体・財産に実力を加えて行政目的の実現をはかる行為（権力的事実行為）をいう」（曽和俊文『行政法総論を学ぶ』〔有斐閣，2014年〕401頁）。そして，「いきなり国民の身体・財産に実力を加えるという点において，即時強制は，行政主体の側にとってみれば極めて強力な手段であり，それだけに相手方たる私人にとっては重大な不利益をもたらす可能性を持つものと言えるから，伝統的な『法律による行政の原理』を基軸とする行政法理論の下では，この手段を執り得るのは，極めて制限された，例外的な場合でなければならない」とされている（藤田宙靖『行政法総論』〔青林書院，2013年〕319〜320頁）。このため，即時強制は，「義務の履行を強制するためではなく，目前急迫の障害を除く必要上義務を命ずる暇のない場合又はその性質上義務を命ずることによってはその目的を達し難い場合に，直接に人民の身体又は財産に実力を加え，もって行政上必要な状態を実現する作用である」と考えられてきた（田中二郎『新版行政法 上巻 全訂第二版』〔弘文堂，1984年〕180頁）。

　この点につき，塩野宏教授は，即時強制で想定されている制度のうち行政調査を除いたものを即時執行と呼び，「即時執行とは，相手方に義務を課すことなく行政機関が直接に実力を行使して，もって，行政目的の実現を図る制度をいい」い（塩野宏『行政法Ⅰ行政法総論［第6版］』〔有斐閣，2015年〕277頁），「即時執行の『即時』は，時間的切迫性よりは，相手方の義務を介在させないという意味に理解すべきである」とされる（同前278頁）。

　屋外広告物7条4項の規定のように，時間的切迫性が求められていない規定がある。この規定では，緊急性の要件はないことが明らかである。このような

法益の侵害の程度が著しく小さく,または皆無といえる軽微な措置についても時間的切迫性が求められると,そもそも時間的切迫性がある場面を想定することができないため即時執行を行うことができず,違法状態を放置せざるをえなくなる。このような事態は決して望ましいことではない。よって,塩野教授の考え方に立つのが妥当である。とすれば,即時執行に緊急性の要件は必ずしも必要でない。当該要件で重要なのは,「相手方の義務を介在させない」点のみにある。

なお,ここでいう「義務」とは,法律若しくは条例の規定またはこれらの規定にもとづく不特定多数の者に対する一般的な処分(例:都市計画の決定)により課される義務ではない。特定の相手方に対する法律または条例の規定にもとづく具体的な処分(例:命令)により課される義務を意味する(広岡隆「即時執行」雄川一郎ほか編『現代行政法体系 第2巻』〔有斐閣,1984年〕296～297頁参照)。

○屋外広告物法
(違反に対する措置)
第7条　1～3　略
　　4　都道府県知事は,第3条から第5条までの規定に基づく条例(以下この項において「条例」という。)に違反した広告物又は掲出物件が,はり紙,はり札等(容易に取り外すことができる状態で工作物等に取り付けられているはり札その他これに類する広告物をいう。以下この項において同じ。),広告旗(容易に移動させることができる状態で立てられ,又は容易に取り外すことができる状態で工作物等に取り付けられている広告の用に供する旗(これを支える台を含む。)をいう。以下この項において同じ。)又は立看板等(容易に移動させることができる状態で立てられ,又は工作物等に立て掛けられている立看板その他これに類する広告物又は掲出物件(これらを支える台を含む。)をいう。以下この項において同じ。)であるときは,その違反に係るはり紙,はり札等,広告旗又は立看板等を自ら除却し,又はその命じた者若しくは委任した者に除却させることができる。ただし,はり紙にあつては第一号に,はり札等,広告旗又は立看板等にあつては次の各号のいずれにも該当する場合に限る。
　　　一　条例で定める都道府県知事の許可を受けなければならない場合に明らかに該当すると認められるにもかかわらずその許可を受けないで表示され又は設置されているとき,条例に適用を除外する規定が定めら

れている場合にあつては当該規定に明らかに該当しないと認められるにもかかわらず禁止された場所に表示され又は設置されているとき、その他条例に明らかに違反して表示され又は設置されていると認められるとき。
二　管理されずに放置されていることが明らかなとき。

以下では、既に条例で規定している京都市の例を紹介する。

京都市では、2種類の即時執行の規定を置いている。これらのうち、19条の規定（◆84頁）にもとづく即時執行では、緊急時に必要最小限の措置を講じることができることとしている。これは、伝統的な理解に立った内容である。空家等が何らかの原因で危険性を増し、緊急に対応しなければ人の生命、身体または財産に危害が及ぶ結果になる場合があることは、十分に想定しておくべきである。したがって、法律にはないこのような規定を置いておく必要性は大きい。

ところで、足立区の次の規定のように、所有者等の同意の下で緊急安全措置を講じることとしている事例がある。

○足立区老朽家屋等の適正管理に関する条例
（緊急安全措置）
第7条　区長は、建物等の危険な状態が切迫している場合で、所有者等から自ら危険な状態の解消をすることができないとの申出があったときには、危険な状態を回避するために必要な最低限度の措置（以下「緊急安全措置」という。）をとることができる。
2　区長は、前項に規定する緊急安全措置を実施する場合は、所有者等の同意を得て実施するものとする。
3　区長は、第1項に規定する緊急安全措置を行うときには事前に次条に規定する足立区老朽家屋等審議会の意見を聴かなければならない。

このような緊急安全措置は、講学上の即時執行とは似て非なるものと理解しておく必要がある。この点につき、原田大樹教授は、「緊急安全措置には所有者の同意が要件とされ、同意兼協定書によって必要な費用を事後的に所有者に支払わせる方法が採られている。これは行政契約によって緊急安全措置を行う興味深い事例といえる。所有者の同意を不要とする即時執行の方式が採られな

かったのは，所有権に対する強度の侵害となることや，建築基準法と条例との抵触の可能性が意識されたためかもしれない」と指摘されている（原田大樹『例解行政法』〔東京大学出版会，2013年〕495頁）。

　行政契約とする利点は，即時執行の場合に比べ，措置に係る費用を回収しやすいことにあると思われる。しかし，債権回収の可能性が低いことを理由に，人が危険にさらされている状況を放置しておいてよい理由はない。そもそも行政契約であれば，条例で規定しておく必要はない。即時執行であるからこそ条例で規定しておく必要があることに留意すべきである。

　次に，20条の規定（◆85頁）にもとづく即時執行では，軽微な措置を講じることができるとしている。同条により準用される19条1項の規定は，次のように読み替えられることとなる。

　「市長は，特定空き家等について，開放されている窓の閉鎖，草刈りその他の別に定める軽微な措置を採ることにより地域における防災上，防犯上又は生活環境若しくは景観の保全上の支障を除去し，又は軽減することができると認めるときは，当該特定空き家等の所有者等の負担において，当該軽微な措置を自ら行い，又はその命じた者若しくは委任した者に行わせることができる。」

　上記の読替えから明らかなように，緊急性は要件とされていない。

　また，「必要最小限の措置」と読み替えるのではないので，必ずしも必要最小限の措置でなくてもよい。たとえば，雑草が繁茂している場合，必要最小限の措置であれば近所迷惑にならない程度までの草刈りとなり「改善」（応急措置）にとどまるが，雑草をすべて刈り取り，根まで抜くと必要最小限を超え，「解消」となる。

　さらに，講じることができる措置は軽微なものであるが，措置を講じるかどうかについては，緊急安全措置よりも抑制的にする必要がない。

　「京都市空き家等の活用，適正管理等に関する条例施行規則」3条の規定により定められた軽微な措置の内容（①開放されている窓その他の開口部の閉鎖，②開放されている門扉の閉鎖，③外壁または柵，塀その他の敷地を囲む工作物の著しく破損した部分の養生〔簡易なものに限る〕，④草刈り，⑤樹木の枝打ち，⑥①から⑤までと同程度の措置で市長が必要と認めるもの）からすると，即時執行により失われる相手方の利益は小さい，または皆無に等しいといえる。よって，比例原則に適合する（即時執行により得られる利益が，それによって失われる利益に対して下回らな

い）ともいえるので，極めて使い勝手のよい規定であるといえよう。このため，空家法にはないこのような規定を置いておく必要性がある。

II 空家法に先行して制定していた条例の改正内容

京都市の例

以下では，京都市の条例を例にあげ，その改正の内容を紹介する。

京都市では，2013年12月24日に公布し，2014年4月1日から施行している「京都市空き家の活用，適正管理等に関する条例」について，空家法との整合性を図るため条例改正を行った。この条例改正については，2015年12月11日の京都市会における議決を経て，同月22日の公布の日から施行した。

1 条例改正の基本方針

2014年に施行された条例には，空家法と重複する事項と重複しない事項とが含まれている。そこで，前者は空家法にもとづき執行し，後者は引き続き条例にもとづき執行することができるよう空家法と条例との適用関係を整理するという基本方針の下，空家法と条例との間に不整合を生じさせないような条例改正の内容を検討する。

具体的には，空家法は，管理不全状態にあると認められる空家等に対する措置に関し特別の手続を定めるものであるため，条例にもとづく措置に係る手続について，可能なものは空家法が定める手続を採り入れることとしている。しかし，空き家の発生の予防，活用および適正な管理並びに跡地の活用について，空家法はとくに定めを置いていないことから，これらの規定は，空家法が適用される空家等に対しても条例を適用させている。

また，条例に定めがなく，または条例に定める内容を超えて，空家法に定めが置かれている事項については，条例においても空家法と同程度の内容を行うことができるよう改正を行っている。たとえば，固定資産税等情報の目的外利用や立入調査の拒否等に対する過料に関する規定などが，それに該当する。

FIGURE **3.3**　　　　　　　　　　　　　　　　　条例改正の概要のイメージ図

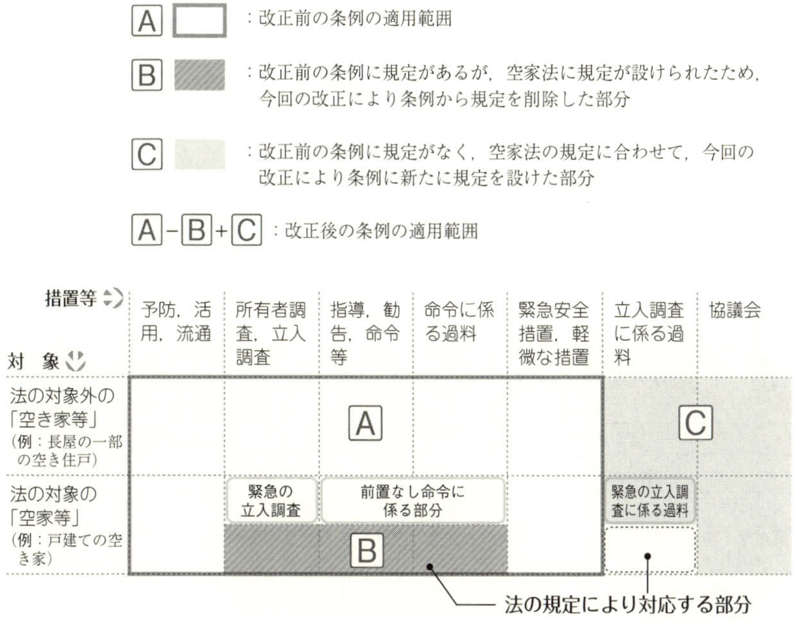

　　　A □　：改正前の条例の適用範囲

　　　B ▨　：改正前の条例に規定があるが，空家法に規定が設けられたため，
　　　　　　　今回の改正により条例から規定を削除した部分

　　　C ▦　：改正前の条例に規定がなく，空家法の規定に合わせて，今回の
　　　　　　　改正により条例に新たに規定を設けた部分

　　　A − B + C ：改正後の条例の適用範囲

対象 ＼ 措置等	予防，活用，流通	所有者調査，立入調査	指導，勧告，命令等	命令に係る過料	緊急安全措置，軽微な措置	立入調査に係る過料	協議会
法の対象外の「空き家等」（例：長屋の一部の空き住戸）		A	A	A		C	C
法の対象の「空家等」（例：戸建ての空き家）		緊急の立入調査 / B	前置なし命令に係る部分 / B	B		緊急の立入調査に係る過料	

　　　　　　　　　　　　　　　　　　　　　　　　└── 法の規定により対応する部分

備考 1　空家法の施行に伴い，空家法が対象としている空家等に対する「所有者調査，立入調査」，「指導，勧告，命令等」および「命令に係る過料」については，空家法にもとづき実施することとなったため，条例の規定（上図Aの部分）から，空家法にもとづき実施することになった措置等に関する規定（上図Bの部分）を削除した。
　　 2　立入調査に係る過料および空家法において空家等対策計画の作成等に関する協議を行うために組織できることとされている協議会の設置に関する規定を新たに設けた（上図Cの部分）。

2　題名，目次および章名の改正について

改　正　前	改　正　後
京都市空き家の活用，適正管理等に関する条例	京都市空き家等の活用，適正管理等に関する条例
目　次 　第1章　総則（第1条〜第9条） 　第2章　空き家の活用等 　　第1節　基本的施策（第10条） 　　第2節　空き家の発生の予防（第11条） 　　第3節　空き家の活用（第12条）	目　次 　第1章　総則（第1条〜第9条） 　第2章　空き家等の活用等 　　第1節　基本的施策（第10条） 　　第2節　空き家等の発生の予防（第11条） 　　第3節　空き家等の活用（第12条）

改正前	改正後
第4節　空き家の適正な管理 　　　（第13条～第19条） 第5節　跡地の活用（第20条） 第3章　雑則（第21条～第24条） 第4章　罰則（第25条） 　附　則	第4節　空き家等の適正な管理 　　　（第13条～第21条） 第5節　跡地の活用（第22条） 第3章　空き家等対策協議会 　　　（第23条～第26条） 第4章　雑則（第27条～第30条） 第5章　罰則（第31条） 　附　則

「空き家」を「空き家等」に改めたことに伴い，題名，目次および章名を改めた。

3　1条の改正について

改正前	改正後
第1章　総則	第1章　総則
（目的） 第1条　この条例は，空き家の増加が防災上，防犯上又は生活環境若しくは景観の保全上多くの問題を生じさせ，さらには地域コミュニティの活力を低下させる原因の一つになっていることに鑑み，空き家の発生の予防，活用及び適正な管理並びに跡地の活用（以下「空き家の活用等」という。）に関し必要な事項を定めることにより，空き家の活用等を総合的に推進し，もって安心かつ安全な生活環境の確保，地域コミュニティの活性化，まちづくりの活動の促進及び地域の良好な景観の保全に寄与することを目的とする。	（目的） 第1条　この条例は，空き家等の増加が防災上，防犯上又は生活環境若しくは景観の保全上多くの問題を生じさせ，さらには地域コミュニティの活力を低下させる原因の一つになっていることに鑑み，空き家等の発生の予防，活用及び適正な管理並びに跡地の活用（以下「空き家等の活用等」という。）並びに空家等対策の推進に関する特別措置法（以下「法」という。）の施行に関し必要な事項を定めることにより，空き家等の活用等を総合的に推進し，もって安心かつ安全な生活環境の確保，地域コミュニティの活性化，まちづくりの活動の促進及び地域の良好な景観の保全に寄与することを目的とする。

　空家法と条例とは，目的を異にするものではない。これらが具体的に定めている事項を比較すると，条例は空家法より広く「空き家等の活用等」に関する事項を定めており，空家法の施行に関する事項も「空き家等の活用等」の手段の1つといえることから，その趣旨を反映する規定とした。

　なお，空家法の目的規定に「防犯」は掲げられていないが，これを条例の目的に掲げることを妨げるものではないと考えられるため，そのまま残している。

4　2条の改正について

改　正　前	改　正　後
（定義） 第2条　この条例において，次の各号に掲げる用語の意義は，それぞれ当該各号に定めるところによる。 (1)　空き家　本市の区域内に存する建築物（長屋及び共同住宅にあっては，これらの住戸）で，現に人が居住せず，若しくは使用していない状態又はこれらに準じる状態にあるものをいう。	（定義） 第2条　この条例において，次の各号に掲げる用語の意義は，それぞれ当該各号に定めるところによる。 (1)　空き家等　本市の区域内に存する建築物（長屋及び共同住宅にあっては，これらの住戸）又はこれに付属する工作物で，現に人が居住せず，若しくは使用していない状態又はこれらに準じる状態にあるもの（以下「空き家」という。）及びその敷地（立木その他の土地に定着する物を含む。以下同じ。）をいう。ただし，国又は地方公共団体が所有し，又は管理するものを除く。 (2)　特定空き家等　次のいずれかに該当する状態であって別に定めるもの（以下「管理不全状態」という。）にあると認められる空き家等をいう。 　ア　そのまま放置すれば倒壊等著しく保安上危険となるおそれのある状態 　イ　そのまま放置すれば著しく衛生上有害となるおそれのある状態 　ウ　適切な管理が行われていないことにより著しく景観を損なっている状態 　エ　その他の周辺の生活環境の保全を図るために放置することが不適切である状態
(2)　建築物　建築基準法第2条第1号に規定する建築物をいう。	(3)　建築物　建築基準法第2条第1号に規定する建築物をいう
(3)　地域コミュニティ　本市の区域内における地域住民相互のつながりを基礎とする地域社会をいう。	(4)　地域コミュニティ　本市の区域内における地域住民相互のつながりを基礎とする地域社会をいう。
(4)　跡地　空き家を除却した後の敷地をいう。	(5)　跡地　空き家を除却した後の敷地をいう。
(5)　自治組織　自治会，町内会その他の地域住民の組織する団体をいう。	(6)　自治組織　自治会，町内会その他の地域住民の組織する団体をいう。
(6)　所有者等　所有者又は管理者をいう。	(7)　所有者等　所有者又は管理者をいう。
(7)　事業者　本市の区域内において不動産業，建設業その他の空き家の活用等と関連する事業を営む者をいう。	(8)　事業者　本市の区域内において不動産業，建設業その他の空き家等の活用等と関連する事業を営む者をいう。
(8)　市民等　市民及び本市の区域内に存する建築物の所有者等をいう。ただし，空き家の所有者等を除く。	(9)　市民等　市民及び本市の区域内に存する建築物の所有者等をいう。ただし，空き家の所有者等を除く。
(9)　市民活動団体等　地域コミュニティの活性化又はまちづくりの活動の促進に関わる	(10)　市民活動団体等　地域コミュニティの活性化又はまちづくりの活動の促進に関わる

市民活動団体（ボランティア活動その他の公益的な活動を行うことを目的として市民が組織する団体をいう。）その他の団体をいう。	市民活動団体（ボランティア活動その他の公益的な活動を行うことを目的として市民が組織する団体をいう。）その他の団体をいう。

(1) 1号

　改正前の条例2条1号に規定する「空き家」と空家法2条1項に規定する「空家等」との主たる相違点は，FIGURE 3.4のとおりである。

　空家法の「空家等」も条例の適用対象とすることができるよう，改正後の条例では，上記の表の下線部の要素を「空き家」に加えて，「空き家等」と定義することとした。

　なお，法制執務の観点からは，同様の対象を指す事物に対しては同様の単語を用いるべきであるが，京都市では，空家法の施行前から，条例上の用語である「空き家」という表記を広報，啓発等において用いてきたことを踏まえ，「空家等」を包摂する概念として「空き家等」と呼ぶこととした。

(2) 2号

　改正後の条例16条において，空家法14条の規定を適宜準用するため，空家法2条2項に規定する特定空家等に相当するものとして，「特定空き家等」の定義を置くこととした。

　なお，「別に定める」状態は，ガイドラインに定める内容と同様のものを想定している。もともと，改正前の条例13条1項において管理不全状態の内容を別に定めることとしていたのは，どのような状態を管理不全状態というのか判然としないために市規則で運用基準を明らかにするという趣旨であった。国によってガイドラインが示され，これを踏まえた運用をする以上，市規則で運用基準を定める意味は失われたものといえるが，条例制定当初，議会側から運用基準の明確化を強く求められていた経過に鑑み，市規則への委任を残すこととした。

(3) 3号から10号まで

　「空き家」を「空き家等」に改めたことに伴い規定を整備するとともに，上記(2)の追加に伴い1号ずつ繰り下げた。

FIGURE 3.4 「空き家」と「空家等」の相違点

	空き家	空家等
対 象	建築物（長屋及び共同住宅にあっては，これらの住戸）	建築物又はこれに附属する工作物及びその敷地（立木その他の土地に定着する物を含む。）
要 件	現に人が居住せず，若しくは使用していない常態又はこれらに準じる状態にあるもの	居住その他の使用がなされていないことが常態であるもの
その他	—	国又は地方公共団体が所有し，又は管理するものを除く。

　なお，9号ただし書は，建築物の所有者等から空き家の所有者等を除外しようとするものであり，空き家の敷地の所有者等を含める必要はないことから，「空き家」のまま存置している。

5　3条から13条までの規定の改正について

改 正 前	改 正 後
（基本理念） 第3条　空き家の活用等は，次に掲げる事項を基本理念として行われなければならない。 (1)　建築物は，まちを構成する重要な要素として，安心かつ安全な生活環境の確保及び地域の良好な景観の保全をはじめとする公共的価値の実現に大きな役割を担うことに鑑み，その利用及び管理が図られること。 (2)　空き家は，地域コミュニティの有用な資源として，積極的な活用が図られること。 (3)　空き家の活用等は，既存の建築物の保全，活用及び流通を促進する見地から推進されること。	（基本理念） 第3条　空き家等の活用等は，次に掲げる事項を基本理念として行われなければならない。 (1)　建築物は，まちを構成する重要な要素として，安心かつ安全な生活環境の確保及び地域の良好な景観の保全をはじめとする公共的価値の実現に大きな役割を担うことに鑑み，その利用及び管理が図られること。 (2)　空き家等は，地域コミュニティの有用な資源として，積極的な活用が図られること。 (3)　空き家等の活用等は，既存の建築物の保全，活用及び流通を促進する見地から推進されること。

(4) 空き家の発生の予防及び活用並びに跡地の活用は，地域コミュニティの活性化を図る観点から推進されること。	(4) 空き家等の発生の予防及び活用並びに跡地の活用は，地域コミュニティの活性化を図る観点から推進されること。
（本市の責務） 第4条 本市は，基本理念にのっとり，空き家の活用等を総合的に推進しなければならない。 2 本市は，空き家の活用等の推進に当たっては，自治組織の取組を尊重しなければならない。 3 本市は，空き家の活用等への空き家の所有者等，事業者，市民等，自治組織及び市民活動団体等の参加及び協力を促進しなければならない。	（本市の責務） 第4条 本市は，基本理念にのっとり，空き家等の活用等を総合的に推進しなければならない。 2 本市は，空き家等の活用等の推進に当たっては，自治組織の取組を尊重しなければならない。 3 本市は，空き家等の活用等への空き家等の所有者等，事業者，市民等，自治組織及び市民活動団体等の参加及び協力を促進しなければならない。
（空き家の所有者等の責務） 第5条 空き家の所有者等は，基本理念にのっとり，空き家を活用し，及び適正に管理しなければならない。	（空き家等の所有者等の責務） 第5条 空き家等の所有者等は，基本理念にのっとり，空き家等を活用し，及び適正に管理しなければならない。
（事業者の責務） 第6条 事業者は，基本理念にのっとり，空き家の活用等に協力するとともに，空き家及び跡地の活用及び流通の促進に努めなければならない。	（事業者の責務） 第6条 事業者は，基本理念にのっとり，空き家等の活用等に協力するとともに，空き家等及び跡地の活用及び流通の促進に努めなければならない。
（市民等の責務） 第7条 市民等は，基本理念にのっとり，空き家の活用等に協力するとともに，空き家の発生の予防に努めなければならない。	（市民等の責務） 第7条 市民等は，基本理念にのっとり，空き家等の活用等に協力するとともに，空き家等の発生の予防に努めなければならない。
（自治組織及び市民活動団体等の役割） 第8条 自治組織及び市民活動団体等は，空き家が地域コミュニティの有用な資源であることに鑑み，その状況及びその所有者等に関する情報の把握その他空き家の活用等の推進に積極的な役割を果たすものとする。	（自治組織及び市民活動団体等の役割） 第8条 自治組織及び市民活動団体等は，空き家等が地域コミュニティの有用な資源であることに鑑み，その状況及びその所有者等に関する情報の把握その他空き家等の活用等の推進に積極的な役割を果たすものとする。
（相互の協力） 第9条 本市，空き家の所有者等，事業者，市民等，自治組織及び市民活動団体等は，この条例の目的を達成するため，相互に，その果たす役割を理解し，協力するものとする。	（相互の協力） 第9条 本市，空き家等の所有者等，事業者，市民等，自治組織及び市民活動団体等は，この条例の目的を達成するため，相互に，その果たす役割を理解し，協力するものとする。
第2章 空き家の活用等	第2章 空き家等の活用等
第1節 基本的施策	第1節 基本的施策
第10条 本市は，空き家の所有者等，事業者及び市民等が空き家の活用等に関する理解を深め，これに自主的に取り組むよう，広報活	第10条 本市は，空き家等の所有者等，事業者及び市民等が空き家等の活用等に関する理解を深め，これに自主的に取り組むよう，広

動，啓発活動その他の必要な措置を講じなければならない。 2　本市は，空き家，その敷地及び跡地の所有者等からの空き家の活用等に関する相談に応じるとともに，これらの者に対し，情報の提供，助言その他の必要な支援を行わなければならない。 3　本市は，自治組織と連携して空き家の活用等に取り組むとともに，自治組織が行う地域コミュニティにおける空き家の活用等に関する取組への支援を行わなければならない。 4　本市は，空き家の所有者等，事業者，市民等，自治組織及び市民活動団体等の間の相互理解が増進され，協力が推進されるよう，交流の促進その他の必要な措置を積極的に講じなければならない。 5　本市は，空き家の活用等を総合的に推進するために必要な体制を整備しなければならない。	報活動，啓発活動その他の必要な措置を講じなければならない。 2　本市は，空き家等及び跡地の所有者等からの空き家等の活用等に関する相談に応じるとともに，これらの者に対し，情報の提供，助言その他の必要な支援を行わなければならない。 3　本市は，自治組織と連携して空き家等の活用等に取り組むとともに，自治組織が行う地域コミュニティにおける空き家等の活用等に関する取組への支援を行わなければならない。 4　本市は，空き家等の所有者等，事業者，市民等，自治組織及び市民活動団体等の間の相互理解が増進され，協力が推進されるよう，交流の促進その他の必要な措置を積極的に講じなければならない。 5　本市は，空き家等の活用等を総合的に推進するために必要な体制を整備しなければならない。
第2節　空き家の発生の予防	第2節　空き家等の発生の予防
第11条　建築物の所有者等は，当該建築物の老朽化，未登記その他将来において空き家の発生の原因となるおそれのある事実があるときは，当該建築物の改修，登記その他空き家の発生を予防するために必要な措置を講じるよう努めなければならない。 2　本市は，良質な住宅の普及の促進を図るとともに，既存の建築物の保全のために必要な支援その他空き家の発生の予防に資する措置を講じるものとする。	第11条　建築物の所有者等は，当該建築物の老朽化，未登記その他将来において空き家等の発生の原因となるおそれのある事実があるときは，当該建築物の改修，登記その他空き家等の発生を予防するために必要な措置を講じるよう努めなければならない。 2　本市は，良質な住宅の普及の促進を図るとともに，既存の建築物の保全のために必要な支援その他空き家等の発生の予防に資する措置を講じるものとする。
第3節　空き家の活用	第3節　空き家等の活用
第12条　空き家の所有者等は，当該空き家を利用する見込みがないときは，賃貸，譲渡その他の当該空き家を活用するための取組を行うよう努めなければならない。 2　事業者は，前項の取組に協力するよう努めなければならない。 3　本市は，空き家の流通の促進のために必要な環境の整備その他空き家の円滑な活用に資する措置を講じるものとする。 4　本市は，空き家をまちづくりの活動拠点その他地域コミュニティの活性化に資するものとして活用する取組を行うものに対し，必要な支援その他の措置を講じるものとする。	第12条　空き家等の所有者等は，当該空き家等を利用する見込みがないときは，賃貸，譲渡その他の当該空き家等を活用するための取組を行うよう努めなければならない。 2　事業者は，前項の取組に協力するよう努めなければならない。 3　本市は，空き家等の流通の促進のために必要な環境の整備その他空き家等の円滑な活用に資する措置を講じるものとする。 4　本市は，空き家等をまちづくりの活動拠点その他地域コミュニティの活性化に資するものとして活用する取組を行うものに対し，必要な支援その他の措置を講じるものとする。

第4節　空き家の適正な管理	第4節　空き家等の適正な管理
（空き家の適正な管理） 第13条　空き家~~（これに付属する工作物及び当該空き家の敷地を含む。第1号，第3号及び第4号並びに第16条第2項を除く，以下この節において同じ。）~~の所有者等は，当該空き家が次の各号のいずれかに該当する状態であって別に定めるもの~~（以下「管理不全状態」という。）~~とならないように，自らの責任において当該空き家を適正に管理しなければならない。 ~~(1)　空き家（これに付属する工作物を含む。）の倒壊，崩落若しくは建築材料の脱落若しくは飛散又は空き家の敷地内に存する樹木の倒伏により，人の生命，身体又は財産に危害を及ぼし，又は及ぼすおそれがある状態~~ ~~(2)　空き家に容易に侵入することができる状態その他地域の防犯上支障が生じている状態~~ ~~(3)　空き家の敷地内に存する樹木又は雑草の繁茂，倒木等により，地域の生活環境の保全上支障が生じ，又は生じるおそれがある状態~~ ~~(4)　空き家（これに付属する工作物を含む。）の外観を構成する部分の汚損，腐食，剥離又は破損により，地域の良好な景観に悪影響を及ぼしている状態~~ 2　空き家の所有者等は，当該空き家が管理不全状態にあるときは，自らの責任において，直ちに当該管理不全状態を解消しなければならない。	（空き家等の適正な管理） 第13条　空き家等の所有者等は，当該空き家等が管理不全状態とならないように，自らの責任において当該空き家等を適正に管理しなければならない。 2　空き家等の所有者等は，当該空き家等が管理不全状態にあるときは，自らの責任において，直ちに当該管理不全状態を解消しなければならない。

　「空き家」を「空き家等」に改め，および「特定空き家等」の定義を追加したことに伴い，規定を整備した。

6　14条から17条までの規定について

改正前	改正後
（助言，指導，勧告及び標識の設置）	（管理不全状態となることを予防するための助言又は指導）
第14条　市長は，空き家が管理不全状態とな	第14条　市長は，空き家等が管理不全状態と

| 改正前 | 改正後 |

ることを予防するため必要があると認めるとき、又は管理不全状態にあるときは、当該空き家の所有者等に対し、その予防又は管理不全状態の解消のために必要な助言又は指導を行うことができる。

2 ~~市長は、前項の助言又は指導を行ったにもかかわらず、なお当該空き家が管理不全状態にあるときは、当該空き家の所有者等に対し、当該管理不全状態を解消するために必要な措置を採ることを勧告することができる。~~

3 ~~市長は、前項の規定による勧告に係る空き家が、なお管理不全状態にある場合において、標識を設置することによりその旨を周知することが適当であると認めるときは、管理不全の内容、勧告の内容その他市長が必要と認める事項を記載した標識を当該空き家に設置することができる。この場合において、当該空き家の所有者等は、当該標識の設置を拒み、又は妨げてはならない。~~

4 ~~市長は、前項の標識を設置しようとするときは、あらかじめ当該空き家の所有者等にその旨を通知し、意見を述べる機会を与えなければならない。~~

（命令、公表及び標識の設置）

第15条 ~~市長は、前条第2項の規定による勧告を受けた空き家の所有者等（建築基準法第9条第1項又は第10条第2項若しくは第3項の規定による命令の対象となるべき者を除く。）が当該勧告に従わないとき、又は空き家が著しい管理不全状態にあるときは、当該空き家の所有者等に対し、相当の期限を定めて、当該勧告に従い、又は当該空き家の管理不全状態を解消するために必要な措置を採ることを命じることができる。~~

2 ~~市長は、前項の規定による命令をしたときは、次に掲げる事項を公表するとともに、当該事項（第2号に掲げる事項を除く。）を記載した標識を当該空き家に設置することができる。この場合において、当該空き家の所有者等は、当該標識の設置を拒み、又は妨げてはならない。~~

(1) ~~命令を受けた者の住所及び氏名（法人にあっては、主たる事務所の所在地並びに名称及び代表者の氏名）~~

(2) ~~当該空き家の所在地~~

(3) ~~管理不全状態の内容~~

なることを予防するため必要があると認めるときは、当該空き家等の所有者等に対し、その予防のために必要な助言又は指導を行うことができる。

（法の規定が適用される特定空き家等に対する勧告及び命令に係る標識の設置等）

第15条 市長は、法第14条第2項の規定による勧告に係る特定空き家等が、なお管理不全状態にある場合において、標識を設置することによりその旨を周知することが適当であると認めるときは、管理不全状態の内容、勧告の内容その他市長が必要と認める事項を記載した標識を当該特定空き家等に設置することができる。この場合において、当該特定空き家等の所有者等は、当該標識の設置を拒み、又は妨げてはならない。

2 市長は、前項の標識を設置しようとするときは、あらかじめ当該特定空き家等の所有者等にその旨を通知し、意見を述べる機会を与えなければならない。

3 法第14条第11項の規定による公示は、次に掲げる事項をその内容とするものとする。

(1) 市長が必要があると認める場合にあっては、命令を受けた者の氏名及び住所（法人にあっては、名称及び代表者名並びに主たる事務所の所在地）

(2) 当該特定空き家等の所在地

(3) 管理不全状態の内容

(4) 命令の内容

(5) その他市長が必要と認める事項

（法の規定が適用されない特定空き家等に対する措置）

第16条 法第14条第1項から第8項まで及び第11項から第13項まで並びに前条の規定は、特定空き家等（法第2条第2項に規定する特定空家等を除く。）について準用する。この場合において、法第14条第13項中「行政手続法（平成5年法律第88号）」とあるのは「京都市行政手続条例」と、「第12条及び第14条」とあるのは「第13条及び第15条」と読み替えるものとする。

（著しい管理不全状態にある特定空き家等に対する措置）

第17条 市長は、特定空き家等が著しい管理不全状態にあるときは、当該特定空き家等の所有者等に対し、相当の猶予期限を付けて、

	(4) 命令の内容 (5) その他市長が必要と認める事項	当該管理不全状態を解消するために必要な措置を採ることを命じることができる。 2　法第14条第4項から第8項まで及び第11項から第13項まで並びにこの条例第15条第3項の規定は，前項の規定による命令について準用する。この場合において，法第14条第13項中「行政手続法（平成5年法律第88号）」とあるのは「京都市行政手続条例」と，「第12条及び第14条」とあるのは「第13条及び第15条」と読み替えるものとする。

(1) 概　要

　空家法も条例も，特定空き家等に対して，「助言又は指導」，「勧告」，「命令」の順に手続を経ていくことを基本としている。特定空き家等に対する空家法の規定にもとづく措置と当該措置の対象とならない特定空き家等に対する条例の規定にもとづく措置とで異なる手続を行うことは適当ではない。そこで，両者を同様の手続で行うことができるよう，「条例の規定に基づく措置について空家法の規定にもとづく手続を準用する」というテクニカルな方法を採用することとした。このかぎりにおいて，条例の規定は，空家法の「横出し」について定めたものといえる。

　一方，条例では，上記の手続を踏まずに命令等をするというように，空家法が採用していない手法を定めたいところであるが，これらの規定は，空家法の「上乗せ」として，引き続き，条例の規定を根拠に実施することができるようにしている。

(2) 14条

　空家法には，空き家等が管理不全状態となる前に，当該空き家等の所有者に対して予防的に助言または指導を行うことができる旨の規定が存しないため，これを担保するための規定として，存続させることとした。

(3) 15条

　空家法の規定が適用される特定空き家等に関する規定である。
　「命令」までの手続は，空家法の規定にもとづき執行するため，条例による

上乗せ的な規定を設けるものとなっている。

1項および2項で勧告後の標識設置について定めているが（上乗せ的規定），これは，改正前の条例14条3項の規定と同様の取扱いをしようとするものである。

また，3項で命令後の公示内容について定めている（空家法の執行に関する規定）。命令を行った場合，空家法14条11項はその旨を標識の設置その他国土交通省令・総務省令で定める方法により公示しなければならないとしているが，改正前の条例15条2項は，制裁的な要素も含めて公表および標識の設置をすることができるとしていた。公示と公表とを異なる行為と解すべき理由はないため，公示の内容を定めることにより，条例の規定の趣旨を残すこととした。ただし，空家法では，公示を義務的に行うこととされている。公表を任意で行うこととしていた条例においては，命令を受けた者の氏名および住所を公表や標識の設置の対象としない運用も想定していたため，このような運用を可能とする規定としている。

(4) 16条

空家法の規定が適用されない特定空き家等に関する規定である。

基本的には，空家法の規定が適用される特定空き家等と同様の措置を講じることができる内容とするため，「命令」までの手続について空家法14条1項から8項までおよび11項から13項までの規定を準用し，勧告後の標識設置および命令後の公示内容について改正後の条例15条の規定を準用することとした。この際，空家法は，独自に不利益処分をしようとする場合の手続を定め，そのかぎりにおいて行政手続法の適用を除外している（空家法14条13項）ため，京都市行政手続条例についても同様に適用を除外する必要がある。そこで，読替えにより対応している。

なお，いわゆる略式代執行については，行政代執行法の特例を定めるものであり，これを条例で定めることはできないと解されている。そこで，この解釈に従い，空家法14条10項については，準用する規定の対象から除いている。

○京都市行政手続条例
(処分の基準)
第13条　行政庁は，不利益処分の性質上その設定が困難であるときを除き，不利益処分をするかどうか又はどのような不利益処分とするかについてその条例等の定めに従って判断するために必要とされる基準(以下「処分基準」という。)を定めるものとする。
2　　行政庁は，処分基準を定めるに当たっては，当該不利益処分の性質に照らしてできる限り具体的なものとしなければならない。
3　　行政庁は，行政上特別の支障があるときを除き，処分基準を公にしておかなければならない。

(不利益処分の理由の提示)
第15条　行政庁は，不利益処分をする場合には，その名あて人に対し，同時に，当該不利益処分の理由を示さなければならない。ただし，当該理由を示さないで処分をすべき差し迫った必要がある場合は，この限りでない。
2　　行政庁は，前項ただし書の場合においては，当該名あて人の所在が判明しなくなったときその他処分後において理由を示すことが困難な事情があるときを除き，処分後相当の期間内に，同項の理由を示さなければならない。
3　　不利益処分を書面でするときは，前2項の理由は，書面により示さなければならない。

(5) 17条

著しい管理不全状態にある特定空き家等について，その所有者等に対して，助言または指導および勧告(以下「勧告等」という)を経ずに命令を行うことができる旨の規定である。

条例制定時から設けられている措置の類型であるが，空家法は，勧告等を経なければ命令を行うことができない条文構成になっている。そこで，条例により空家法の規定に「上乗せ」するものとなっている。

この点，国は「法と趣旨・目的が同様の……条例において，助言又は指導，勧告を前置せずに命令を行うことを規定している場合……法の趣旨に反することとなるため，当該条例の命令に関する規定は無効になる」(ガイドライン2頁)

との見解を示している。

しかし、いわゆる既存不適格建築物について、建築基準法10条1項および2項の規定により将来的に著しく保安上危険または衛生上有害となるおそれがあるものにあっては勧告を経て命令を行うこととなっているが、同条3項の規定により既に著しく保安上危険または衛生上有害であるもの（条例においては、著しい管理不全状態にある特定空き家等に相当する）にあっては勧告を経ずに命令を行うことができることを踏まえると、上記の見解は、適当ではない。そこで、条例では、空家法が適用される特定空き家等を含めて、勧告等を経ずに命令を行うことができることとしている（⇨54頁参照）。

また、勧告等を経ずに命令を行う場合についても、意見聴取や公示は空家法の手続と同様の手続によることとした。

この点、著しい管理不全状態にあるのだから、空家法14条4項から7項までの規定による意見聴取の手続を採らないという選択肢（京都市行政手続条例が適用されるため、「公益上、緊急に不利益処分をする必要がある……とき」〔同条例14条2項1号〕は、聴聞または弁明の機会の付与の手続を省略することができる）も考えられるが、空家法は「より手厚い手続的保証を付与する一方、その処分の性質上早期に処分を行う必要性もある」（自由民主党空き家対策推進議員連盟（編著）『空家等対策特別措置法の解説』〔大成出版社、2015年〕152頁）ことを踏まえて行政手続法の特例手続を定めたものであるから、意見聴取の手続は、勧告等を経ずに命令を行う場合も実施することとした。

7 18条（16条の改正）について

改正前	改正後
（空き家の所有者等を確知することができない場合の対応） 第16条　市長は、空き家の所有者等又はその連絡先を確知するために必要な調査を行うことができる。 2　市長は、空き家（これに付属する工作物を含む。）の所有者等又はその連絡先を確知することができないときは、その敷地の所有者等、占有者その他の関係者に対し、当該空き家及びその敷地の適正な管理に必要な措置に	（空き家等の所有者等を確知することができない場合等の対応） 第18条　市長は、空き家等（法第2条第1項に規定する空家等を除く。第3項において同じ。）の所有者等又はその連絡先を確知するために必要な調査を行うことができる。 2　市長は、空き家の所有者等又はその連絡先を確知することができないときは、その敷地の所有者等、占有者その他の関係者に対し、当該空き家及びその敷地の適正な管理に必要な措置について協力を求めることができる。

ついて協力を求めることができる。 3　市長は，空き家の所有者等又はその連絡先を確知することができない場合において必要があると認めるときは，固定資産税の課税その他の空き家の適正な管理に関する事務以外の事務のために利用する目的で保有する情報で空き家の所有者等又はその連絡先を確知するために有用なものについては，~~京都市個人情報保護条例第8条第1項の規定にかかわらず~~，この節の規定の施行に必要な限度において，自ら利用し~~，又は提供~~することができる。 4　市長は，空き家の所有者等を確知することができない場合において，当該空き家が管理不全状態にあるときは，次に掲げる事項を公表するとともに，当該事項（第1号に掲げる事項を除く。）を記載した標識を当該空き家に設置することができる。この場合においては，当該空き家の所有者等は，当該標識の設置を拒み，又は妨げてはならない。 (1)　当該空き家の所在地 (2)　管理不全状態の内容 (3)　管理不全状態を解消するために採るべき措置 (4)　その他市長が必要と認める事項	3　市長は，空き家等の所有者等又はその連絡先を確知するために必要があると認めるときは，固定資産税の課税その他の空き家の適正な管理に関する事務以外の事務のために利用する目的で保有する情報であって氏名その他の空き家等の所有者等に関するものについては，この条例の施行に必要な限度において，自ら利用することができる。 4　市長は，特定空き家等の所有者等を確知することができないときは，次に掲げる事項を公表するとともに，当該事項（第1号に掲げる事項を除く。）を記載した標識を当該特定空き家等に設置することができる。この場合においては，当該特定空き家等の所有者等は，当該標識の設置を拒み，又は妨げてはならない。 (1)　当該特定空き家等の所在地 (2)　管理不全状態の内容 (3)　管理不全状態を解消するために採るべき措置 (4)　その他市長が必要と認める事項

(1)　1項の改正

　空家法9条1項の規定と重複する部分があるため，この規定における調査の対象からは，空家法2条1項に規定する空家等を除くこととした。

(2)　2項の改正

　2条1号において，「空き家」に「これに付属する工作物」が含まれることとなったため，規定を整備した。

(3)　3項の改正

　空家法10条1項の規定により，空家等の所有者等に関する固定資産税情報を空家法の施行のために必要な限度において目的外利用することができることとされた。

　条例においても，これに相当する規定が置かれていたが，目的外利用の要件

は，地方税法の守秘義務との関係上，慎重を期して，「空き家の所有者等又はその連絡先を確知することができない場合において必要があると認めるとき」という消極的な規定ぶりとなっていたところ，これを「確知するために必要があると認めるとき」という積極的な規定ぶりとするなど，空家法と同じレベルでの運用が可能となる規定に改めることとした。また，これに伴い，見出しも「場合等」と改めた。

その他に見直した点としては，京都市個人情報保護条例8条1項の特則であるかのような規定を置いていたが，同項1号の規定の適用を受けるものと解すればよいため，該当部分は削除した（「京都市不良な生活環境を解消するための支援及び措置に関する条例」15条3項参照）。また，「提供する」については，条例の規定にもとづく標識設置や公表をする際，固定資産税情報から得た個人情報を不特定多数の者に提供していることにならないかという疑義があったため置かれたようであるが，この場合も京都市個人情報保護条例8条1項1号の適用を受けるものと解されること，「京都市不良な生活環境を解消するための支援及び措置に関する条例」とは異なり自治組織等に対して情報の提供を行う場面が想定されないことなどから削除した。

○京都市個人情報保護条例
（個人情報の利用及び提供の制限）
第8条　実施機関は，個人情報取扱事務の目的を超えて，個人情報（特定個人情報を除く。以下この条において同じ。）を当該実施機関内で利用し，又は当該実施機関以外のものに提供してはならない。ただし，次の各号のいずれかに該当するときは，この限りでない。
(1)　法令に定めがあるとき。
(2)　本人の同意があるとき。
(3)　出版，報道等により公にされているとき。
(4)　個人の生命，身体又は財産の安全を守るため，緊急かつやむを得ないと認められるとき。
(5)　前各号に掲げるもののほか，公益上特に必要があり，かつ，本人の権利利益を不当に侵害するおそれがないと認められるとき。
（以下略）

○京都市不良な生活環境を解消するための支援及び措置に関する条例
(調査,報告の徴収等)
第15条 (前略)
　　3　　市長は,不良な生活環境にある建築物等の所有者又はその連絡先を確知することができない場合において必要があると認めるときは,固定資産税の課税その他のこの条例に基づく事務以外の事務のために利用する目的で保有する情報で当該建築物等の所有者又はその連絡先を確知するために有用なものについては,この条例の施行に必要な限度において,自ら利用し,又は提供することができる。
　　(以下略)

8　19条(17条の改正)について

改正前	改正後
(緊急安全措置) 第17条　市長は,空き家の管理不全状態に起因して,人の生命,身体又は財産に危害が及ぶことを避けるため緊急の必要があると認めるときは,当該空き家の所有者等の負担において,これを避けるために必要最小限の措置を自ら行い,又はその命じた者若しくは委任した者に行わせることができる。 2　市長は,前項の措置を講じたときは,当該空き家の所在地及び当該措置の内容を当該空き家の所有者等に通知(所有者等又はその連絡先を確知することができない場合にあっては,公告)をしなければならない。 3　第1項の措置を行おうとする者は,その身分を示す証明書を携帯し,関係者の請求があったときは,これを提示しなければならない。	(緊急安全措置) 第19条　市長は,特定空き家等の管理不全状態に起因して,人の生命,身体又は財産に危害が及ぶことを避けるため緊急の必要があると認めるときは,当該特定空き家等の所有者等の負担において,これを避けるために必要最小限の措置を自ら行い,又はその命じた者若しくは委任した者に行わせることができる。 2　市長は,前項の措置を講じたときは,当該特定空き家等の所在地及び当該措置の内容を当該特定空き家等の所有者等に通知(所有者等又はその連絡先を確知することができない場合にあっては,公告)をしなければならない。 3　第1項の措置を行おうとする者は,その身分を示す証明書を携帯し,関係者の請求があったときは,これを提示しなければならない。

「空き家」を「空き家等」に改めたことに伴い,規定を整備した。緊急安全措置は,講学上の即時執行に該当するものであり,必ずしも根拠を法律が専占しているものとは解されていないため,空家法の条例による「横出し」規定として存置することとした。

9　20条（18条の改正）について

改 正 前	改 正 後
（軽微な措置） 第18条　前条（第2項を除く。）の規定は，市長が管理不全状態にある空き家について，開放されている窓の閉鎖，草刈りその他の別に定める軽微な措置を採ることにより地域における防災上，防犯上又は生活環境若しくは景観の保全上の支障を除去し，又は軽減することができると認めるときについて準用する。	（軽微な措置） 第20条　前条（第2項を除く。）の規定は，市長が特定空き家等について，開放されている窓の閉鎖，草刈りその他の別に定める軽微な措置を採ることにより地域における防災上，防犯上又は生活環境若しくは景観の保全上の支障を除去し，又は軽減することができると認めるときについて準用する。

上記 **8** に同じ。

10　21条，22条（19条，20条の改正）について

改 正 前	改 正 後
（関係行政機関等との連携） 第19条　市長は，必要があると認めるときは，管理不全状態にある空き家の所在地及び管理不全状態の内容に関する情報を，関係行政機関，自治組織等に提供し，当該管理不全状態を解消するために必要な協力を要請することができる。	（関係行政機関等との連携） 第21条　市長は，必要があると認めるときは，特定空き家等の所在地及び管理不全状態の内容に関する情報を，関係行政機関，自治組織等に提供し，当該管理不全状態を解消するために必要な協力を要請することができる。
第5節　跡地の活用	第5節　跡地の活用
第20条　空き家の敷地の所有者等は，当該空き家が除却されたときは，跡地を利用しない状態で放置せず，活用するよう努めなければならない。 2　事業者は，跡地の所有者等による当該跡地を活用するための取組に協力するよう努めなければならない。 3　本市は，老朽化した建築物の建替えの推進その他の跡地の活用が円滑に行われるために必要な措置を講じるものとする。	第22条　空き家の敷地の所有者等は，当該空き家が除却されたときは，跡地を利用しない状態で放置せず，活用するよう努めなければならない。 2　事業者は，跡地の所有者等による当該跡地を活用するための取組に協力するよう努めなければならない。 3　本市は，老朽化した建築物の建替えの推進その他の跡地の活用が円滑に行われるために必要な措置を講じるものとする。

「空き家」を「空き家等」に改めたことに伴い，21条については規定を整備した。22条は，条番号のほかに変更点はない。

11　第3章について

改正前	改正後
	第3章　空き家等対策協議会
（新設）	（協議会） 第23条　法第7条第1項に規定する協議会として，京都市空き家等対策協議会（以下「協議会」という。）を置く。 （協議会の組織） 第24条　協議会は，委員20人以内をもって組織する。 （委員の任期） 第25条　委員の任期は，2年とする。ただし，補欠の委員の任期は，前任者の残任期間とする。 2　委員は，再任されることができる。 （秘密を守る義務） 第26条　委員は，職務上知り得た秘密を漏らしてはならない。その職を退いた後も，同様とする。

(1)　23条

2016年度に空家法6条1項に規定する空家等対策計画を策定するにあたり，協議会を設置することとした。

なお，「空家等」に含まれない「空き家等」（たとえば，長屋や共同住宅の住戸）についても，空家法6条2項9号に該当するものと解されるため，この協議会は，空家法に設置根拠を有する附属機関と整理している。

(2)　24条および25条

特筆すべき事項はない。

(3)　26条

委員において，審議の基礎資料として，個別の空き家等の場所や所有者等に関する情報を知りうることが想定されるため，守秘義務に関する規定を設けることとした。

12　27条（21条の改正）について

改正前	改正後
第<u>3</u>章　雑則	第<u>4</u>章　雑則
（調査） 第<u>21</u>条　市長は，第<u>16</u>条第1項に定めるもののほか，この条例の施行に必要な限度において，建築物及びその敷地（以下「建築物等」という。）の所有者等又はその連絡先を確知するために必要な調査をすることができる。	（調査） 第<u>27</u>条　市長は，第<u>18</u>条第1項に定めるもののほか，この条例の施行に必要な限度において，建築物及びその敷地（以下「建築物等」という。）の所有者等又はその連絡先を確知するために必要な調査をすることができる。

条ずれに伴い，規定を整備した。

本条には，「この条例の施行に関し必要な限度において」という制限があるため，空家法との適用関係を整理する必要はない。空家法にもとづく調査を行うことができる情報については，基本的には，条例の施行に関し必要な限度にはないと解される。

13　28条（22条の改正）について

改正前	改正後
（報告の徴収） 第<u>22</u>条　市長は，この条例の施行に必要な限度において，建築物等の所有者等に対し，当該建築物等の使用及び管理の状況について報告を求めることができる。	（報告の徴収） 第<u>28</u>条　市長は，この条例の施行に必要な限度において，建築物等の所有者等に対し，当該建築物等の使用及び管理の状況について報告を求めることができる。

上記 **12** に同じ。

14　29条（23条の改正）について

改正前	改正後
（立入調査等） 第<u>23</u>条　市長は，この条例の施行に必要な限度において，市長が指定する職員に，建築物等に立ち入り，その状況を調査させ，又は関係者に質問させることができる。ただし，住居に立ち入る場合においては，あらかじめ，	（立入調査等） 第<u>29</u>条　市長は，この条例の施行に必要な限度において，<u>市長が指定する職員又は委任する者（以下「職員等」という。）</u>に，建築物等<u>（当該建築物等が法第9条第2項に規定する場所である場合にあっては，特定空き家等</u>

その居住者の承諾を得なければならない。 2　前項の規定により立入調査又は質問をする職員は，その身分を示す証明書を携帯し，関係者の請求があったときは，これを提示しなければならない。 3　第1項の規定による立入調査又は質問の権限は，犯罪捜査のために認められたものと解釈してはならない。	の管理不全状態に起因して，人の生命，身体又は財産に危害が及ぶことを避けるため緊急に立入調査又は質問をする必要があると認める場合に限る。次項において同じ。）に立ち入り，その状況を調査させ，又は関係者に質問させることができる。ただし，住居に立ち入る場合においては，あらかじめ，その居住者の承諾を得なければならない。 2　市長は，前項の規定により，職員等を建築物等に立ち入らせようとするときは，立ち入らせようとする日の5日前までに，その旨を当該建築物等の所有者等に通知しなければならない。ただし，当該所有者等に対し通知することが困難であるとき，又は特定空き家等の管理不全状態に起因して，人の生命，身体又は財産に危害が及ぶことを避けるため緊急に立ち入らせる必要があると認めるときは，この限りでない。 3　第1項の規定により立入調査又は質問をする職員等は，その身分を示す証明書を携帯し，関係者の請求があったときは，これを提示しなければならない。 4　第1項の規定による立入調査又は質問の権限は，犯罪の捜査のために認められたものと解釈してはならない。

(1)　概　要

　空き家等に立入調査を行う場合，空家法にもとづくものか，条例にもとづくものかを区別し，立入調査を拒否した場合等における過料の規定の適用関係を明確にしておく必要がある。

　そこで，条例にもとづく立入調査は，空家法にもとづく立入調査をすることができる場合以外にすることができるものとした。

(2)　立入調査の対象

　「空家等と認められる場所」には，空家法にもとづき立入調査をすることができるため，条例にもとづく立入調査の対象からは外す必要がある。ただし，条例にもとづく緊急安全措置を行うべきか否かの判断または緊急安全措置の内容を決定するために必要な判断をするため「空家等と認められる場所」に立入

調査をする場合には，条例にもとづく立入調査と位置付ける必要があり，これを可能とする旨を定めることとした。

ところで，緊急安全措置に着手する前の立入調査のすべてが条例にもとづくものかといえば，そうではない。空家法にもとづき立入調査をした結果，緊急安全措置が必要という判断に至ることもありうるからである。よって，緊急安全措置に着手する前に必ず条例にもとづく立入調査を要するものではない。

(3) 事前の通知

空家法にもとづく立入調査をしようとするときは，5日前までに空家等の所有者等にその旨を通知しなければならないとされている。条例にもとづく立入調査について，事前の通知を要しないこととする特段の事情はないため，空家法と同様の手続によることとした。ただし，緊急安全措置の実施に関連する立入調査に事前通知を要するとするのは，不適当といえるため，この場合には，これを不要としている。

15　30条（24条の改正）について

改　正　前	改　正　後
（委任） 第24条　この条例において別に定めることとされている事項及びこの条例の施行に関し必要な事項は，市長が定める。	（委任） 第30条　この条例において別に定めることとされている事項並びに法及びこの条例の施行に関し必要な事項は，市長が定める。

空家法の施行に関し必要な細目的な事項を，市長が定めることができるよう委任するものである。各種の様式（たとえば，空家法にもとづく調査において携帯する身分証明書の様式）や審議会の設置に関する事項が想定される。

16　31条（25条の改正）について

改　正　前	改　正　後
第4章　罰則	第5章　罰則
（過料） 第25条　第15条第1項の規定による命令に	（過料） 第31条　次の各号のいずれかに該当する者は，

改正前	改正後
違反した者は，50,000円以下の過料に処する。	50,000円以下の過料に処する。 (1) 第16条において準用する法第14条第3項又はこの条例第17条第1項の規定による命令に違反した者 (2) 第29条第1項の規定による立入調査を拒み，妨げ，又は忌避した者（空き家等の所有者等に限る。）

　空家法に立入調査の拒否等に対して過料を科す規定が置かれたことを踏まえ，条例にもとづく立入調査の拒否等に対しても過料を科す規定を置くこととした（条例制定時には過料を科す規定を置いていなかった）。ただし，過料を科す対象者は，空き家等の所有者等に限っている。

　この点，空家法では「空家等と認められる場所」に立入調査をすることができるが，条例では，たとえば，長屋の住戸が管理不全状態となっている場合に当該住戸に隣接する住戸に立入調査をする必要があることも想定されることから，「建築物等」に立入調査をすることができることとしている。そこで，空家法と条例とで過料を科す対象に差異が生じないよう，過料を科す対象者を限定している。

　なお，命令に違反した者に対する過料については，命令の根拠規定が変更することに伴い規定を整備しているが，内容は従前と変わらない。

　また，空家法では，命令違反に対しては50万円以下の過料，立入調査の拒否等に対しては20万円以下の過料となっているが（空家法16条），条例においては，地方自治法14条3項の規定により5万円を超える過料を科すことができないため，上限の5万円としている。

17　附則について

改正前	改正後
附　則 　この条例は，平成26年4月1日から施行する。	附　則 　この条例は，平成26年4月1日から施行する。 　　附　則（平成27年12月22日条例第25号） （施行期日） 1　この条例は，公布の日から施行する。 （経過措置）

	2　この条例の施行の日（以下「施行日」という。）前にされたこの条例による改正前の京都市空き家の活用，適正管理等に関する条例（以下「改正前の条例」という。）第14条第1項の規定による助言若しくは指導，同条第2項の規定による勧告又は第15条第1項の規定による命令は，それぞれこの条例による改正後の京都市空き家等の活用，適正管理等に関する条例（以下「改正後の条例」という。）第16条において準用する空家等対策の推進に関する特別措置法（以下「法」という。）第14条第1項の規定による助言若しくは指導，同条第2項の規定による勧告又は同条第3項（当該命令が改正前の条例第14条第2項の規定による勧告を経ずにされたものである場合にあっては，改正後の条例第17条第1項）の規定による命令とみなす。
	3　施行日前に改正前の条例第15条第1項の規定による命令に係る京都市行政手続条例第16条第1項又は第29条の規定による通知がされた場合においては，同条例第3章第2節又は第3節の規定による手続を続行して，改正後の条例第16条において準用する法第14条第3項（当該命令が改正前の条例第14条第2項の規定による勧告を経ずにされたものである場合にあっては，改正後の条例第17条第1項）の規定による命令をすることができる。

(1)　**施行期日**

　本来，空家法の完全施行日（平成27年5月26日）までの間に条例改正を行うべきところ，ガイドライン（同日決定）の内容を踏まえた検討を行う必要があったことから，事後的な対応とならざるをえなかったため，公布日施行としている。

　なお，条例改正までの間，空家法と条例が重複した内容を定めている状態にあったが，運用上，空家法を適用することができる場合には条例を適用しないよう対応することとしていた。

(2)　**経過措置**

　条例改正の前後において，勧告等および命令（以下「命令等」という）の根拠

規定が変わることに伴い，改正前の条例の規定にもとづく命令等の取扱いを定める必要がある。

このとき，現に着手している命令等について，①なお従前の例により改正前の条例の規定を適用させるか，②改正後の条例における命令等とみなすか，2つの方法が考えられる。

改正後の条例においては，命令等について空家法の手続を準用しているが，改正前の条例と比較して，命令等を受けた者に不利益となる内容とはいえないことから，②の方法によることとした。ただし，既に命令に係る弁明の機会の付与または聴聞を行う旨を通知している場合には，当該手続を続行した後，改正後の条例にもとづく命令をすることができることとした。

(3) その他

命令等については，附則2項の規定により，改正の前後で，その根拠規定が変わるだけで実質的にその内容が変わるわけではない。条例にもとづく命令違反に対する過料の金額は同じである。

また，立入調査の拒否等のうち，空家法にもとづくものについては，既に過料の規定を適用することができる。改正前の条例にもとづく立入調査には，事前の通知を要しないため，条例改正の前後をまたぐ形で立入調査が行われることが想定されない。立入調査を行う際，立入調査を受ける者に対し，拒否等をした場合には過料が科されることを了知させることが可能であり，事前の周知期間がなくとも，当該者に不利益が及ぶとは考え難い。

以上から，過料の規定の改正については，その内容を周知するために当該規定の施行日を遅らせるなどの措置は講じなかった。

III 空家法に対応した条例モデル

総合条例型

市町村（以下「市」で代表させる）がどのようにして空き家対策を進めるのかについては，全国共通の正解があるわけではない。したがって，その地域の実情に応じて，空家法に定められた内容では不足があると考える場合には，独自

に条例を制定するなどの検討をすることとなる。

　このとき，条例の規定ぶりとしては，まず，法律では不足する事項をピックアップし，これらの事項についてのみ規定していくという方法がある（条例補完型）。多くの市においては，普段の法制執務と親和性があるものとして受け止められるであろう（●FIGURE **3**.1〔●50頁〕）。

　これに対し，本節において紹介するのは，そもそも空き家対策は市の事務であることをより強く意識し，その実施にあたって，「法律を利用する」，「法律を取り込む」という視座に立って設計した，総合条例型とでも称すべきモデルである。このモデルは，空き家対策に関する規定を参照する者にとってワンストップ的なメリットをもたらすものでもある（●FIGURE **3**.2〔●50頁〕）。

A市空家等対策推進条例

　第1条　　目的
　第2条　　定義
　第3条　　空家等又は空住戸等の所有者等の管理義務
　第4条　　空家等対策計画
　第5条　　協議会
　第6条　　調査の申出
　第7条　　立入調査等
　第8条　　空家等又は空住戸等の所有者等に関する情報の利用等
　第9条　　空家等及び空住戸等に関するデータベースの整備等
　第10条　　空家等及び空住戸等の発生の予防の促進等
　第11条　　特定空家等及び特定空住戸等に対する措置
　第12条　　緊急安全措置
　第13条　　軽微な措置
　第14条　　関係行政機関等との連携
　第15条　　過料
　第16条　　委任
　附　則

（目的）
　第1条　この条例は，適切な管理が行われていない空家等及び空住戸等が防災，衛生，景観等の地域における市民等の生活環境に深刻な影響を及ぼしてい

ることに鑑み，空家等及び空住戸等の発生の予防，活用，適切な管理，跡地の活用その他の空家等及び空住戸等に関する施策を推進するために必要な事項を定めることにより，空家等及び空住戸等に関する施策を総合的かつ計画的に推進し，もって市民等の生命，身体又は財産の保護及び生活環境の保全を図るとともに，地域の振興に寄与することを目的とする。

◎NOTE 本モデル条例の目的は，空家法の目的規定（1条）とおおむね一致させた。「防犯」の要素については，同条にいう「生活環境の保全」に含まれるものとして整理している。

本モデル条例に独自の観点として，空家法が明示的には関心を示していない「空家等の発生の予防」を必要な施策として含めているほか，空家法上の「空家等」の定義（空家法2条1項）には含まれない個々の住戸も施策の対象としている。

（定義）
第2条　この条例において「空家等」とは，空家等対策の推進に関する特別措置法（平成26年法律第127号。以下「法」という。）第2条第1項に規定する空家等をいう。
　2　この条例において，「空住戸等」とは，長屋及び共同住宅の住戸又はこれに附属する工作物であって居住その他の使用がなされていないことが常態であるもの及びその敷地（空家等に該当するものを除く。）をいう。ただし，国又は地方公共団体が所有し，又は管理するものを除く。
　3　この条例において「市民等」とは，本市内に居住する者及び本市の区域内に滞在する者（通勤，通学等をする者を含む。）をいう。
　4　この条例において「特定空家等」とは，法第2条第2項に規定する特定空家等をいう。
　5　この条例において「特定空住戸等」とは，そのまま放置すれば倒壊等著しく保安上危険となるおそれのある状態又は著しく衛生上有害となるおそれのある状態，適切な管理が行われていないことにより著しく景観を損なっている状態その他周辺の生活環境の保全を図るために放置することが不適切である状態（以下「管理不全状態」という。）にあると認められる空住戸等をいう。

◎NOTE 空家法の施行に先立ち制定された空き家条例においては，「空家」

ではなく「空き家」の表記が用いられていた。その記念碑的な意味合いを重視して「空き家」を維持するか，ユーザビリティを重視して法律の文言と照合しやすいように「空家」に一新するかについては市の判断に委ねられるといえる。本モデル条例は，後者によっている。

　なお，表記の問題を超えて，空家法の定義による「空家等」が，市の実情に照らして必要な内容を備えているといえるかどうかについては，別途検討する必要がある。たとえば，国は，共同住宅等についてはあくまでその一棟全体をひとつの建築物ととらえているため，いわゆる「長屋」の個々の住戸についても施策の対象としたいのであれば，独自の規定を置く必要がある。

（空家等又は空住戸等の所有者等の管理義務）
第3条　空家等又は空住戸等の所有者又は管理者（以下「所有者等」という。）は，その所有し，又は管理する空家等又は空住戸等が管理不全状態にならないように，自らの責任において当該空家等又は空住戸等を適切に管理しなければならない。

●**NOTE**　空家法3条は，空家等の所有者等に対して適切な管理の努力義務を定めているのみであるから，本モデル条例の規定は，上乗せに当たる（空住戸等の所有者等に対する部分は，横出し的な規定となる）。

（空家等対策計画）
第4条　市長は，法第6条第1項に規定する空家等対策計画（以下「空家等対策計画」という。）を定めるものとする。
　2　空家等対策計画においては，次に掲げる事項を定めるものとする。(1)～(○)（略）
　3　市長は，空家等対策計画を定め，又はこれを変更したときは，遅滞なく，これを公表するものとする。
　4　市長は，空家等に関する情勢の変化を勘案し，及び空家等に関する施策の効果に関する評価を踏まえ，おおむね○年ごとに，空家等対策計画の見直しを行い，必要な変更を加えるものとする。

●**NOTE**　本モデル条例では，空家法6条1項が空家等対策計画を定めるこ

Ⅲ　空家法に対応した条例モデル――総合条例型

とが「できる」としていることを受け，長においてこれを定めることを宣言したい（義務付けたい）場合を想定した規定を設けた。

2項の各号では，空家法が明示的に関心を示していない事項であっても，市の実情に応じて，空き家対策の総合的な推進に必要というべき事項を掲げるとよいだろう。本モデル条例のように，空住戸等も施策の対象とするのであれば，空住戸等に関する事項についても，同じ計画の中で併せて定めておくことが合理的といえるが，このとき，当該事項は「その他空家等に関する対策の実施に関し必要な事項」，すなわち空家法（6条2項9号）が元々想定している事項に含まれるものと解するのか，法定事項には含まれない事項を独自に計画に付加するものと解するのかは，その策定時に態度決定しておくべきである。なぜなら，空家法上の協議会における協議の対象は，「空家等対策計画の作成及び変更並びに実施に関する」こと（空家法7条1項）であるため，これを厳密にみた場合，空住戸等に関する事項が空家法上の計画事項であるか否かは，当然に協議会の協議の対象となるか否かに関わるためである（仮に，当然には協議の対象とならないと解釈するとしても，条例で定めることにより，協議会の協議事項として任意に付加することは妨げられないと考えられる）。

空家等対策計画には，計画期間を定めることとされている（空家法6条2項2号）。相当程度長期間の計画を策定する場合などは，必要に応じて，4項のように見直し規定を置くことも考えられる。

（協議会）
第5条 本市は，法第7条第1項に規定する協議会として，A市空家等対策協議会を設置する。

●NOTE 本モデル条例では，空家法7条1項が協議会を組織することが「できる」としていることを受け，これを設置することとする場合を想定した規定を設けた。

このほか，構成員の人数その他の経費の支出と連動することなど，条例により定めることになじむ事項については，併せて規定しておくことが考えられる。

（調査の申出）

第6条　市民等は，空家等又は空住戸等が管理不全状態にあると思料するときは，市長に対し，その旨を申し出て，必要な調査を行うよう求めることができる。

NOTE　既存の空き家対策条例においてみられる独自の施策を参考例として規定したものである。

（立入調査等）
第7条　市長は，法第9条第1項及び第2項の規定による調査のほか，空住戸等の所在及び当該住戸等の所有者等を把握するための調査その他空家等又は空住戸等に関しこの条例の施行のために必要な調査を行うことができる。
2　市長は，第11条第3項，第4項，第6項〔対空住戸命令〕及び第14項〔前置なし命令〕，第12条〔緊急安全措置〕並びに第13条〔軽微な措置〕の規定の施行のために必要な限度において，当該職員又はその委任した者に，空家等又は空住戸等と認められる場所に立ち入って調査をさせることができる。
3　市長は，前項の規定により当該職員又はその委任した者を空家等又は空住戸等と認められる場所に立ち入らせようとするときは，その5日前までに，当該空家等又は空住戸等の所有者等にその旨を通知しなければならない。ただし，当該所有者等に対し通知することが困難であるとき，又は当該空家等若しくは空住戸等の管理不全状態に起因して，人の生命，身体若しくは財産に危害が及ぶことを避けるため緊急の必要があると認めるときは，この限りでない。
4　第2項の規定により空家等又は空住戸等と認められる場所に立ち入ろうとする者は，その身分を示す証明書を携帯し，関係者の請求があったときは，これを提示しなければならない。
5　第2項の規定による立入調査の権限は，犯罪捜査のために認められたものと解釈してはならない。

NOTE　1項は，空住戸等に対する調査について定めるほか，確認的に，空家法上の調査の関係規定にも言及したものである。
　そして，法律の規定は，条例により独自に設けた施策（空住戸等）に対して当然に適用することはできないため，当該施策に対しても同様の調査を行うための授権規定として，2項から5項までを置いたものである。

(空家等又は空住戸等の所有者等に関する情報の利用等)
第8条　市長は，法第10条第1項の規定による情報の利用のほか，固定資産税の課税その他の事務のために利用する目的で保有する情報であって氏名その他の空家等又は空住戸等の所有者等に関するものについては，この条例の施行のために必要な限度において，その保有に当たって特定された利用の目的以外の目的のために内部で利用することができる。

2　　市長は，法又はこの条例の施行のために必要があるときは，関係する地方公共団体の長その他の者に対して，空家等の所有者等の把握に関し必要な情報の提供を求めることができる。

NOTE　確認的に，空家法上の情報の利用等の関係規定に言及したものである。
　そして，法律の規定は，条例により独自に設けた施策に対して当然に適用することはできないため，当該施策に対しても同様に情報の利用等を行うための授権も行っている。

(空家等及び空住戸等に関するデータベースの整備等)
第9条　市長は，空家等及び空住戸等（建築物を販売し，又は賃貸する事業を行う者が販売し，又は賃貸するために所有し，又は管理するもの（周辺の生活環境に悪影響を及ぼさないよう適切に管理されているものに限る。）を除く。以下この条において同じ。）に関するデータベースの整備その他空家等及び空住戸等に関する正確な情報を把握するために必要な措置を講じるものとする。

NOTE　空家法11条においては，データベースの整備等は市の努力義務とされている。本モデル条例では，長において整備等を行うことを宣言したい（義務付けたい）場合を想定した規定を設けた。

(空家等及び空住戸等の発生の予防の促進等)
第10条　本市は，空家等及び空住戸等の発生の予防，活用，適切な管理，跡地の活用その他の空家等及び空住戸等に関する施策に関する空家等及び空住

戸等の所有者等及び市民等の理解を深めるよう，広報活動，啓発活動その他の必要な措置を講じなければならない。
2　本市は，空家等及び空住戸等の発生の予防，活用，適切な管理又は跡地の活用に関し空家等及び空住戸等の所有者等又は市民等から相談を受けたときは，これに応じるとともに，これらの者に対し，情報の提供，助言その他の必要な支援を行わなければならない。

NOTE　空家法12条（所有者等による空家等の適切な管理の促進）および13条（空家等及び空家等の跡地の活用等）においては，それぞれ市の努力義務について定めがある。本モデル条例では，これらの規定について若干の具体化等を図るとともに，義務の程度を高めることとした。

（特定空家等及び特定空住戸等に対する措置）
第11条　市長は，特定空家等に対処するため，法第14条第1項の規定による助言若しくは指導，同条第2項の規定による勧告，同条第3項の規定による命令又は同条第9項若しくは第10項の規定による代執行をするものとする。
2　市長は，法第14条第2項の規定による勧告をしようとする場合には，当該勧告の名宛人となるべき者について，意見陳述のための手続をとらなければならない。
3　市長は，特定空住戸等の所有者等に対し，当該特定空住戸等に関し，除却，修繕，立木竹の伐採その他周辺の生活環境の保全を図るために必要な措置（そのまま放置すれば倒壊等著しく保安上危険となるおそれのある状態又は著しく衛生上有害となるおそれのある状態にない特定空住戸等については，その住戸の除却を除く。次項において同じ。）をとるよう助言又は指導をすることができる。
4　市長は，前項の規定による助言又は指導をした場合において，なお当該特定空住戸等の状態が改善されないと認めるときは，当該助言又は指導を受けた者に対し，相当の猶予期限を付けて，除却，修繕，立木竹の伐採その他周辺の生活環境の保全を図るために必要な措置をとることを勧告することができる。
5　第2項の規定は，前項の規定による勧告をしようとする場合について準用する。
6　市長は，第4項の規定による勧告を受けた者が正当な理由がなくてその

勧告に係る措置をとらなかった場合において，特に必要があると認めるときは，その者に対し，相当の猶予期限を付けて，その勧告に係る措置をとることを命ずることができる。

7　市長は，前項の措置を命じようとする場合においては，あらかじめ，その措置を命じようとする者に対し，その命じようとする措置及びその事由並びに意見書の提出先及び提出期限を記載した通知書を交付して，その措置を命じようとする者又はその代理人に意見書及び自己に有利な証拠を提出する機会を与えなければならない。

8　前項の通知書の交付を受けた者は，その交付を受けた日から5日以内に，市長に対し，意見書の提出に代えて公開による意見の聴取を行うことを請求することができる。

9　市長は，前項の規定による意見の聴取の請求があった場合においては，第6項の措置を命じようとする者又はその代理人の出頭を求めて，公開による意見の聴取を行わなければならない。

10　市長は，前項の規定による意見の聴取を行う場合においては，第6項の規定によって命じようとする措置並びに意見の聴取の期日及び場所を，期日の3日前までに，前項に規定する者に通知するとともに，これを公告しなければならない。

11　第9項に規定する者は，意見の聴取に際して，証人を出席させ，かつ，自己に有利な証拠を提出することができる。

12　市長は，第6項の規定による命令をした場合においては，標識の設置その他規則で定める方法により，その旨を公示しなければならない。

13　前項の標識は，第6項の規定による命令に係る特定空住戸等に設置することができる。この場合においては，当該特定空住戸等の所有者等は，当該標識の設置を拒み，又は妨げてはならない。

14　第1項及び第6項に定めるもののほか，市長は，特定空家等又は特定空住戸等の管理不全状態が著しいときは，当該特定空家等又は特定空住戸等の所有者等に対し，相当の期限を定めて，当該特定空家等又は特定空住戸等の管理不全状態を解消するために必要な措置をとることを命じることができる。

15　第12項及び第13項の規定は，前項の規定による命令について準用する。

NOTE　1項は，確認的に，空家法上の措置の関係規定に言及したものである。

2項は，空家法14条2項の規定による勧告が実質的には不利益処分に当

たるものであるという解釈を採る場合に，長が，所要の手続を履践すべきことを規定したものである。

そして，個々の住戸に関する措置（3項～13項）と，助言・指導および勧告を経ないで行うべき命令（14項・15項）について独自規定を置いた。

なお，行政代執行に関する規定を条例により創設することはできないと解されている。この解釈を前提にすると，条例独自の命令に関し空家法14条9項または10項と同様の規定を定めることはできない。

（緊急安全措置）
第12条 市長は，特定空家等又は特定空住戸等の管理不全状態に起因して，人の生命，身体又は財産に危害が及ぶことを避けるため緊急の必要があると認めるときは，当該特定空家等又は特定空住戸等の所有者等の負担において，これを避けるために必要最小限の措置を自ら行い，又はその命じた者若しくは委任した者に行わせることができる。

2　市長は，前項の措置を講じたときは，当該特定空家等又は特定空住戸等の所在地及び当該措置の内容を当該特定空家等又は特定空住戸等の所有者等に通知（所有者等又はその連絡先を確認することができない場合にあっては，公告）をしなければならない。

3　第1項の措置を行おうとする者は，その身分を示す証明書を携帯し，関係者の請求があったときは，これを提示しなければならない。

●**NOTE**　空家法14条の規定にもとづく措置では対応することができない場合に備え，即時執行に関して，条例により独自に授権しようとする規定である。

（軽微な措置）
第13条 前条（第2項を除く。）の規定は，市長が特定空家等又は特定空住戸等について，開放されている窓の閉鎖，草刈りその他の規則で定める軽微な措置をとることにより防災，衛生，景観等の地域における市民等の生活環境への悪影響を除去し，又は軽減することができると認めるときについて準用する。

●**NOTE**　実務上のニーズが大きい措置について，独自に授権しようとする

Ⅲ　空家法に対応した条例モデル——総合条例型

規定である。

(関係行政機関等との連携)
第14条 市長は，必要があると認めるときは，特定空家等又は特定空住戸等の所在地及びその管理不全状態に関する情報を，警察その他の関係行政機関，自治会，町内会その他の地域住民の組織する団体等に提供し，当該管理不全状態を解消するために必要な協力を求めることができる。

◉NOTE 既存の空き家対策条例においてみられる独自の施策を参考例として規定したものである。

(過料)
第15条 第11条第6項又は第14項の規定による市長の命令に違反した者は，50,000円以下の過料に処する。
 2 　第7条第2項の規定による立入調査を拒み，妨げ，又は忌避した者（法第16条第2項に規定する過料に処せられるべき者を除く。）は，20,000円以下の過料に処する。

◉NOTE 条例により独自に設けた命令および立入調査に関する規定に対応する過料の定めを置こうとするものである。
　本モデル条例では，空家法16条の定め（命令違反について50万円以下，立入調査の拒否等について20万円以下）に準じて，1項と2項で額に差を付ける例を示したが，いずれも条例で定められる最高の額（5万円以下。地方自治法14条3項）とする判断もありうる。

(委任)
第16条 この条例に定めるもののほか，この条例の施行に関し必要な事項は，規則で定める。

◉NOTE 規則において定める事項としては，措置を行う基準，命令に伴う公示の方法，立入調査に係る身分証明書の様式，軽微な措置の内容等が想

定される。

附　則

　　この条例は，公布の日から施行する。ただし，第7条第2項から第5項まで〔条例独自の立入調査〕，第11条第3項から第15項まで〔条例独自の措置〕及び第15条〔罰則〕の規定は，公布の日から起算して6月を超えない範囲において規則で定める日から施行する。

✎NOTE　ただし書に列挙した規定は，一般的に，周知期間を設けるべき要請が強いといわれるものである。

CHAPTER 4

空き家対策の実際 ①

法の運用を中心として

I 所有者の特定

1 調査の進め方

(1) **基本的な考え方**

　所有者を特定することが，空き家対策を進めるうえでの第一歩となる（空家法では，9条1項に規定）。そのための方法として，国土交通省『地方公共団体における空家調査の手引き』や一部自治体のマニュアル類では，近隣住民への聞取りによるものと登記簿謄本等の行政情報によるものとが併記されている。

　たしかに，聞取りから得られる情報が有効な場合があるとはいえ，そもそも特定空家等のような状況になるものは，所有者が遠方に居住しているか，所有権をめぐって複雑な状況にある場合が多い。また，最初の働きかけが後に勧告や命令等の行政措置に展開していくことを考慮すれば，後者の方法を中心に据

え，前者はあくまでも手掛かり的なもの，補完的なものと位置付けるべきだろう。それを前提として，以下に所有者を特定するための流れを示す。

　なお，これはあくまでも基本的な流れである。実務上は，並行して各種調査を進める，あるいは途中を省略するなど，空き家ごとの事情や状況を踏まえて，合理的かつ効率的な特定方法を採るべきであることはいうまでもない。

　空家法では，「所有者等」として，所有者と管理者とが同列に置かれている。管理者については，民法上の相続財産管理人や事実行為として空家等の管理を委託されている事業者等が一般的に想定されるが，それらの管理者が定まっている場合は特定空家等になるまで放置されることはほとんどないと考えられる。このため，以下の記述は，所有者に絞って進めることとする。

(2) 調査の流れ

　基本指針は，利用可能な行政情報として，不動産登記簿情報，住民票情報，戸籍謄本等を列挙している。これらのうち，最も基礎的なものとして，まず入手すべきは不動産登記簿情報であろう。このとき，特定空家等と認められる要因が建物に限られる場合であっても，土地・建物ともに入手しておくことに留意が必要である。空家法では，「『特定空家等』は建築物だけで無くその敷地を含むものとして定義されていることから，特定空家等の所有者等と記載した場合は，その敷地の所有者等を含むことは自明」（パブコメ回答）であり，土地所有者と建物所有者が異なるときには，双方に指導や勧告を行わなければならないからである。また，実務上，建物所有者を特定するための有力な情報を土地所有者から得られる場合や，土地所有者の協力によって，その後の指導や勧告が円滑に進む場合がある。

　なお，登記簿情報を入手するにあたり，多くの自治体では，特定空家等を把握するたびに，法務局へ公用請求するか，あるいは相応の費用をかけ「登記・供託オンライン申請システム」を利用していると思われる。基本指針においては，空家法10条3項「この法律の施行のために必要があるときは，関係する地方公共団体の長その他の者に対して，空家等の所有者等の把握に関し必要な情報の提供を求めることができる」との規定を踏まえ，「法務局長に対して，電子媒体による必要な不動産登記簿情報の提供を求めることができる」とされている。ここでいう「必要な」の範囲をどうとらえるかという問題はあるが，

たとえば密集市街地などの特定空家等が集積するエリアについては一括して電子データを入手し、空家法11条にもとづき市町村が整備するデータベースに紐付けすることができれば、大幅な事務の効率化につながる。

登記簿は、所有者を特定するうえで最も基礎的な情報であるが、万能ではない。不動産登記法47条1項は、建物を新築した場合や所有権を取得した場合に表示登記の申請義務を課しているが、所有権に関する登記（所有権保存登記）やいわゆる名義変更手続（所有権移転登記）については義務付けがなく、また、古い建物の場合、そもそも表示登記がなされていないものもあるからである。以下では、建物について、(a)所有権登記がなされている場合、(b)表示登記のみがなされている場合、(c)登記そのものがなされていない場合に分けて解説する。

(a) **所有権登記がなされている場合**

①住民票により所有者の居住地を確認する――まず、登記簿上の所有者情報にもとづき、住民票情報を取得する。当該所有者が登記簿情報における住所地に実際に居住しているかどうか、あるいはそもそも生存しているかどうかを確認するためである。所有権が保存または移転された日付が最近のものであれば、そこに記載された氏名および住所が現在所有者のものとして対応を進めてよいだろうが、空き家のまま放置された物件は、登記簿情報も変更のないまま放置されている場合が多い。

住民票と登記簿の住所が同一であるか除票により転居先が確認できた場合は、その者が現在所有者ではない可能性があるとはいえ、そこを足掛かりに以後の対応を進めることができる。

一方、登記簿上の所有者が既に死亡している場合は、住民票の除票にその旨の記載がある。この場合は、相続人調査へ移行することになる。

ここで注意を要するのは、住民基本台帳法施行令34条1項により、除票の保存期間は住民登録が抹消されてから5年間と定められていることである。転居や死亡から長期間を経過している場合は、そもそも住民票が取得できなかったり、住民票だけからは所在や生死を特定できないときがある。そのときは、登記簿情報にもとづき戸籍調査へ移行する。

②戸籍により所有者の生存・居住地を確認する――戸籍情報を取得するには、本籍地の情報が必要となる。近隣住民への聞取り等によって本籍地が判明すれば

よいが，そのようなケースは稀であろう。通常は，登記簿に記載の住所地や空き家の所在地を本籍地であると仮定して，交付申請を行うことになる。

上記により戸籍情報を得ることができれば，そこから生死の別が判明し，生存している場合は附票により現住所を特定できる。死亡している場合は，相続人調査へ移行することになる。

ただし，附票についても，住民票の除票同様，住民基本台帳法施行令34条1項の規定により，戸籍の異動・改製から5年間という保存期間がある。また，そもそも住所地が本籍地ではないこともある。これらの理由により戸籍情報が得られない場合は，登記簿に記された所有者の最終住所地に親族等の関係者が存在するかどうかを確認する。それでも手掛かりが得られないときは，下記(c)の調査に移行する。

(b) **表示登記のみがなされている場合**　表示登記があって所有権登記がなされていない場合は，表題部に所有者の情報が記載されている。

そこに住所・氏名が記録されているときは，上記(a)と同様の調査を行う。氏名のみであるときは，閉鎖登記簿を調べれば，表題部所有者の住所について情報が得られることもある。この場合は，その住所にもとづき，上記(a)①以降の調査を行う。得られない場合は，下記(c)の調査に移行する。

(c) **登記そのものがなされていない場合**　登記簿から所有者に関する情報が得られないときは，他の情報から手掛かりを探らざるをえない。

土地の登記がある場合は，土地の所有者について上記(a)または(b)の調査を行う。土地と建物の所有者が異なることもあるが，その場合でも，土地所有者が確定できれば，その者から建物所有者に関する情報を得られることが多い。

この他，考えられる手段としては，近隣住民からの聞取りや町内会が所有する町籍簿の閲覧，過去の住宅地図の調査などがある。氏名に関する情報が得られれば，その情報と空き家所在地情報にもとづいて，住民票や戸籍調査を実施する。

2　固定資産税情報の利用

空家法によって可能になったことのひとつに，固定資産税情報の利用がある（10条1項）（→32〜33頁）。従来は，地方税法22条の規定により税情報は使

えない，あるいは使えたとしても，あらゆる調査を尽くし，かつ，相応の管理不全状態が認められる場合に限るなど，自治体ごとの運用により極めて限定的に用いられてきた。そのような中，早期の段階から税情報が利用できるようになったことの意義は大きい。固定資産税の納税義務者が必ずしも空き家または土地の所有者であるとは限らないとはいえ，登記簿や戸籍等から有用な情報が得られない場合だけでなく，それらと同時に税情報を入手し，適宜，突合することで，調査の精度や速度を向上させることができる。

　ただし，情報源として自由に使えるものではないことに留意が必要である。国土交通省および総務省からの通知「固定資産税の課税のために利用する目的で保有する空家等の所有者に関する情報の内部利用等について」（平成27年2月26日付け国住備第943号・総行地第25号）は，「空家等の所有者に関する氏名その他の法の施行のために必要な限度の情報」として，「具体的には，空家等の所有者（納税義務者）又は必要な場合における納税管理人の氏名又は名称並びに住所及び電話番号といった事項に限られる」としている。すなわち，空家等の敷地に対する住宅用地特例の適用の有無や税務部局が保有する所有者の経済状況等は入手することができない。また，ある一定エリアの土地・建物の税情報を一括して利用することは，法の逸脱と評価されるおそれが高い。このため，同通知では，空き家対策部局から税務部局へ，空家等ごとに所在地を確認できる情報を示したうえで税情報を求めるなど，事前に請求・提供の手続を調整すべきとされている。ただし，税情報の利用は，特定空家等に限定されたものではなく，そもそも空家等であると判断された物件にも限られていない。パブコメ回答では，空家等に該当するか否かを判断することも「法の施行の必要な限度」に当たるとされているため，これらを踏まえて，各自治体で運用や方法を検討する必要がある。

3　相続人調査

　上記 1 および 2 により，所有者（所有権登記名義人）の氏名や住所は特定できたものの，その者が既に死亡していることが判明した場合は，続いて，相続人を調査することになる。

　まず，死亡した所有者またはその親の戸籍情報により，相続人の有無を調べ

る。相続人が特定できた場合は，それらの者の住所を住民票または戸籍情報により確認する。相続人が死亡しているときは，さらに相続が発生することになるため，その相続人の調査を同様に進めていく。

　親の除籍がないなどにより相続人がそもそも特定できない，相続人が判明しても生死や所在が分からない，相続人が死亡しており更にその者を被相続人とする相続人が特定できないといった場合は，所有者が確知できない物件として略式代執行を行うか，相続財産管理人を選任し適切な対応を求めることを検討することになる。

　なお，相続人が複数存在するときは，当然ながらそれらの者全員について調査を行う必要がある。しかしながら，一部の相続者の所在等が特定できない場合もある。そのような場合は，確知できた範囲の相続人に対し，助言・指導，そして勧告を行っていくことになるが，命令については注意が必要である。命令は，当該命令に係る措置を行う権原がある者に対してしか行えない。一方，相続人が複数存在するなどの共有物については，民法251条および252条で行為に応じて必要な共有者の数が定められている。具体的には，①「保存行為」は各共有者単独，②「管理行為」は持分の過半数，③「処分行為」は全員の同意が必要と規定されており，空家等に関していえば，一般に，現状維持としての修繕は①，賃貸や価値を高める修繕は②，除却は③に該当する。すなわち，命じる措置内容によっては，確知できた相続人だけでは，持分の関係上，その措置を講じる権原を有しないこともありうるわけである。この場合は，勧告までの手続を踏んだうえで，命令はせず略式代執行に移行することも考えられる。なお，倒壊により第三者に損害を与える危険が迫っているなどの事情があるときは，管理行為または保存行為に該当する除却もあるとの解釈もありうるが，管理行為または保存行為に当たるかどうかは容易に判断することができるものではなく，民事裁判で争いになる可能性が高いと考えられる。このため，こうした解釈を前提に市町村の判断だけで一部の相続人に対し命令することは適切ではないだろう。

　また，相続人全員が相続放棄をしている場合もある。この場合は，法的手続がなされているかどうかを確認し（被相続人の最後の住所地を管轄する家庭裁判所に照会すれば，その有無を教えてもらえる），手続がなされていない場合はその者を所有者として対応を進める。一方，法的に相続放棄がなされていた場合で

あっても，相続財産管理人が選定されていないかぎり，民法940条の規定により，従前の法定相続人が管理の継続義務を負うことになるため，その者に一定の管理措置を求めるとともに，通常の管理措置に留まらない除却等の措置が必要な場合は略式代執行を講じることも考えられる。

II 現地調査

　近隣住民からの通報や市町村が実施する実態調査等によって空き家（と思しき建築物）を把握した場合，それが，空家法にもとづき行政が関与すべき空き家であるかどうかを判断しなければならない。そのためには，まずは，現地において，当該空き家の状況を調査・確認することが必要となる。

1　外観目視調査

　現地調査は，まず敷地外からの外観目視によって行うことになる。特定空家等と疑われるような空き家，とくに近隣住民からの通報によるものは，敷地を越えて現に周辺に悪影響を及ぼしている，またはその蓋然性が高いものが多く，その判断には，敷地外からの調査で足りる場合がほとんどであると思われる。しかし，密集市街地等で周囲から十分な視野が確保できない，あるいは，前面道路側ではなく裏側で問題が生じているような場合もある。そのような場合は，近隣の敷地や建物に入らせてもらうことも有効である。もちろん，そうするには近隣住民等の承諾が必要となるが，近隣住民等が現に迷惑を被っている，または不安に感じているときには，承諾を得られることが多い。

2　立入調査

　敷地外からの調査だけでは十分な判断ができない場合には，敷地内さらには建築物内部への立入調査を行うことになる。立入調査が必要となるケースとしては，敷地外から建築物の外観そのものが視認し難い場合，害虫等の発生源を

確認する場合，外観上はそれほど問題がないものの屋根の一部が陥落し内部から老朽化が進行している場合などが考えられるだろう。

(1) 所有者等への通知

立入調査を行うにあたっては，空家法9条3項により，調査を行う5日前までに当該空き家の所有者等にその旨を通知する必要がある。その際，所有者等が複数存在する場合は，原則として，その全員に通知しなければならない。土地と建物の所有者等が異なるときも，それぞれに対して同様である（借地の場合，敷地の占有権は建物所有者にあることから，通知対象は建物所有者のみで足りるとも考えられるが，パブコメ回答で，それは明確に否定されている）。

とはいえ，すべての所有者やその所在を直ちに知りえない場合もある。同項ただし書で「通知することが困難であるときは，この限りでない」と規定されているのは，そのようなケースを考慮してのものである。この「困難であるとき」とは，具体的にいかなる場合を指すか，空家法はもとより基本指針やガイドラインでも明らかにされていないが，パブコメ回答では，「所有者等又はその所在が，市町村がその職務を行う際に通常用いる手段，具体的には住民票，戸籍情報等，不動産登記簿情報，固定資産税情報などで調査してもなお不明な場合」が例示としてあげられている。

立入調査は，特定空家等対策の最初のステップとなるものである。特定空家等と思われる空き家を把握したのであれば，その状態を確認するため，できるだけ速やかに立入調査を実施することが望ましい。とりわけ所有関係が複雑なものほど，管理状態に問題が生じており，早急な対応が求められる場合が多い。所有者の特定に時間を要し，具体的行動に遅々として踏み出せないような事態は避けるべきである。

この点をどう考えればよいか。立入調査は，略式代執行ほどの権限を行使するものではない。物理的強制力を伴わない場合はなおさらである。これらの点に鑑みれば，すべての事案について略式代執行を行う際に必要とされるまでの調査を一律に実施するのではなく，緊急の必要性，調査の内容，所有者が被る不利益等を勘案のうえ，所有者調査をどこまでやればよいかの合理的なラインをケースに応じて複数設定することも許容されると考えられる。

なお，こうした運用を採る際には，CHAPTER 2 9(2)にあるように（🔍 30頁），

恣意性を排除するため、あらかじめ典型的なケースごとに基準化のうえ、それを公表しておくことが望ましいだろう。

空家法9条2項の立入調査は、あくまでも同法14条1項から3項までの規定、すなわち特定空家等への助言・指導、勧告、命令の実施を前提にしてのものである（もっとも、立入調査を行った後、結果として行政措置に結びつかなかったとしても、目的が正当であるかぎり、その調査も正当である）。現に保安上危険のあるものへの対応や緊急安全措置の実施等、空家法に定めのない措置を条例で規定する場合には、同条例でそれらの措置に関して事前通知なしの立入調査を規定することも考えられる（⇩88～89頁）。

(2) **立入調査の実施**

立入調査は、相手方の承諾を要件とするものではないが、強制力という点では、あくまでも罰則（過料）を後ろ盾にした間接強制に留まる。このため、通知をした所有者の一人からでも明示的な拒否があった場合は、物理的強制力を行使してまでの調査はできない。だが、裏を返せば、所有者から明示的な拒否があったとしても、物理的強制力が伴わない範囲での立入調査は可能ということでもある。

物理的強制力の具体例としては、敷地内に立ち入るための門扉の錠や塀の破壊、建物内へ立ち入るための建具や壁の破壊などがあげられる。こうした行為を実施するにあたっては、事後のトラブルを避けるため、通知をする際には、立入調査を行う旨を伝えるだけでなく、あらかじめどのような行為を行うかをはっきりと示しておくことが望ましい。また、これらの物理的強制力を行使した際は、原状回復とはいわないまでも、第三者の侵入等を防ぐために必要な事後的措置を行っておくべきだろう。

一方、物理的強制力が伴わないものとしては、塀や柵がない場合は当然のことながら、それらを乗り越えての敷地内の立入り、破損している扉や窓等からの建物内部への立入りがあげられる。施錠されている門や扉を錠前屋等により解錠する場合は、破壊行為を伴わなくとも、物理的強制力の行使に当たるとの見解がパブコメ回答で示されているが、施錠されていない扉や窓を開けて、そこから建物内部へ立ち入ることは、許容されるものと考えられる。

所有者の拒否により立入調査ができなければ、調査可能な範囲で特定空家等

かどうかを判断することになる。実際には，戸建住宅程度の規模である場合，建物の外周を巡ることができ，さらに，いくつかの扉や窓越しにその内部の状況を確認することができれば，ガイドラインの参考基準が定めるほとんどの項目について判定するのは可能であると考えられる。調査は，できるだけ速やかに行うことが望ましい。実効性という観点からは，過料を前提として所有者とのやり取りに時間をかけるよりは，脚立等の用具を揃えるなどして，物理的強制力を行使しない範囲でいかに有効な調査ができるかを，まずはしっかりと検討すべきだろう。

なお，物理的強制力の行使について，ガイドラインやパブコメ回答では，明示的な拒否がある場合は，それはできないと繰り返し記述されている。この記述を裏返せば，明示的な拒否がないかぎり，物理的強制力の行使は認められると読むこともできるだろう。しかし，自由民主党空き家対策推進議員連盟（編著）『空家等対策特別措置法の解説』（大成出版社，2015年）では，法9条2項の立入調査は，「罰則による間接強制が認められているにすぎないから，物理的強制力を直接用いてまで立入調査を執行することはできない」（105頁）とも述べられている。こうした点を踏まえるなら，明示的な同意がないかぎり，物理的強制力の行使には慎重になるべきと考えられる。

III 特定空家等の認定

現地調査の実施後，続いて，調査結果等を踏まえ，当該空き家が空家法14条の措置対象となりうるかどうかを判断することになる。その判断は，それが，空家法2条1項が定義する「空家等」であるか，そして，そうである場合，同条2項に定める「特定空家等」に該当するかの2点について行うことになる。

1 「空家等」の判断

空家法では，空き家を敷地も含む「空家等」として，「建築物又はこれに附

属する工作物であって居住その他の使用がなされていないことが常態であるもの及びその敷地（立木その他の土地に定着する物を含む。）」と定義されている。これを受け，基本指針では，その定義中「常態である」ことについて，「建築物等が長期間にわたって使用されていない状態をいい，例えば概ね年間を通して建築物等の使用実績がないことは1つの基準となると考えられる」としている。また，パブコメ回答では，「使用」に「管理」は含まれないとして，単なる管理行為があるだけでは，それを年に何度行おうとも「空家等」に該当しうるとの見解が示されている。

以上を踏まえ，当該建築物が空家法の対象になるかどうかを判断するには，現在の状態だけでなく，継続的な使用実態を確認する必要がある。その方法としてまず考えられるのは，近隣住民への聞取りである。とりわけ町内会等の自治組織がしっかりしている地域では，町費の集金等を通して，いつ頃から空き家なのか，誰かが通ってくるとしてその頻度はどの程度なのかなどの有用な情報を有していることが多い。また，空家法9条1項の規定にもとづき，担当部局やエネルギー事業者に電気・ガス・水道の使用状況に関する情報提供を求めることもできる。いずれにせよ，後の行政措置，そしてそれに伴う意見書の提出等を考慮すると，所有者の主張に拠るだけでなく，屋根が崩落しているなど明らかに使用に耐えない，あるいは長期間放置された状態にある場合を除き，あらかじめ多くの情報から客観的・総合的に判断することが望ましい。

なお，基本指針では，空家等であることの判断基準として使用実績のない期間が概ね1年間であることを提示しているが，これはあくまでも目安としてとらえるべきである。これよりも短い期間のものであっても，周辺環境に深刻な影響を及ぼしている，あるいは及ぼす蓋然性の高い空き家もある。そのようなものに対して的確に対応するためには，期間にとらわれすぎることなく，「地域住民の生命，身体又は財産を保護する」という空家法の目的に照らし，建築物の状態や周辺の状況等も勘案して柔軟に判断してもよいと思われる。

以下，ガイドラインやパブコメ回答等の内容を踏まえつつ，空家等を判断する際の留意点を記しておく。

(a) **住宅以外の建築物**　空家等の定義に用いられている「建築物」は，建築基準法2条1号の「建築物」と同義であり，当然ながら，住宅以外のもの，いわゆる空きビルや空き店舗も含め，すべての建築物が空家法の対象となりうる。

なお，不特定多数の者が利用する建築物や一定規模以上の建築物については，建築基準法12条のいわゆる定期報告制度の対象になる。それらのうち既存不適格のものについては，同法10条により，空家法と同様，将来の蓋然性を含む段階から勧告や命令等が可能であるため，それらの建築物に係る事案がある場合には，事前に建築部局または所管特定行政庁と十分に協議・調整を行うことが望ましい。

　(b) **共同住宅と長屋**　建築物が空家に該当するかどうかは，定義上，棟単位で判断することとなる。このため，共同住宅や長屋については，すべての住戸が使用されていない状態でなければ，空家法の対象とすることはできない。賃貸物件等で棟全体を一人の者が所有している場合は，すべての住戸が一体として管理されており，適正管理という面からみれば，一の住戸のみを取り出して問題視するような場面は，たしかに想定し難いだろう。では，住戸ごとに所有者が異なる場合，すなわち区分所有の場合はどうであろうか。

　区分所有の共同住宅や長屋は，一般に屋根・壁・柱等は共有部分に該当するため，一人の所有者のみの意思では修繕等をすることができない。一の住戸を空家として扱い，それが特定空家等である場合，指導等は当該区分所有者に留まらず，空家の所有者等ではない管理組合に対しても行わなければならないことになる。立法者の意図を斟酌すれば，そのような不合理とも思われる事態を避けるために，住戸を空家に含めなかったと解することもできる。

　しかし，その一方で，長屋については，住戸単位で土地・建物ともに分有・登記されているものも多い。とりわけ特定空家等に該当するような古いものは，区分所有や共同管理の概念が曖昧であるため，住戸を管理する権原は当該住戸の所有者にしかない場合もある。このような長屋の所有や管理形態の様々な実態を踏まえ，その住戸を空家として対応しようとすれば，いわゆる横出し条例において空家法と同等の措置を行えるよう規定するか，または建築基準法10条3項にもとづく措置を行うことを検討する必要がある。ただし，条例で対応する場合は，略式代執行を行うことはできない。また，建築基準法10条3項を用いる場合は，既存不適格建築物であることに加え，対応可能な事象が保安上危険か衛生上有害な状態に限られるとともに，将来の蓋然性を含まない（現に著しく保安上危険か衛生上有害でなければならない）点に留意が必要である。

　(c) **物置**　家屋（住宅）が空家等かどうかを判断するにあたり，所有者に聞

取りをすると、以前は居住していたが現在は物置として使っているので空き家ではないと主張されることが少なからずある（このような家屋は「準空き家」といわれることもある）。こうした事案について、パブコメ回答では、住居として使用するのではないものの、物品を保管する「物置」用に現に意図をもって使用されているのであれば、「居住その他の使用」がなされており、一般に空家等には該当しないと考えられるが、所有者等が出入りすることが年間を通じてなく、あっても数年に1度というような場合は、物品を放置しているにすぎず、「物置として使用している」とは認められないため、空家等と認定しうるとの見解が示されている。住宅をはじめ、もともと別用途であったものが物置や倉庫として使用されている（と主張される）建築物については、この見解を踏まえ、物品の保管・搬出入の状況や建築物の管理状況等をもとに慎重かつ総合的に判断することが求められる。

(d) **同一敷地内の別棟建築物**　建築物が空家に該当するかどうかは、先述のとおり、棟単位で判断されるため、同一敷地内に複数の建築物が存在する場合は、建築物ごとに空家か否かを判断する必要がある。また、これらのうち、ひとつの棟を特定空家等と認定して勧告を講じたときは、当該敷地全体について住宅用地特例が適用除外されるとの見解がパブコメ回答では示されている。

このとき、ひとつの敷地に住宅は1棟のみ存在し、その附属建築物である倉庫や離れ等が勧告対象である場合は、税の評価上も土地を分離することはないので、上記見解どおりの取扱いをすることに問題はないだろう。しかし、課税対象上の1筆に複数の住宅（すべてが空き家であるとは限らない）があるような場合、1棟の住宅が勧告対象になるだけで、同一筆に属するすべての土地が特例対象から除外されるのは過大な負担といわざるをえない。このような場合は、「特定空家等の敷地の用に供する土地」を分離して評価するか、敷地を分離することが難しければ、総務省の技術的助言「地方税法第349条の3の2の規定における住宅用地の認定について」（平成9年4月1日自治固第13号）で示されているように、勧告対象とそれ以外のものの床面積を按分して当該土地の面積を算定するなどの対応を採ることが考えられるだろう。

(e) **既に倒壊しているようなものや火災で大半が焼失しているもの**　空家等の定義に用いられている「建築物」は、建築基準法上の用語と同義である。同法2条1号は、それを「屋根及び柱若しくは壁を有するもの」と定義している。こ

の定義を踏まえると、老朽化により屋根が失われているものや火災により大半が焼失した状態のものは、建築物とはならず、したがって空家等に該当しないのではないかという疑義が生ずる。事実、空家法成立以前に制定された条例において、空き家を定義するにあたり、空家法同様、建築基準法の定義を用いつつ「既に倒壊したものを含む」という一文を添えている自治体がいくつかある。

この点について、パブコメ回答では、「建築物が、老朽化等により既に倒壊した状態のものや、火災等により残材等が残る状態のものも建築物に該当」するとの見解が示されている。すなわち、前述のようなケースについても空家法の対象としうることが明確にされている。

なお、建築基準法に関して付言すると、「既存不適格建築物に係る是正命令制度に関するガイドライン」（平成27年5月26日付け国住指第792号）の第3章序文には、完成当時適法であった建築物が、一部朽廃することなどによって、たとえば構造部材に支障が生じている場合は、既に建築基準法への「違反」に該当する可能性があるため、同法9条の是正命令対象にもなりうるという趣旨の記述がある。管理不十分な空き家に対する建築基準法の運用をめぐっては、これまで同法10条3項の適用を中心に議論・検討が進められてきたが、この記述を踏まえるなら、場合によっては同法9条による対応も選択肢のひとつに含めることができるだろう。

2　特定空家等の認定

上記により空家等と認められたなら、続いて、それが法的措置の対象となる特定空家等に該当するかどうかを判断する必要がある。

(1) 認定のあり方

特定空家等については、空家法において、
①そのまま放置すれば倒壊等著しく保安上危険となるおそれのある状態
②そのまま放置すれば著しく衛生上有害となるおそれのある状態
③適切な管理が行われていないことにより著しく景観を損なっている状態
④その他周辺の生活環境の保全を図るために放置することが不適切である状態

のいずれかの状態にあるものと定義されている。そして，ガイドラインでは，これを受け，①から④までのそれぞれについて参考基準が示されるとともに，法的措置を講じるにあたっては，対象となる空き家が当該基準に照らして特定空家等と認められることに加え，「周辺の建築物や通行人等に対し悪影響をもたらすおそれがあるか否か」および「悪影響の程度と危険等の切迫性」を勘案して，総合的に判断すべきとされている。

　この記述に素直に従うなら，空家等の物的状態により特定空家等の認定をまず行い，そのうえで，当該特定空家等に対して，周辺への影響の有無や程度，切迫性の高低によって法的措置を講じるべきかどうかを判断するという2段階の手順を踏むことになる。この場合，特定空家等であっても周辺状況等によっては法的措置の対象にならないものもありえてしまう。たしかに，法文上は指導や勧告等はあくまでも「できる規定」であって，すべての特定空家等に法的措置を講じる必要はないかもしれない。しかし，特定空家等と認めながらも，行政としてなんらの措置を講じないということで果たして市民の理解が得られるだろうか。とりわけ，その把握が地域住民からの相談や通報による場合にはなおさらである。

　空家法の目的は「地域住民の生命，身体又は財産を保護するとともに，その生活環境の保全を図」ることであり，同法3条においても「周辺の生活環境に悪影響を及ぼさないよう，空家等の適切な管理に努める」ことが所有者等の責務とされている。これらに照らせば，特定空家等はたんなる物的状態を指すだけでなく，それを定義する「保安上危険」や「衛生上有害」等の表現のうちに周辺への影響の程度を含んでいると解してよいとも思われる。もとより「景観」や「周辺の生活環境の保全」については，周辺との関係を考えずに判断することはできないだろう。

　以上を踏まえると，特定空家等の認定のあり方は，大きく分けて次の3通りがあると考えられる。

　第1は，ガイドラインの記述どおり，周辺への影響を考慮せず，空家等の物的状態にのみもとづき特定空家等かどうかを判断するものである。たとえば，ある区域を対象として市町村が能動的に空き家の実態調査を行い，そのなかから基準に照らして特定空家等をリストアップするような場合が考えられる。この場合，先述のとおり，空家法14条にもとづく法的措置の対象とするかどう

かは，さらに別の判断が必要となる。仮に措置対象としない特定空家等があるときは，それらについてもそのままとはせず，所有者等に特定空家等である事実を伝えるとともに，空家法12条にもとづく情報提供や助言を行うなど何らかの対応は講じるべきだろう。

　第2は，空家等の物的状態に，それがもたらす周辺への影響の有無や程度（切迫性の高低もここに含まれる）を加えて判断するものである。こうして認定された特定空家等は，ただちに法的措置の対象になるとして差し支えないだろう。

　第3は，第2よりもさらに踏み込み，認定と法的措置の判断を一体として扱うものである。この場合，特定空家等の状態や周辺状況に応じて，指導までに留めておくのか，指導を経て速やかに勧告や命令まで行うのかなど法的措置の方針をあわせて判断することになる。実務的には，対象が物的要件を充たすかどうかを判断する際に，法的措置を講じるべきかどうかも判断することがほとんどである。おそらく多くの市町村が，これまでも条例のもとでこのような取扱いをしてきたものと思われる。

　以上の3つのあり方のいずれが正しいとは言い難い。市町村の地域特性や規模，空家等の主な把握方法（実態調査か住民からの通報かなど），空家対策の実施体制等，各々の実情に応じて，合理的な方法を選択することになるだろう。ただし，個々の特定空家等に対する措置に関して協議会を活用する市町村においては，どの事項にその判断を求めるかについて，あらかじめしっかりと考えておく必要がある。特定空家等の認定に関してか，法的措置の方針についてか，それとも両方に対してかによって，開催方法や頻度，構成員等，協議会のあり方も変わってくるだろう。

(2) 認定基準

　ガイドラインやパブコメ回答でも繰り返し述べられているとおり，特定空家等は，将来の蓋然性を含む概念であり，また，地域の特性や個々の空家等の現状を踏まえて判断すべきものであるため，必ずしも定量的な基準により一律に判断することがなじまない面を持つ。また，基準を定めるのか，個々の事案ごとに判断するのかは，各地域の実情に応じ，各市町村において判断されるべき事項ともされている。

　しかしながら，その一方で，特定空家等に一旦認定されれば，指導や勧告は

もとより，認定時の状態が変化（悪化）せずとも命令や行政代執行までもが法的には可能となる。また，勧告を行うと，それに伴い住宅用地特例が適用除外され，所有者に経済的負担を生じさせることになる。このため，特定空家等の判断は，できるかぎり客観的かつ公平であることが望まれる。この要請に応えるには，やはり認定基準を整え，あらかじめそれを公表するか，判断過程に客観性をもたせるため，協議会等の第三者機関の審議を経るかのいずれかの方法が考えられる。ここでは，前者の認定基準のあり方について論述する（なお，後者の場合であっても，審議内容に一貫性を持たせようとすれば，空家法の定義だけでは具体性に欠けるため，第三者機関からはいずれにせよ判断の際に準拠すべき基準や指標等が求められるものと思われる）。

(a) **基準の形式**　まず，基準の形式については，(1)で述べた認定のあり方に即して，次の3つに分けることができる。

第1は，特定空家等の物的状態についてのみ定めるものである。ガイドラインの参考基準がこれに当たる。この場合，これだけでは法的措置の対象となるかどうかは判断し難いため，別途，判断基準を設けることが望ましい。周辺への悪影響の程度に関する事項は，この基準に定めることになるだろう。

第2は，空家等の物的状態に加え，それがもたらす周辺への影響の評価についても定めるものである。その際，①物的状態と影響の程度に関する基準を別々に設定のうえ両者を掛け合わせる総合評価方式とするか，②物的状態を主とする基準のなかに周辺への影響に関する評価を含みこませるか，2通りのあり方がある。札幌市が基準（『特定空家等』の認定基準）を公表しているが（⇨186頁），①（「保安上危険」の項目に限られるが）の方式を採っている。

第3は，認定後の法的措置の方針に直接つながるような形とするものである。たとえば，京都市は，条例にもとづく管理不全空き家の判定基準において「管理不全状態」にあるものと「著しい管理不全状態」にあるものと2つのランクを設定している（「京都市空き家等の活用，適正管理等に関する条例施行規則」および「京都市空き家等の活用，適正管理等に関する条例に係る管理不全状態の判定等に関する基準」参照）。これと同様に，蓋然性の高低や悪影響の程度等によって判定結果をいくつかのランクに分け，それに応じて法的措置の方針を判断することが考えられる。その方針を基準化すれば，それを行政手続法または行政手続条例が求める処分基準と整理することもできる。

(b) **基準の内容**　　定量的な基準が特定空家等になじまないのは先述のとおりである。数値にこだわりすぎれば，むしろ実情に応じた適切な対応ができないおそれがある。もっとも，どのような事象が生じれば，あるいはどの部分がどのような状況になれば空家法の定義する各状態に該当することになるかを定性的に示すことは可能であろう。基準によって特定空家等の具体的イメージを伝えることで，空家等の所有者がそれを自主的に避けようとする抑制効果を期待することもできる。

　基準内容の検討にあたり参考となるものとして，文字どおりガイドラインの参考基準がある。これまでに多くの市町村が，それぞれの条例にもとづき，どのような空き家が措置対象となるかについての基準を策定・公表している。それらを概観すれば，ガイドラインの参考基準は，各市町村の基準内容をほぼ網羅するものとなっている。言い換えると，この参考基準は，空家等に起因すると考えられるおよそすべての問題に対応できる内容を備えているといってよいだろう（多くの条例が保護法益としている「防犯」については，空家法の目的に掲げられていないが，参考基準では「④その他周辺の生活環境の保全を図るために放置することが不適切である状態」の一例としてあげられている。また，火災予防の観点については，パブコメ回答において，たとえば外壁の防火材が剥落し空き家等の延焼危険性が高まれば，上記同様，④に掲げる状態に含まれるとの見解が示されている）。

　したがって，これから独自の認定基準を策定する市町村にあっては，この参考基準をベースとして，各々の地域特性や実情に応じ，必要な項目を付け加え，不要な項目は削るとともに，項目の内容を適宜書き換えることが合理的かつ効率的であろう。また，既に条例にもとづく基準を設けている市町村にあっては，条例から空家法への移行を切れ目なく行うため，条例基準をベースとして，そこに参考基準から必要なものを付け加えるか，あるいは，参考基準をベースとして，そこに条例基準を溶け込ませるかの2つの方法が考えられる。

　なお，ガイドラインの基準はあくまでも参考であり，そこに列挙された項目も例示である。一方，見方を変えれば，空家法では，これだけの幅広い事象に対応できることを示しているととらえることができる。このため，参考基準にあげられていながら独自基準では規定しない事象がある場合，それらについて，地域特性上想定し難いなど，合理的な説明ができるようにしておく必要があるだろう。また，現実にそれらの事象が生じた場合は，他法令で同等の対応を行

うのでないかぎり，法的措置の対象にしなければ，現に悪影響を被っている地域住民の納得は得られないと考えられる。

Ⅳ 法的措置

1 助言・指導

(1) 助言または指導の実施

　空家法では，助言または指導，勧告，命令の手続は，必ず順を経て行わなければならない。言い方を換えるなら，助言または指導を行うにあたっては，次に続く勧告や命令をしっかりと意識しておく必要がある。その際の要点のひとつに，所有者等が複数存在する場合の対応がある。ガイドラインでは，勧告は確知している所有者等の全員に対して行う必要があるとされている。したがって，勧告を見据えるなら，助言または指導についても同様に，確知している所有者等の全員に対して行わなければならない。

　一方で，助言または指導は，所有者等へのアプローチの第一歩となるものであり，特定空家等を認定したならば，できるだけ速やかに助言または指導を行うことが望ましい。パブコメ回答では，複数の所有者等が存在する場合，それらの者に助言または指導を同時に行うか，または別々に行うかは，各市町村の判断事項であるとの見解が示されている。このため，すべての所有者調査を終えてからではなく，立入調査の場合と同様，緊急性や特定空家等の状況に応じて，確知できた所有者から順に助言または指導を行うことも考えられる。また，このような段階的な手順を踏むことで，所有者全員が確知できずとも，所有者のうちのひとりが自主的に改善を行うことや，ひとりの所有者から他の共有者の連絡先等の情報を得られることも期待できるだろう。

　建物所有者と土地所有者が異なる場合の対応についても，留意が必要である。助言または指導は，立入調査の通知と同様，それぞれの所有者に行う必要がある。土地所有者は，建物を改善する権原を持たないばかりか，空き家が放置されることでむしろ迷惑を被っていることもある。そのような土地所有者を建物所有者と同等に扱うことについては，土地所有者の理解を得難い場合もあ

るだろう。こうした場合を想定し，建物所有者と土地所有者が異なるときの対応として，まず建物所有者に対して指導等により改善を求め，それでも応じない場合に，その旨の情報提供とあわせ助言という形で土地所有者に告知するか（そのときは勧告予告的なものになるだろう），あるいはまた，建物所有者へは指導，土地所有者へは助言という形で，それぞれに文面や伝えるべき内容を変えることが考えられる。

(2) 助言または指導の方法

空家法では，助言および指導の方法は，書面だけでなく，口頭によることも許容されている。しかし，最初の助言等が後の勧告や命令につながることを意識するなら，その旨を所有者等に対し明確に示すとともに指導等の履歴をしっかりと残しておくためにも，やはり書面によることを基本にすべきだろう。そのうえで，緊急を要するときなどは，初動として，切迫性を訴えるという意味でも電話や対面により直接告知することも有効と考えられる。ただし，近年は電話帳登録をしている個人が減少しているため，氏名からは電話番号を知りえないことも多い。また，遠方に居住している場合は，どこまで費用と時間をかけるべきかを考慮する必要がある。

(3) 助言または指導の内容

助言または指導において告知すべき内容については，ガイドラインにおいて，指導等の内容およびその事由，指導等の責任者が必須事項としてあげられている。さらに，改善を実施した場合には前記責任者に報告をすることのほか，指導等に応じない場合には勧告をする可能性があること，勧告をした場合は住宅用地特例が適用除外されることも，あらかじめ示し，それによって所有者等の自主改善を促すべきとされている。

加えて，指導等の対象である特定空家等の位置や状態について分かりやすく示すことが望ましいともされている。たしかに，特定空家等になるまで放置された空き家については，所有者等がその状況を把握していない場合が多い。このような場合への具体的な対応として，書面を送付する際に，地図や配置図に加え，特定空家等の問題箇所を明示した写真等を添付することが考えられる。

また，指導等に応じない場合に再度の指導や勧告を行う時機を図るため，前

述の報告を求めるにあたり，期限を設定し，あらかじめそれを伝えておくことも有効だろう。

(4) **助言と指導の使い分け**

助言と指導については，いずれに応じない場合でも勧告に移行できる。このため，法的には同等の意義を持つが，一方で，受け取る側にとっては，いずれが書面の表題となるかによって印象は異なってくる。助言か指導かによって，文面や内容も自ずと異なるはずである。常にいずれかに限定する場合は別として，実務的には両者をいかに使い分けるかが検討事項のひとつとしてある。

使い分けのあり方としては，概ね次の2つが考えられる。第1は，周辺への影響が比較的軽度なものに対しては助言，重度のものに対しては指導とするなど，特定空家等の状況に応じて使い分けるものである。第2は，すべての特定空家等に対し，まずは助言からはじめ，相手方の対応状況に応じて，指導へと移行するものである。

告知する内容については，3で述べた必須事項のほか，助言では，補助金や相談窓口等の支援策を案内し，所有者等の前向きな自主性を引き出す一方，指導では，対応の状況によっては速やかに勧告を行う旨を告げるなど，行政側の強い姿勢を示すことが考えられる。

2 勧 告

(1) **勧告の実施**

助言または指導を行ったにもかかわらず，なお特定空家等の状態が改善されないときは，続いて空家法14条2項もとづき勧告を行うことになる。

空家法の勧告は，**CHAPTER 2** に述べられているように，行政指導ではありながらも，住宅用地特例の適用除外と連動することで行政処分的な側面を持つ（⮕38頁）。事実，税にかかる不服申立てにおいて間接的にその妥当性が問われることは十分に想定される。このため，法文上は助言または指導に応じないことのみをもって勧告が可能であるとはいえ，実務上は，相手方の対応状況に加え，特定空家等の物的状態および周辺への影響の程度の軽重といった客観的事象を踏まえて実施するかどうかを総合的に判断するべきだろう。また，慎重

を期すためには，勧告を実施する前に，同じく **CHAPTER 2** で推奨するように弁明の機会の付与手続を行うか，そこまでいかずとも，勧告前に指導を改めて行い，その中で，法的事実を述べるだけでなく，住宅用地特例が適用除外される旨を明確に予告しておくことが望ましい。

(2) 勧告の方法

勧告は，ガイドラインにおいて，書面で行うものとされている。下記(3)で述べる措置内容を明確にすることに加え，勧告に伴い住宅用地特例が適用除外されることを明示するためである。

送達方法については，特に定めがないが，実務上は，手交，郵送のいずれかによる場合がほとんどだろう。勧告は，相手方に到達することによってはじめて効力を持つため，いずれの場合でも，そのことを明確にしたうえで記録に残す必要がある。手交の場合は，複数の者の立会いのもと書面を手渡すことが考えられる。郵送の場合は，配達証明郵便とし，より慎重を期すのであれば，これに内容証明を付すべきであろう。

なお，所有者等が複数存在する場合は，建物所有者と土地所有者が異なる場合を含め，確知している所有者等の全員に対して勧告を行わなければならない（⇨123頁）。

(3) 勧告の内容

勧告において示すべき内容は，助言または指導とで基本的には同じである。大きく異なるのは，勧告にかかる措置内容およびその措置を履行する期限を明示しなければならないということである。

措置内容については，勧告に応じなければ，それがそのまま命令の措置内容ともなるため，十分に検討を行う必要がある。その際の要点は，ガイドラインおよびパブコメ回答に則してまとめると，次の3つになる。第1は，概念的な内容ではなく，所有者等が行うべき措置を具体的かつ明確に示すこと，第2は，周辺の生活環境の保全を図るという規制目的を達成するために必要かつ合理的な範囲のものとすること，そして第3は，措置後の状態が関係法令の規定に適合すべきことである。これらの点を総合的に勘案のうえ，個々の特定空家等の状態に応じて措置内容を決定することになるが，ここで留意すべきは，第2の

点を抑制的にとらえるあまり，内容を限定しすぎないようにしなければならないということである。勧告の目的は，当面の安全を確保することに留まらず，特定空家等の状態を改善することにある。措置内容を限定した結果，当該措置が履行されたにもかかわらず，間をおかず再び指導等が必要となることは，所有者等および市町村の双方にとって，合理的とはいえないだろう。また，特定空家等の状態によっては，規制目的を達成するための措置内容はひとつに限定されない場合もある。このような場合は，複数の措置を併記し，選択を相手方に委ねることも考えられるだろう。

履行期限については，勧告が相手方に到達してから勧告にかかる措置を完遂するまでに必要となる期間をもとに定めることになる。通常は，動産の搬出等の物件を整理するための期間，工事業者へ発注するための期間，そして工事を施工するための期間を含めたものが標準となる。このうち，工事の施工期間については，措置の内容はもとより，特定空家等の規模や構造，周辺状況（工事のし易さ）等によって異なってくる。市町村職員だけで適当な期間を定め難いのであれば，専門家や事業者に意見を聴くことも検討すべきであろう。

また，上記のほか，住宅用地特例が適用除外されること，そして勧告に応じない場合は命令を行う可能性があることも当然ながら明確に示しておくべきである。ただし，その際，建物所有者と土地所有者が異なるときは，助言または指導の場合と同様，それぞれに対し同一の文面とするのではなく，土地所有者に対しては内容や表現に配慮をすることが必要だろう。

(4) 税務部局との連携

勧告は，住宅用地特例の適用除外につながる。このため，その実施にあたっては，税務部局との連携が不可欠である。勧告をした場合は直ちに税務部局へ情報提供を行うのはもちろんのこと，勧告に応じて改善措置が講じられたことを確認した場合には，速やかに当該勧告を撤回したうえ，遅くとも翌年の固定資産税および都市計画税の賦課期日である1月1日までには，その旨を税務部局に伝えなければならない。

改善状況の確認方法については，履行期限までに改善した旨の報告があったものを除けば，物件ごとに期限が経過する都度，市町村職員が現地調査を行うことが基本となるだろう。

なお，住宅用地特例に関しては，空家法の施行に伴い改正された総務省の技術的助言「地方税法第349条の3の2の規定における住宅用地の認定について」（平成9年4月1日自治固第13号，平成27年5月26日改正）において，空き家であっても，「構造上住宅と認められ，かつ，……居住以外の用に供されるものではないと認められる場合には，住宅とする」としつつ，「使用若しくは管理の状況又は所有者等の状況等から客観的にみて，……構造上住宅と認められない状況にある場合，使用の見込みはなく取壊しを予定している場合又は居住の用に供するために必要な管理を怠っている場合等で今後人の居住の用に供される見込みがないと認められる場合には，住宅には該当しない」と規定されている。すなわち，特定空家等の状態によっては，勧告のいかんにかかわらず，そもそも特例の適用対象にならない場合もありうるわけである。このため，税の適用をより厳格化しようとするのであれば，特定空家等を把握した段階で税務部局に情報提供することも検討すべきであろう。ただし，パブコメ回答では，住宅用地特例の適用の有無は，空家法10条1項の「空家等の所有者等に関する」情報とはいえないとの見解が示されている。この見解を踏まえるなら，空き家部局は，その有無を知らないまま，勧告に至るまでの手続を進めざるをえないことになる。

3 命 令

(1) 命令の実施

勧告したにもかかわらず改善措置が行われなければ，続いて，空家法14条3項の規定にもとづき命令を検討することになる。法文では，勧告に係る措置をとらないことのほか，そうすることに「正当な理由」がなくて，かつ，「特に必要があると認めるとき」に命令が実施できると定められている。

まず，「正当な理由」について，ガイドラインでは，例示として「所有者等が有する権原を超えた措置を内容とする勧告がなされた場合」があげられている。たとえば，土地所有者と建物所有者が異なる場合の土地所有者は，通常，建物の修繕や除却を行う権原を持たない。したがって，そのような場合は，指導や勧告は，これまでも述べてきたとおり，土地および建物双方の所有者に行ったうえで，命令については，「正当な理由」があるとして，土地所有者に

は行わないことになるだろう。その際，土地所有者が権原を有しているかどうかを確認するためには，勧告時に聞取りを行うほか，命令の事前手続である意見書の提出等において，その旨を相手方から明示してもらうように依頼することも考えられる。

このほか，自然災害や事故等の不可抗力に起因する場合や勧告後に特定空家等の所有権を手放した場合も「正当な理由」に加えてよいだろう。なお，その後の対応として，前者の場合は，不可抗力が解消された時点で，履行期限を設定し直したうえで再度の勧告を行い，後者の場合は，特定空家等の状態に変わりがなければ，新たに所有権を得た者に対し，助言または指導から手続を行う必要がある。

続いて，「特に必要があると認めるとき」とは，「比例原則を確認的に規定したもの」であるとガイドラインで明記されており，CHAPTER 2 でも述べられているように，この要件を特に抑制的にとらえる必要はない（→40頁）。命令を受けるに至るまで放置された特定空家等のほとんどは，いわゆる管理不全状態が相当程度進行したものであり，そのようなものであれば，この要件を充たしているとして差し支えないだろう。

なお，命令については，上記のように要件が加重される一方，空家法14条9項の規定による行政代執行は，行政代執行法にもとづくそれと比べ，要件が緩和されており，命令から行政代執行へのハードルは低い。このため，命令を実施するにあたっては，その後に続く行政代執行もしっかりと視野に入れて検討をしておく必要がある（とはいえ，そのために命令の運用を抑制的に扱うことは当然のことながら避けなければならないが）。

(2) **命令の手続**

命令を実施するには，いくつかの手続を経る必要がある。

①通知書の交付――まず，最初のステップとして，空家法14条4項により事前に通知書を交付しなければならない。この通知書は，相手方に意見書と自己に有利な証拠提出の機会を与えるためのものであり，命じようとする措置およびその事由に加え，意見書の提出先と提出期限を記載する必要がある。また，②の公開による意見の聴取を請求することができる旨も，あわせて伝えておくべきだろう。

提出期限については，個々の事案ごとに事情や状況を踏まえ，「意見書や証拠の準備をするのに足りると認められる期間」（ガイドライン）として設定することになるが，命令を実施しなければならない状況にあって，相手方に配慮するあまり，いたずらに長く設定することは適切ではない。たとえば，建築基準法には違反の是正命令に関して同様の規定があるが，伊賀市では，同市の建築基準法施行細則において，通知書の交付を受けた日から7日以内と定めている。また，消防法により防火対象物に対する改修・移転・除去等の措置命令を行うにあたり，総務省消防庁予防課作成の『違反処理標準マニュアル』（2014年3月）では，弁明書の提出期限までの相当な期間を「通常1週間から10日程度」と設定している（消防法の場合，命令の事前手続は行政手続法に拠る）。空家法の場合は，いきなり命令を行うのではなく，必ず助言または指導，勧告のプロセスを経ることになるため，特段の事情がないかぎり，その程度の期間を確保すれば十分と考えられる。

　②公開による意見の聴取——通知書の交付を受けた者は，その交付を受けた日から5日以内に，意見書の提出に代えて公開による意見の聴取を行うことを請求することができる（空家法14条5項）。この請求があった場合，市町村は，必ず意見聴取を行わなければならない（同条6項）。また，そのときは，意見聴取の期日の3日前までに，相手方またはその代理人に期日等を通知するとともに，公告する必要がある（同条7項）。通知や公告の方法については，特に定めがないが，ガイドラインでは，前者は書面によることが望ましく，後者は市町村が行っている通常の公告方式でよいとされている。

　なお，意見聴取の請求がありながら請求した者の出頭がなかった場合は，意見聴取の請求や意見書の提出がなかったものとして取り扱うことになる。

　③命令——①の意見書が提出期限までに提出されなかった場合，意見聴取の請求があったにもかかわらず出頭がなかった場合，そして意見書の提出または意見聴取を経てもなお「正当な理由」があると認められなかった場合には，命令を実施することになる。

　命令は，勧告同様，書面によるものとし，相手方に到達したことを確認・記録できる送達方法を採るべきである。措置の内容は，当然ながら勧告にかかるものと同じでなければならない。履行期限についても，特に状況の変化等がなければ，勧告時と同様の期間で設定することになるだろう。また，命令は行政

処分であるため，命令書の中で行政不服審査法の規定にもとづき不服申立てをすることができるとともに，行政事件訴訟法にもとづき処分取消しの訴えを提起することができる旨を必ず教示しなければならない。

④標識の設置等——命令をした場合は，空家法14条12項の規定に従い，標識の設置その他省令で定める方法により，その旨を公示しなければならない。ガイドラインでは，その目的を「第三者に不測の損害を与えることを未然に防止する」ためとしているが，そこには自ずと制裁的な効果が生じることにもなる。

標識の記載内容については，とくに定めはなく，ガイドラインの参考様式において，対象となる特定空家等の所在地および用途，措置の内容，命ずるに至った事由，命令の責任者，措置の期限があげられているにすぎない。命令を受けた者の住所氏名については，制裁効果を更に強めることになるため，建築基準法違反について多くの特定行政庁がそうしているように，個々の事案の実情などに応じて，公表の要否を判断するべきだろう。

省令で定める方法は，空家法施行規則で「市町村（特別区を含む。）の公報への掲載，インターネットの利用その他の適切な方法」と規定されているが，空き家の所有者が当該市町村の区域外に居住していることも多く，公報掲載等では，さしたる効果が期待できない場合ある。周知（制裁）効果を高めるには，「その他」の方法として，報道発表を行うことも考えられる。

4 代執行

(1) 代執行の措置内容

命令をしたにもかかわらず，履行期限までに改善が見込めないときは，空家法14条9項により，行政代執行を行うことになる。空家法の代執行は，**CHAPTER 2**にあるように，いわゆる緩和代執行であるため，命令が履行されなければ，特段の要件なく，代執行をすることができる（→42頁）。

代執行の措置内容は，命令にかかる「義務者のなすべき行為」であり，基本的には，命令の措置内容と同じになる。また，命令の措置内容は，勧告のそれと同一であるため，勧告時から代執行を意識して措置内容を検討しておくことが望ましい。

措置内容を実行するために複数の方法がある場合や所有者等が選択可能な複

数の措置内容を命じた場合は、最も合理的であり、かつ、代執行後の費用負担を含め義務者の利益を害することが少ない方法や内容を市町村が選ぶことになる。現実的には、衛生や景観上問題となっている場合を除けば、代執行に至るような特定空家等は、既に著しく保安上危険な状態であって、除却せざるをえないものがほとんどと思われる。

除却を選択するにあたっては、建築物を構成する資材を有価物として保存すべきかどうかという問題が生じるが、それらを保存しながらの除却工事には構成資材を廃棄物として処分する一般的な工事と比べ、多くの時間と費用を要する。義務者の費用負担を考量すれば、通常は一般的な工事方法を採ることになるだろう。

(2) 代執行の流れ

代執行の手続は、行政代執行法にもとづき行うことになる。以下、実施にあたって必要となる実務とあわせ、代執行の準備から終了までの大まかな流れを示す。なお、各項目の詳細については、北村喜宣ほか『行政代執行の理論と実践』（ぎょうせい、2015年）が実務に関する情報を充実させており、参考になる。

①方針等の決定――命令が履行されなければ、先述のとおり、特段の要件なく代執行をすることができる。言い換えると、命令後に代執行を実施するかどうかは、ほぼ市町村の意思のみによる。代執行は、いわば伝家の宝刀的な最終手段でもあるため、その実施にあたっては、市町村内部での意思決定がまずは重要となる。

また、代執行費用は、事後、義務者に請求できるとはいえ、当初は市町村が負担しなければならず、その予算をあらかじめ確保しておかなければならない。そのためには、措置内容について、法的妥当性はもとより費用の面からも十分に検討しておく必要がある。その際には、工事車両の出入りができるか、仮設工事はどの程度必要か、保管または処分すべき動産はあるかなど、工事を施工する観点から、あらためて現地調査を行うべきだろう。

スケジュールも重要な検討事項のひとつである。一旦、代執行の手続に入れば、関係者が多数存在する中、短期間のうちに多種多様な事務をこなしていかなければならない。それらを滞りなく進めていくには、あらかじめしっかりとした計画を立て、関係者間で共有しておく必要がある。

②戒告書の交付——代執行を実施するにあたっては，相当の履行期限を定め，その期限までに履行がなされないときは代執行をなすべき旨をあらかじめ文書で戒告しなければならない（行政代執行法3条1項）。戒告は，代執行を予告するとともに，義務者に自主改善を求める最後の機会でもある。

「履行期限」については，定めがないが，命令に係る措置の履行を求めるものであるため，命令時と同様の考え方で設定すればよいだろう。送達方法や行政不服審査法および行政事件訴訟法にもとづき教示すべき内容についても，④の代執行令書とあわせ，命令と同様の扱いとなる。

なお，ガイドラインでは，戒告は命令と同時に行うことは妨げられていないとする一方，戒告において定められた履行期限までに措置が講じられない場合は再度の戒告も可能であるとの見解が示されている。

また，行政代執行法3条3項では，非常の場合または危険切迫の場合において，当該行為の急速な実施について緊急の必要があり，手続をとる暇がないときは，戒告を経ないで代執行することができるとされている。

③実施に向けての準備——戒告書の送付とあわせ，続く代執行の実施に向けて具体的な準備作業を進める必要がある。実施体制の整備，マニュアルや実施計画書の作成，関係機関への通知および協力要請，関係者や地域住民への周知，工事業者の選定および契約，現地事務所の設置，動産の保管，そして場合によっては報道発表など，準備すべき事柄は多岐にわたる。これらの準備を効率よく的確に進めていくには，①で述べたように，事前にしっかりとした計画を整えておくことが必要である。

④代執行令書の交付——戒告の履行期限までに措置が講じられないときは，再戒告を行わないかぎり，代執行令書を交付し，代執行をなすべき時期，代執行に要する費用の概算見積額等を義務者に通知することになる（行政代執行法3条2項）。

代執行をなすべき時期は，市町村が自らの都合によって決定することができるが，義務者にとっては，令書の交付を受けてからそれまでの間は代執行に備えるための期間ともなる。この点を踏まえ，ガイドラインでは，時期の決定にあたり，「義務者が当該特定空家等から動産を搬出すること等に配慮することが望ましい」と記されている。ここに至って義務者に対し多くの配慮は不要と考えられるが，動産の搬出等，義務者の備えが代執行の円滑な実施につながる

場合もたしかにある。そのような場合は，相応の期間を確保したうえで，その間に義務者自ら動産の搬出等を行うべき旨を令書に付記することも考えられる。

⑤代執行の実施——代執行は，通常，現地において代執行責任者が宣言を行うことにより開始される。行政代執行法または空家法上，固有の手続として要求されているわけではないが，この宣言行為は，対象物件を市町村の占有下におく旨を意思表示するものとなる。また，その状態は代執行をしている間継続するため，その期間中は，宣言文またはそれに代わる文書を現地に掲示しておくことが望ましい。

代執行に係る工事を行うに先立ち，仮囲い等により，容易に第三者が立ち入れないようにすべきである。安全上の配慮はもとより，市町村の占有下にあることを物的にも明確にするためである。

また，特定空家を除却する場合は，内部の動産を確認する必要がある。特定空家とあわせて処分するもの，相当の価値が認められるなど保管すべきものを選別し，後者について目録を作成したうえで，保管場所へ移動させる。移動に先立ち，期間を定めて所有者に引き取りに来るよう要請をすることも考えられる。解体後の資材については，除却が必要となる特定空家はそもそも相当の老朽化が進んでいるものがほとんどであろうから，よほど価値のあるものでなければ，保管することなく代執行の中で処分してもよいと思われる。

工事がすべて終了すれば，市町村の占有下から外れた旨を意思表示するため，開始時と同様，現地において宣言を行う。

⑥動産の取扱い——代執行時に保管した動産がある場合は，代執行実施期間中，終了後を問わず，所有者への引渡しを終えるまで，管理責任は市町村が負う。このため，保管物件の目録ほか，引渡期限，引渡場所等を速やかに所有者へ通知し，引取りを要請することが必要となる。その際，期限までに引取りがない場合は市町村において換価手続により処分する旨も併せて通知しておくべきである。

⑦費用の徴収——代執行に要した費用を義務者から徴収するにあたり，まずはその額を確定する必要がある。行政代執行法5条には「実際に要した費用額」とあるだけで，その範囲は示されていないが，たとえば特定空家を除却した場合は，除却工事費（ガードマンの配置や工事用地の確保等の間接経費を含む）のほか，除却設計や近隣家屋調査の委託費，動産の処分費や搬出・保管費を計上するこ

とが一般的だろう。なお，動産の保管費について，代執行費用に含めることができるのは，保管を開始した日から引渡し期限の日までの分とするもの（前掲『行政代執行の理論と実践』223頁）と代執行が終了した日までの分とするもの（『福井県空き家対策マニュアル〔第2版〕』Ⅲ―13頁）の両説がある（後者の説では，代執行終了後の保管費は民法上の事務管理費用として請求することになるとされている）。引渡し期限を代執行終了日にあわせれば問題はないが，そうでない場合は，この点について，あらかじめ法務部局と協議しておくことが望ましい。

　徴収の方法については，行政代執行法6条で，国税滞納処分の例によるとされている。具体的には，同条にもとづく納付命令を行った後，期限までに納付がされなかった場合は，督促手続を経て，財産調査，差押え，そして差押えの対象が不動産である場合は不動産の鑑定評価，公売へと事務が連なっていく。これらの事務は，高い専門技術性が求められるため，強制徴収事務を担当する税務部局との連携が不可欠となろう。なお，徴収業務に当たる者が空き家部局の職員であったとしても，国税徴収法147条にもとづき，同条に規定する身分証明書を有している必要がある。

5　即時執行

(1)　規定の必要性

　特定空家等には，軒先の瓦がずれて今にも落ちそうである，草木の枝が伸びて現に周辺の通行の障害となっているといった状況がしばしば見受けられる。また，外壁の仕上げが大きく捲れ，剥落の危険性が極めて高いといった状況も少なからずある。前者については，瓦をあらかじめ下ろしておく，あるいは枝の一部を切り落とすなど，軽易な行為で当面の安全を確保することができるだろう。後者については，周辺に危害が及ぶことを避けようとすれば，すぐにでも安全措置を講じなければならない。

　しかしながら，空家法では，こうした状況であっても，助言または指導からのステップを踏みながら所有者等に改善を求めていかなければならない。所有者等がすぐに対応すればよいが，指導等に時間がかかる場合も多く，そもそも所有者の調査に相当な時間を要する場合もある。

　こうした点を踏まえ，いくつかの空き家条例では，市町村自らが上記のよう

Ⅳ　法的措置　　135

な行為や措置を採れるよう，その根拠となる即時執行の規定を置いている。京都市条例にも「軽微な措置」および「緊急安全措置」として同様の規定がある（◆84〜85頁）。条例制定以前，建築基準法にもとづき空き家対策を行っていたときは，近隣住民に対応を求められ，その必要性を認識しながらも，周辺にバリケードを設置するなど注意喚起的な措置しかできなかったが，いまや，この規定，とりわけ「軽微な措置」は最も有用なもののひとつであるといっても過言ではない。

(2) 即時執行の運用

即時執行とは，一般的に，義務の賦課を前提としないで，行政機関が直ちに国民の身体または財産に実力を加え，急迫の障害を除き，行政上必要な状態を実現する作用といわれている。実務上は，①所有者等の同意を得るべきかどうか，②どの程度の措置とすべきか，③措置に要した費用はどうすべきかといった点が問題となる。

①に関しては，行政法学上，そもそも同意を求めることは必要とされていない。また，実態上においても，所有者等を調査し同意手続を経ていたのでは，結果的に，即時性が損なわれることになる。ただし，措置を行った事実を所有者等が知らないことは適切ではない。このため，たとえば京都市では，措置を実行した場合は，相当に軽易な行為を除き，措置前後の写真を添えて，その内容を所有者等に通知（所有者等またはその連絡先を確知することができない場合にあっては公告）している。この通知は，たんなる報告だけではく，状況の逼迫性を所有者等に伝え，より抜本的な改善を促す効果もある。

②に関しては，「軽微な措置」は，先にあげたような行為のほか，開放されている窓等の閉鎖や破損した部分のブルーシート等による簡易な養生などの，文字どおり軽微な行為であり，財産権を侵害するようなものまでを想定していない。また，「緊急安全措置」については，身体や財産等に危害が及ぶことを避けるため緊急の必要があって，かつ必要最小限のものに限ると規定している。これまでに京都市が緊急安全措置として実施した事例では，前面道路側のモルタル外壁がほぼ半面程度にわたり突然剝落した事態に対し，その日のうちに落下した廃材を処分するだけでなく，2次的な剝落を避けるため残りの外壁を撤去するとともに，下地が露出した面を養生シートで覆うということがあった。

個々の状況によって異なってこようが，周辺の安全確保という目的に照らせば，必要な措置は自ずと導き出せるだろう。

③については，行政代執行ではないため，要した費用を強制徴収することはできない。条例では，即時執行は所有者等の負担において行う旨を定めているため，事後に費用を回収することとなるが，任意の支払がなされない場合が問題となる。この点に関し京都市は，行政上の強制徴収ができる根拠規定が存在しない以上，民事訴訟を提起し，裁判所による給付判決を債務名義として民事執行法にもとづく強制執行（司法的執行）に訴えることとしている（地方自治法施行令171条の2第2号および3号参照）。もっとも，同市では，これまで費用請求をすることはなかった。専門業者に委託することなく，通常の行政役務として，市職員が直接措置を行うことができるものばかりであったからである。唯一，上記事例の場合は工事業者に委託をしたが，翌日に所有者が現地に駆けつけ，市と当該業者が正式に契約を結ぶ前に所有者と工事業者が直接契約を交わしたため，結局，市の負担は発生せずに済んだ。今後は費用請求が必要になることもあろう。そのときは，措置に要した費用とそれによって得られた効果，そして請求に要する時間的コスト等を総合的に勘案し，実際に請求するかどうかについて合理的判断をすることになる。

V 所有者等が不明の場合の対応

1 略式代執行

(1) 「過失がなくて」とは

「過失がなくてその措置を命ぜられるべき者を確知することができないとき」は，空家法14条10項にもとづき，略式代執行の実施を検討することになる。

実務上は，この「過失がなくて」をどうとらえたらよいかが，まずは問題となる。この点について，ガイドラインでは，「市町村長がその職務行為において通常要求される注意義務を履行したことを意味する」とされている。具体的には「所有者等及びその所在につき，市町村が法第10条に基づき例えば住民

票情報，戸籍謄本等，不動産登記簿情報，固定資産課税情報などを利用し，法第9条に基づく調査を尽くした場合を想定して」いるとの見解が，パブコメ回答で示されている。

それでは，どの程度のことをすれば「調査を尽くした」といえるだろうか。難易度の高い事案では，時間をかけようとすれば，いつまでもかけられる。ここで参考となるのが，国土交通省の『不明裁決申請に係る権利者調査のガイドライン』（2014年5月）である。これは，土地収用法において所有者を不明として裁決の申請をすることができる，いわゆる不明裁決制度の適切な活用・運用のために策定されたものである。そこでは，いたずらに詳細な調査をして，労力・時間を費消することは法の趣旨からいっても好ましくないとして，「過失がなくて知ることができないものであるかについては，調査に要する人員，費用，時間等と収用等による損失の程度とを考慮してケースごとに判断する必要がある」と述べられている。

空家法においても同様だろう。みだりに権限行使をすることは当然ながら避けなければならないが，延々と調査を続け，危険な状態を長引かせるようなことは決して好ましいとはいえない。そのためには，**CHAPTER 2** にあるとおり（⬇43頁），あらかじめ合理的なラインを引いた基準ないしはマニュアルを整え，それにもとづき判断することが望ましい。また，より客観性を得ようとするのであれば，法務部局と協議をすることはもちろんのこと，司法書士等の専門家や空家法7条にもとづく協議会の意見を聴くのも有効だろう。

(2) 「確知することができない」とは

「確知することができない」とは，措置を命ぜられるべき者そのものが確知できない場合のほか，氏名は知り得ても所在が分からない場合を含む。また，「その措置を命ぜられるべき者」とは，当該措置を実施する権原を有する者をいう。これらを踏まえて整理すると，略式代執行ができるのは主に以下の場合になるだろう。

　①所有者等そのものが分からないとき
　②所有者等の氏名は判明しているが，その所在や連絡先が分からないとき
　③所有者の相続人が相続放棄をしているとき
　④所有者が法人で，その法人が解散等によりもはや存在しないとき

⑤所有者（相続人を含む）が複数存在し，そのうちの幾人かは確知できているが，それらの者だけでは命じるべき措置を行う権原がないとき
⑥土地所有者は確知できているが，建物所有者が上記①から⑤までのいずれかに該当するとき

　ただし，上記すべての場合において，すぐに略式代執行ができるわけではない。⑤および⑥など空家等の所有者を一部でも確知できている場合は，それらの者に対し，助言または指導，そして勧告までの手続を行う必要がある。また，誰にどのような権原があるか市町村では判断し難い場合もあるだろう。そのような場合は，確知しえた所有者に命令の事前通知をしたうえで，意見書の提出または意見の聴取によって，より正確な情報を得ることも検討すべきである。

(3)　事前の公告

　略式代執行を実施するときは，空家法14条10項により，事前に公告をしなければならない。その内容は，措置を行うべきこととそれを履行すべき期限，そして，その期限までに措置が行われなければ，市町村が義務者に代わり，その措置を実施することである。
　公告の方法は，市町村の掲示板に掲示するとともに官報に掲載することが基本となるが，ガイドラインによれば，相当と認められるときは市町村の広報や公報等への掲載でも足りるとされている。
　指定する期限については，措置を命ぜられるべき者が仮にその事実を知った場合に当該措置を履行するに足りる期間を設定することになる。具体的には，公告は官報等に掲載した日または掲示を始めた日から2週間を経過したときに相手方に到達したものと解されるため（ガイドライン第3章7(2)参照），その期間に加え，勧告や命令と同様，動産の搬出等の物件を整理するための期間，工事業者へ発注するための期間，そして工事を施工するための期間を含めたものが標準となるだろう。

(4)　費用の徴収

　略式代執行は，行政代執行法にもとづくものではない。このため，それに要した費用を強制徴収することはできないと解すれば，義務者が当該空家等の土地の所有者でもあるときは，当該土地について財産管理人の申立てを行い，そ

の売却益から措置に要した費用を回収することになる。また，義務者が後に判明したとしても，その義務者が費用を支払わないときは，民事訴訟を提起する必要がある。

　しかしながら，パブコメ回答がいうように，「略式代執行の対象となる特定空家等は，固定資産課税情報等を活用してもなお，所有者等を確知することができない特殊な状態のものであるため，たとえば不動産としての価値がほぼ無いものや，固定資産税滞納等をはじめ不動産に関連づけられる複数の債務が残存するものなど，売却することで債権が十分に回収できないもの」が少なからずあると思われる。また，土地と建物の所有者が異なる場合は，費用を回収できる見込みはほぼない。だが，だからといって，法の目的に照らせば，それを理由に略式代執行を躊躇することは決して適切とはいえないだろう。略式代執行の対象となるのは命令相当の状態であり，所有者等が確知できないことが明らかなのであれば，そのような状態になる前に **2**（→155頁）で述べる不在者財産管理人・相続財産管理人制度を活用することも検討すべきであろう。

Report

空き家適正管理条例のもとでの行政代執行
―――秋田県大仙市の事例

須田　崇（大仙市総務部総合防災課）

1　大仙市の状況

　冬期には積雪が1mを超える豪雪地域にある秋田県大仙市では，2006年豪雪の頃から，空き家等の除雪の問題が大きくなりはじめた。当時は，市町村合併直後で新市の地域防災計画が未策定のため，大仙市雪害対策実施要領を作成して，空き家等の除雪の問題解決に対応した。この実施要領は，冬季間の雪害だけの対応であり，年間を通した空き家等の適正な管理の指導をすることができなかった。空き家の活用も含め条例の制定の必要性が高まる中で，2010年度の大雪の際には，住民から多数の苦情が寄せられ，議会での質問も相次いだ。そこで，実施要領を廃止し，条例を制定することとした。

2 危険物件の確認

そのような中で,小学校に隣接する危険な空き家が5棟あり,地域住民や小学校長から解体の要望書が出ていた。この空き家は,2010年度の大雪によって既に一部が倒壊し,2011年の春には,風によって屋根のトタンや土木工事資材の廃材が隣接する小学校の敷地まで飛散し,非常に危険な状態となっていた。同年5月には,小学校からの要請があり,市の職員が飛散した廃材を回収し,資材庫に入れて,ロープで飛散防止の応急措置を講じていた。

管轄の支所防災担当職員は,再三にわたって空き家の所有者に解体を要請していた。しかし,それを実施する資力がないことなどを理由に,現実には放置されたままになっていた。そこで,2011年11月,市は,条例を制定して,それにもとづき当該空き家を行政代執行によって解体除去する方針を固める。

3 問題空き家の事情

条例にもとづく命令をして行政代執行をすることに対して,所有者は了解していた。ところが,当該建物には,抵当権が設定されていたため,現実には,直ちに勝手に解体することはできない状況となった。そこで,抵当権を設定している金融機関に,現在の状況から抵当権を設定する価値はないのではないかと説明し,抵当権を解除していただいた。

その後の調査で,抵当権が設定されていても行政代執行による解体は可能であることが分かった。それが不明の状態の中で,危険排除しなければならない空き家について,金融機関から協力が得られたことは,今後の空き家対策を行っていくうえでも大いに参考となった。

4 条例の制定と適用

2011年12月26日に,「大仙市空き家等の適正管理に関する条例」が公布された。同条例は,その直後の2012年1月1日に施行される。

市(担当は,総合防災課)は,直ちに立入調査・助言指導・勧告・命令・助成制度・代執行を行うための様式や事務手続等の基準を示した施行規則を作成した。さらに,新たに導入した「空き家等防災管理システム」(空き家台帳管理システム)を活用して,この規則に定める通知書を逐次,所有者に送達した。また,災害時危険家屋の応急危険度判定士の資格を持つ建築住宅課の職員10人で,空き家の不良度判定調査の研修会を行った。この空き家5棟の不良度判

定を行ったが，いずれも危険であり，解体すべきとの判定結果となった。これを受け，2012年1月26日に行政代執行を視野に入れた，条例による解体と廃材撤去の勧告を行った。そして，市長決裁を経て，翌27日に空き家の所有者へ履行期限を2月3日と定めた勧告書を送達した。

条例12条の措置命令は行政処分である。そこで，所有者に対して行政手続条例にもとづき2週間の弁明機会の期間を付与しなければならない。しかし，事態への対応は急を要する。そこで，その，2週間の空白期間を埋めるため，事前に所有者に経済的理由等で勧告に応じることができない旨の弁明書の提出を要請し，3日後の2月6日に弁明書を受け取った。

5　行政代執行の実施

2012年2月8日に，1週間後を履行期限とした措置命令書を送付し，不履行を確認した後で，行政代執行法による解体工事発注の手続として，建築住宅課へ工事手続の発注業務を委託した。建築住宅課は，立入調査結果にもとづいて解体工事に係る設計図・内訳書・数量調査等の見積設計を作成した。工事額を254万1,000円として，財政課を交えた市長協議を行ったうえで，条例13条の規定にもとづく代執行の手続に入った。2月22日に1週間後を履行期限とした行政代執行法3条1項にもとづく戒告の行政処分を行った。

本件は，緊急性を要するとして2社による見積り合わせを行い，3月1日に178万5,000円で工期が3月2日から3月30日までとする工事契約を締結した。3月5日に解体と廃材撤去を行う旨の代執行令書を届け，所有者自身が自家用車等の必要な財産を持ち出すよう求めた。

3月5日午前9時，代執行責任者が現場で行政代執行を実施する旨の宣言をする。そして，工事立会人・記録員らが，そして多くの報道陣が見守る中，パワーショベル2台が敷地内に入り，解体工事が始まった。

6　行政代執行費用の徴収

3月16日には小学校の卒業式があったが，15日までにすべての空き家の解体工事が終わった。同時に敷地内の廃材撤去作業も行われ，29日にはすべての工事が完了し，解体工事代金178万5,000円が業者に支払われたことを確認した。市の財務規則にもとづいて，同額を行政代執行費徴収金として調定決議し，所有者へ4月16日に納入通知書により解体費の請求書を送付した。納期限は1か月後の5月15日とした。

納期限を過ぎても工事代金の徴収金の納付の確認ができなかったため，5月17日に，同月27日を納期限とした督促状を送った。なおも，納付の確認ができなかったことから，翌28日には，所有者が所有する空き家の建つ2,438.68㎡の宅地の差押処分を行った。

　行政代執行費用については，国税の滞納処分の例により行うことができる。そこで，総合防災課の職員に，現金出納員と滞納処分職員の職員証を交付して，市税の強制徴収の例より，差押調書を作成して所有者に送達し，法務局に差押えの嘱託登記を行った。

　この土地については，2つの金融機関が，市より先に抵当権を設定していた。このため，市が単独で換価処分することはできない。この後，第1抵当権設定の金融機関が裁判所に競売事件の申立をしたが，現時点ではまだ競売されていない。うまく競売が行われた場合，裁判所に交付要求を行って配当を待つ。売却されて配当があれば，代執行費用の回収ができる。配当がなかった場合，この所有者は，無財産となる。そして，国税徴収法153条1項2号の規定による執行停止処分の対象となり，同条4項の規定により3年で消滅時効となって不納欠損処分となる。

　そうなれば，行政代執行費用の回収は不可能となり，結果的に，市が公金により解体費を負担した形になる。しかし，危険物件の除去により，隣接小学校の生徒の安全・安心を確保したということで，市民からは理解していただけるものと考えている。

積雪で危険度が増す空き家。その背後には，小学校の校庭がある。
2012年に行政代執行で除却された。

Report

建築基準法にもとづく代執行
――大阪市城東区新喜多の事例

長谷川高宏（大阪市都市計画局建築指導部監察課長）

1 大阪市の老朽危険家屋の現状

大阪市では，長期間適正に維持管理されることなく放置され，倒壊や火災のおそれがあるなどの安全上の問題や，ごみの不法投棄・樹木の繁茂などの生活環境の問題を抱えている老朽家屋について，区長会議において検討部会を設置し，関係部局が連携してその対応策に取り組んでいる。

その中でも，屋根瓦や外壁の落下，倒壊等のおそれのある老朽危険家屋については，市民の方々から区役所や建築指導部に多くの相談が寄せられている。その件数は，2008年度から2010年度までは，年間50〜100件程度であったものが，2011年度以降は年間150件を超えている。2008年度から2014年度までの累計は，約900件を超えるまでになっている。とくに2015年度になってからは，5月26日に空家法が施行され，空き家に対する市民の関心が高まってきているためか，4月以降7月末時点で，既に約190件の情報が寄せられている。

2 現在の取組み状況

市民の方々から相談を受けた際には，現地調査による危険個所の確認および登記簿謄本等による家屋の所有者調査を実施し，所有者が判明すれば，建築基準法8条（建築物の維持保全義務）を踏まえて，維持管理責任のある所有者に対して危険な状態を是正するよう指導を行ってきた。これまで寄せられた通報件数約900件超のうち，約400件が解決している。

また，老朽危険家屋の中でも，著しく保安上危険であり，倒壊等により通行人など第三者に危害を及ぼすおそれがある緊急性の高いものについては，建築基準法を厳格に運用し，同法にもとづく行政代執行により是正を図っており，2006年度以降4件の代執行を実施した。

3 城東区新喜多の物件の状況

2005年に，近隣住民の方から当該建物について情報提供があったため，現地確認を行った。その結果，屋根や壁の損傷がひどく，構造材の腐食もみられ

たことから，かなり長期間放置されていたと推測された。建物所在地（城東区新喜多2丁目）は住宅密集地となっており，前面道路は幅4m未満で生活道路として不特定多数の方が往来している。さらに，その前面道路沿いは，JR学研都市線の軌道敷となっている。建物が倒壊すれば，通行人等第三者に危害を及ぼすおそれがあることに加え，倒壊した建物のがれきが軌道敷に影響を及ぼせば電車の往来にも支障をきたすおそれのある場所となっていた。

情報提供を受けてから，土地・建物の登記簿謄本を取得し，所有者を特定することとしたが，建物が未登記であった。土地所有者は既に死亡していたが，その子がいることが分かったので，住民票および戸籍の附票により所在を確認しようとしたが，空き家となっている現地に住民票および戸籍が残されていたまま転出届がなく，現地に不存在となっており，その後住民票が職権消除されていたため追跡調査ができなかった。

土地・建物所有者の調査が行き詰まっていた矢先，別件で老朽家屋の調査をしていたところ，たまたま土地所有者の子に関する情報が得られ，その所在が判明した。その所在地を何度か訪問した結果，その方と接触することができ，その方が建物所有者であることが確認できた。所有者捜しについては，地道な活動が必要不可欠だと思われる。

4　行政代執行の実施

当該建物は，その屋根や外壁の崩落によって，建物全体が道路側へ倒壊するおそれがあった。倒壊した場合には，前面道路への影響だけでなく，前面道路沿いに通っている軌道敷にも影響を及ぼす可能性があったため，建築基準法10条3項に規定する「著しく保安上危険な建築物」に該当するものとして，所有者に対して必要な措置を講ずるよう期限を定めて指導を行った。指導当初は必要な措置を行う姿勢をみせていたが，次第に連絡が取れなくなっていき，期限を経過しても危険回避のための何らの措置も講じられなかった。

このため，建築基準法10条3項にもとづく命令を行った後，建築基準法9条12項の規定にもとづき，危険回避のために，行政代執行により木造2階建ての地上部分の解体撤去を行った。

行政代執行の概要と経過

○建築物所在地　　大阪市城東区新喜多2丁目
○建築物用途　　　住宅（3軒長屋1棟）

○構造，規模　　　　　　木造２階建て　延べ面積：約115㎡
○建築年　　　　　　　　1958年（昭和33年）
○行政代執行の実施期間　2013年11月25日～2013年12月6日
○行政代執行に要した費用　約400万円
○行政代執行に至るまでの経過および今後の予定

・2005年10月～2013年8月
　近隣住民より相談を受け調査を開始。義務者に対し，「是正勧告書」等の文書や口頭により再三に渡り指導を行うが，義務者に指導に従う意思が認められず。

・2013年8月
　建築基準法10条3項にもとづき除却を行うことを命令すべく予告通知を行う。

・2013年8月
　建築基準法10条3項にもとづき除却を行うことを命令する。
　（命令期限　30日）

・2013年9月
　上記命令の期限を経過しても必要な措置が行われなかったため，行政代執行法にもとづく戒告を行う。（戒告期限　30日）

・2013年11月
　戒告の期限内に措置を履行しなかったために，代執行により解体に着手する旨の代執行令書をもって通知を行う。

・2013年11月25日
　建築基準法9条12項にもとづく行政代執行に着手する。

・2013年12月6日
　行政代執行完了。

・2013年12月以降
　義務者から代執行に要した費用を徴収する作業を継続する。

　行政代執行実施後，債権回収に向けて取り組んでいるが，前述のとおり建物所有者と連絡が取れない状態が続いている。そうした状況のもとで，建物所有者の預貯金や生命保険等の保有財産調査を行った。さらに当該土地の差押について，差押後の公売の可能性も含めて専門家にも相談しながら検討を行った。今後は，債権回収統括部署と債権の徴収のノウハウを共有化するとともに，

徴収業務を協力して行うなど債権回収に取り組むこととしている。

5　老朽危険家屋対策の課題と今後の取組み

　行政代執行による是正措置はあくまでも最終手段であり，維持管理責任のある家屋の所有者が自主的に是正を行うことが原則である。しかしながら，建築指導部が所有者に指導を行ったとしても，様々な要因により是正が行われないものも少なからずある。

　その要因として，所有者が高齢等のため是正する資力や意欲が乏しい，相続関係の整理ができていない，所有者がどうしてもみつからず是正指導ができないといったことがあげられる。さらに，老朽危険家屋であっても，これまでは土地の固定資産税が6分の1に減免される住宅用地特例が適用されているため，「解体すれば税金が上がる」との理由で，そのまま放置されている事例もある。

　所有者の特定にあたっては，2013年より大阪市の個人情報保護審議会の答申を得て，危険度が高い等一定条件を充たす場合にかぎり，固定資産税の情報を活用できるようにしたが，税情報により調べてもなお特定できないものもある。この課題については，2014年度より，住民情報に精通した専任の職員を新たに配置し，所有者特定業務に力点を置いて取り組んでいるところであるが，区役所の協力も得て地域に密着した情報も活用しながら所有者特定に努めている。

　所有者に対しては，最終的には所有者の費用負担のもと行政代執行を行うという厳しい姿勢も示しながら指導していく。その一方で，行政から頭ごなしに強い指導を行うばかりではうまくいかない例もある。状況によっては，所有者一人一人と向き合い，それぞれの事情に耳を傾け，良好な人間関係を築きながらいっしょになって解決方法を考えていくことも大切である。

　今後とも，老朽危険家屋周辺の近隣住民の不安を少しでも取り除いていけるよう，ひとつひとつ解決していく必要があると感じている。

屋根や壁が崩落している空き家。前面道路をはさんでJR線が走る。2013年に行政代執行で除却された。

Report

建築基準法にもとづく略式代執行
―― 京都市上京区東柳町の事例

寺澤昌人(京都市都市計画局まち再生・創造推進室空き家対策課長)

1　空き家の状況

　本件は，2015年4月に着手した，所有者不明の京都市上京区の老朽木造住宅兼工場の解体に係る京都市初の空き家の代執行の事案である。

　本件空き家は，京都市上京区東柳町に所在する。高級絹織物の西陣織発祥の地である「西陣地区」にあり，花街で有名な上七軒に近接している。空き家は路地奥にあり，建築基準法上の道路には接しておらず，住宅と駐車場に囲まれている。

　構造と規模については，不動産登記記録(以下「登記記録」という)によると，居宅と工場の2棟で，いずれも木造平家建て，合計延床面積は，67.09㎡である。近隣住民の話によると，昔は，西陣織の工場兼居宅であったという。建築年は不詳であるが，土地・建物が1949年(昭和24年)に売買された登記記録があることから，建築基準法の施行前に建てられており，少なくとも築65年は経ているようである。

　老朽化が激しく，屋根の一部は崩落し，また，一部はめくれあがり，大きな穴が開いている。外壁も崩壊している部分が多く，容易に内部へ侵入できる状況にあった。

　近隣住民の話では，空き家になって，15年程度が経過しているとのことであるが，建物内にはペットや箪笥，冷蔵庫等の家財道具が放置され，生活の痕跡が生々しく残されていた。また，敷地内には，不法投棄されたごみ等が散乱し，放火も憂慮される状況であった。

2　所有者調査

　はじめて近隣住民から京都市に苦情が寄せられたのは，2007年10月であった。その後，空き家の所有者調査を進めたが，作業は難航した。

　登記記録には，土地，建物とも2名の共有名義とある。所有者はいずれも韓国籍であり，1名は外国人登録原票記載事項証明書を取り寄せ，死亡を確認した。もう1名は，外国人登録がなく，登記記録から住所地が大韓民国であることしかわからなかった。

このため，死亡が確認された所有者については，相続人調査を，もう1名の所有者については，生存の有無や登記上の住所に現住しているかの確認が必要であった。

近隣住民への聞取りを実施するとともに，土地・建物に抵当権が設定されていたため，抵当権者にも情報提供を求めたが，詳しいことはわからなかった。

日本人であれば，自治体が戸籍を取り寄せ，相続人を把握することが可能であるが，韓国籍の方の場合，戸籍を公用で請求し入手することができない。配偶者や親・子などの直系血族または兄弟姉妹の委任状がなければ，戸籍が取得ができないこととなっており，今回，こうした方々の所在はいずれも不明であったため，協力が得られなかった。

韓国に所在する所有者については，登記簿記載の住所宛てに，建物の老朽化により危険な状況であり，至急，連絡が欲しい旨の文書を韓国語に訳し，国際郵便で発したが，宛先不明で郵便が戻ってくるといった状況であった。

3 略式代執行に着手

京都市では，2013年12月に「京都市空き家の活用，適正管理等に関する条例」（以下「条例」という）を制定し，翌年4月に施行している。空き家対策を市の重要施策と位置付け，条例施行に合わせ，体制を整備したうえ，空き家の管理不全対策とともに，様々な京都らしい空き家の活用に向けた支援策を講じている。

条例制定の効果は大きく，施行前の2013年度においては，居住中も含めた危険建築物の通報は150件程度であったが，2014年度には空き家の通報だけで3倍の500件に達している。

条例施行により市民の期待が大きい中，通報が寄せられてから6年が経過し，建物の老朽化が進み一刻の猶予もないと思われる状況であり，さらには，所有者調査が進展せず，改善の余地が見込めないため，代執行を行うこととした。

一般に条例では，法律の特別の根拠なく，受命者不明事案において，略式代執行をすることはできないと考えられている。まさに今回の事案は受命者不明のケースであった。ところが2014年11月成立の空家法が完全施行される前であったため，建築基準法が規定する略式代執行によらざるをえなかった。

2015年3月27日に，建築基準法10条4項において準用される同法9条11項に規定される「過失がなくてその措置を命ぜられるべき者を確知するこ

とができず，かつ，その違反を放置することが著しく公益に反すると認められるとき」に該当するとして告示を行った。措置期限は，解体に要する工事期間を1か月と想定し，同年4月27日とした。同日までに，所有者が名乗り出て，解体工事を自主的にすることがなかったため，2015年4月30日午前10時に，行政代執行を開始した。当日は，13社に及ぶ報道機関の取材があった。京都市ではじめての空き家の代執行といったこともあり，新聞やテレビで大きく報じられた。工事については，ゴールデンウィークを挟んでいたこともあった。建物内の動産確認などから始め，連休明けの5月11日から建物躯体の解体に着手。工事は，狭隘な路地の奥に位置する空き家であり，重機が進入できなかった。また，手作業での解体工事・廃材の搬出等が必要であったことや台風等の影響もあり，想定していた期間より10日程延長したものの，大きな混乱もなく，2015年6月19日に終了している。

代執行着手前の状況（2014年11月撮影）　　代執行後の状況（2015年6月撮影）

4　課　題

今回，空き家の代執行に取り組んだが，いくつか課題が明らかになった。第1は，外国籍の方が亡くなられた場合，自治体において戸籍調査ができないことである。

親族等がおられても協力が得られなければ，調査は直ぐに暗礁に乗り上げてしまう。相続財産管理人の選任を申し立てるといった方法も考えられるが，管理不全空き家を指導する段階で，自治体として債権を有していない場合，利害関係者には該当せず，申立てが不可能と聞く。また，外国の法制度の知識も必要である。たとえば，韓国の場合，子の配偶者にも代襲相続が発生する場合があるなど，国内法との違いがある。

第2は，代執行費用の回収である。本件の場合，路地奥のため，重機が十分に使えず，手作業が必要となったことから，代執行に約555万円もの費用を要した。今後，訴訟等必要な手続を経たうえで，土地を売却し，費用の回収を図るといったことが考えられる。しかしながら，当地は接道要件を充たさず，再建築ができないため，買い手が現れない場合が想定され，仮に売れても価格は相当低くなるものと思われる。さらに，本件土地には，複数の抵当権が設定されており，代執行費用の債権は抵当権に劣後するため，売れても配当が回ってこないことも予想される。

　第3として，空家法にも言及しておきたい。今回の事案のように戸建て空き家であれば，今後は所有者の有無にかかわらず，同法を根拠とした代執行が可能である。しかしながら，京都市は長屋建築が多く残り，長屋の場合，すべての住戸が空き家にならないかぎり同法の対象にならないとされている。長屋の場合は，戸々の建物毎に独立した所有権を持つ場合が多く，技術上，戸々の建物の解体が可能であるため，長屋の一部空き住戸についても同法の対象となるよう国に求めていきたいと考えている。

Report

空家法にもとづく行政代執行
――横須賀市の事例

大石貴司（横須賀市こども育成部こども施設指導監査課課長補佐）

1 「2番目」の適用

　横須賀市は，2015年10月26日に，空家法にもとづく略式代執行により，老朽危険家屋を除却した。

　横須賀市は，この除却に先立って，報道発表を行い，全国で初めて空家法にもとづく略式代執行を行うことを広く公表した。「全国で初めて」というのは，国土交通省への照会によるものであったが，その後，他の自治体が，横須賀市に先立つこと4か月前に既に空家法にもとづく略式代執行を行っていたことがわかった。このため，「全国で2番目」と修正するための報道発表を行った。

　「全国初」という称号を逃したのは少々残念であるが，当該危険家屋に起

因する事故が起こる前に除却を行うことができて，何よりであった。実は，横須賀市は，2015年3月に，老朽危険空き家に対して建築基準法にもとづく略式代執行を1件行っており，本市としても「2番目」の適用であった。着々と老朽家屋対策を進めているという誇りをもった「2番目」である。

2　横須賀市の空き家事情

　横須賀市は，市制執行109年を迎えた。古くから軍港都市として栄えた歴史があり，軍関連施設や造船所に近い地域に多くの人が住んでいた。本市は，地形的には，山が多く，平地が少ない半島にあるために，そうした住居は，ほとんどは斜面地にあるものであった。

　斜面地を造成したことから，1軒当たりの敷地面積が小さいことと，日常生活において何十段もの階段を昇り降りする必要がある。このため，鉄道の駅から近い立地にも関わらず，時がたつにつれて，他の場所に移り住む人が多い半面，新たに住もうと希望する者は少なく，その結果，多くの空き家が残ってしまった。

　そうした空き家は，十分な修繕や改築等を行わないまま放置されている。横須賀市の空き家は，老朽化したものばかりである。

　一般に，空き家に起因する問題点としては，草木が荒れ放題で不衛生，鍵が壊れていて自由に見知らぬ人が出入りができ犯罪を誘発する不安，不法投棄の温床となるなどがあげられる。これに対し，横須賀市が抱えている空き家問題の特徴は，屋根や戸などが大風等で吹き飛ぶような危険な状態となっている，周囲に危険を及ぼすおそれがあるものが多いことである。

3　現場の把握

　横須賀市では，空き家の周辺の住民からの問い合わせ，苦情が多く寄せられていたことから，空家法の制定前の2012年に，議員提案により「横須賀市空き家等の適正管理に関する条例」を制定した。

　横須賀市の区域は，東西約15.5km，南北約15.8km，面積100.83km^{2}であり，中核市としては小さな部類に入る。市内のどんなところにも，市役所から，そんなに時間をかけずに行くことができることから，住民から「早く現場を見に来てほしい」という要望を受けると，時間がないことを言い訳にすることはできない。

　職員は，苦情を寄せられた空き家に関する状況を把握していない場合には，

できるだけ，電話があった当日か次の日には現場へ行くことにしている。当該家屋の状態を確認して，写真を撮影するなどして，危険家屋をデータベース化し，以後，定期的にチェックを怠らないようにする。また，周辺住民からの苦情のほか，他の現場調査等に出かけた際に危険な状態の家屋をみかければ，その状態を把握するようにしている。

横須賀市が危険度を把握するうえで重視したのは，近くの住民や通行者への危険の予測である。家屋の危険性については，倒壊を主に考えるものであるが，本市は，それにとどまらず，実際に起こりうる近くの住民，通行者に対する被害を想定して，総合的に危険度を判定している。

4　略式代執行への道筋

全国の自治体の多くの建築セクションの職員は，空き家対策に消極的な姿勢であるように聞いている。それは，建物としての倒壊等の危険度を判定した後，除却の行政代執行が求められることが大きな要因だと思料する。

危険な空き家の除却の代執行については，多くの自治体が慎重に考えるあまり，決断の時期を逸し，実現に至らない実情がある。横須賀市においては，建築セクションに加え，開発，都市計画，公営住宅等を所管する都市部長が迅速な決断を行ったことから，行政代執行を視野に入れた方向性を早くから持って，職員が迷うことなくスムーズに事務を進めている。

行政代執行事業の多くは，現実には，費用の回収が困難である。財政セクションが行政代執行に係る費用の捻出を渋るのも当然である。

横須賀市においても，代執行の費用回収が非常に困難であることは最初からわかっていた。しかし，空き家により与えられる周辺住民等への危険に鑑み，建築セクションが丁寧な説明を行ったことにより，財政セクションも理解を示し，横須賀市全体で危険家屋の除却を推進する道筋ができた。

5　本件の概要

本件については，2012年に通報を受けて担当課が現場把握をして以来，所有者調査を根気よく続け，パトロールもかかさず行ってきた。

本件家屋は，もともと長屋であり，道路からみて奥と手前に住戸があった。現場を把握した当初も奥側の部分の屋根の欠損がみられたが，その約2年後に屋根が崩落し，その後，壁もほとんど落ちて建物としての形状がなくなってきていた。

当初は，建築基準法の規定にもとづき，所有者等の情報を収集し，当該家屋の除却を指導しようとしていたが，途中で，空家法が完全施行となったことを受け，同法の規定にもとづいた事務処理に方向転換した。
　当該家屋は未登記であり，所有者がわからないため，所有者の可能性がある人物の割り出し調査を行った。当該家屋の所有者の可能性があるとしてピックアップされた人物と所有者の可能性があると判断した理由については，次のとおりである。
　①法人Ａ（当該土地の所有者）　以前，近隣住民に対し，土地および建物の所有者と名乗る人物が当該土地および建物を買わないかという話を持ちかけたことがあるという情報を，周辺住民に対する聞取り調査により得たため。
　②個人Ｂ　当該家屋に残っていた表札に氏名が記載されていたため。
　③個人Ｃ　税務セクションの所有者情報に記載されていたため。
　④個人Ｄ　古地図を調査したところ，当該地に名前が記載されていたため。
　所有者の可能性がある者について調査を進めたところ，次のような結果が得られた。
　土地の所有者である①について，横浜地方法務局横須賀支局に問い合わせたところ，既に解散済みであり，登記は閉鎖されているとの回答を得た。さらに，代表取締役となっていた人物について，登記に記載されていた住所の管轄の自治体に対し，公用請求で戸籍を求めたところ，該当者が見当たらないとの回答を得た。
　当該家屋の表札に名前が残っていた②および税務セクションの所有者情報に記載されていた③について，横須賀市の戸籍セクションに公用請求で戸籍を求めたところ，該当者が見当たらないとの回答を得た。
　④については，周辺住民への聞取り調査などを数多く重ねた結果，賃借人であったことがわかった。
　当該家屋の前面は，階段状の道路であるが横須賀市道であり，道路管理者としての責務から，通行の安全性の確保が義務付けられている。私鉄の駅に近いこともあり，さらに上部にある住宅地から通勤，通学のために通行する人も多い。大風の日など，屋根や戸の建材が道路まで飛んだこともあった。通行者に当たって怪我をする危険性も高まっていたので，所有者不明の結論をもって，略式代執行に至った次第である。

6　今後の取組み

横須賀市には、本件と同様に、周辺住民や通行者に危険を及ぼす危険家屋は、他にも多く存在する。それらの家屋の所有者の調査を続ける中で、危険度の高いものから順に除却を進めていく方針である。
　もちろん、行政代執行が目的なのではない。できるだけ所有者を割り出し、自発的な除却をするよう求めていく努力を今後も根気強く進めていきたい。

2　不在者財産管理人・相続財産管理人制度

(1)　財産管理人制度を利用するにあたって

(a) 空き家問題と財産管理人制度の関係　問題となる空き家の所有者が行方不明であったり、死亡して相続人が誰もいなかったりする場合、空家法のもとでは、それが特定空家等であれば、同法14条10項を根拠に、修繕や除却等の措置を市町村長自らが行うことができる（略式代執行）。

　しかし、空き家の修繕や除却等は、本来所有者等の責任で行うべきものである。近隣住民が管理が不十分な空き家に起因した被害を受けている場合は、当該空き家の所有者等に対して、被害を除去するよう請求することができる。さらに、行方不明や相続人が不存在の場合は、所有者の代わりとなる者を裁判所に選任してもらい、その選任された者が、修繕等の必要な措置を講ずるべきである。その所有者の代わりとなるものとして、民法は、所有者が行方不明の場合には不在者財産管理人、所有者が死亡して相続人が不存在の場合には相続財産管理人という財産管理人の制度を設けている（民法25～29条、同951～959条）。

　なお、市町村が空家法14条10項を根拠に略式代執行を行った場合、所有者に対して費用請求するためには、公示送達や民事訴訟法35条の特別代理人を選任して手続を行う等の方法で足りる場合を除き、財産管理人制度を利用する必要がある。

(b) 所有者の調査　適正管理されていない空き家について、所有者の調査をする場合は、まず、登記情報を確認し、登記情報上の所有者を確定させ、連絡

をとることになる。

　登記情報上の所有者と現在の所有者が同一であれば問題はない。しかし，登記情報上の所有者と現在の所有者が異なる場合，なぜ異なるのかを調査する必要がある。異なる理由としては次の事情が考えられる。
　①所有者は同一だが，住所を移転している。
　②所有者は同一だが，婚姻等で氏名が変更されている。
　③所有者が売買等の理由で変更しているが，登記をしていない。
　④所有者が死亡して，相続が生じている。
　上記の事情は，ひとつだけの場合もあれば，たとえば登記情報上の所有者が結婚して住所も移転した後に死亡した等のように，複数の場合もありうる。そこで行政は，これらの理由を住民票情報，（附票も含む）戸籍情報，登記情報上の住所の近隣住民からの情報，および，市町村の場合は固定資産の税情報等を確認して，考えられる事情をひとつひとつ潰していき，現在の所有者の存在，所在を調査する。その結果，下記のような状況になった場合，不在者財産管理人（下記ア，イの場合）および相続財産管理人（下記ウの場合）の選任の申立てを検討することになる。

　　ア　登記情報上の所有者の連絡先がわからず，所在不明
　　イ　登記情報上の所有者が死亡しており，その相続人の連絡先がわからず，所在不明
　　ウ　登記情報上の所有者が死亡しており，相続人が不存在

　(c) 他の制度の検討　　所有者の所在不明，相続人不存在の場合でも，他の制度を利用することによって，問題を解決できる場合がある。財産管理人制度は，他の制度と比べ，管理人の報酬等必要な費用が多かったり，申立ての動機となる処分が終わっても財産管理を長い期間継続しなければならない場合があったりと，申立人にとって手続を選択しにくい側面がある。したがって，他の制度の利用も比較検討したうえで，選任申立てを行うべきである。
　なお，他の制度を検討する際には，その制度を利用した後，所有者名義の財産が残るか否かを考える必要がある。所有者名義の財産が残る場合，供託等で処理できる場合を除いて，財産管理人制度を利用しなければならないと思われる。
　他の制度の例としては，以下のようなものがある。

①失踪宣告（民法31条）
②所在不明者に対する公示送達を利用した裁判手続（民事訴訟法110条）
③特別代理人を利用した裁判手続（民事訴訟法35条）
④供託
⑤（行政の場合）公売

(2) 不在者財産管理人制度

　所有者調査の結果，所有者の所在不明（上記(1)(b)ア，イ）であり，他の制度を検討したが利用に適さない場合，不在者財産管理人選任の申立てを検討する。

▶ 制度概要

　不在者がその財産の管理人を置かなかったときは，家庭裁判所は，申立てにより，財産管理人選任等の処分を行うことができる（民法25条）。選任された不在者財産管理人は，不在者の財産を管理，保存するほか，家庭裁判所の権限外行為許可を得たうえで，不在者に代わって，遺産分割，相続放棄の申述，不動産の売却等を行うことができるとされている。

▶ 不在者財産管理人選任の要件

①不在者が財産管理できないこと。
②不在者自身が財産管理人を置いていないこと。
③利害関係人または検察官からの申立てがあること。
　なお，利害関係人とは，法律上正当な利害関係を有するものをいい，事実上の関係を有するにすぎないもの（単なる友人や隣人等）は含まない。不在者と共同相続人になる者や不在者に対して何らかの債権債務（例：徴税債権）を有している者は，利害関係人といえる。
④管理すべき財産が存在すること。
　なお，財産は積極財産（例：現金，預貯金，不動産）に限られず，消極財産（例：借金等の負債）のみの場合も含まれる。

▶ 申立先

　申立ては，不在者の従来の住所地または居所地を管轄する家庭裁判所に対して行う。不在者の従来の住所地または居所地ともに不明な場合は，不在者の財産の所在地を管轄する家庭裁判所または東京家庭裁判所となる（家事事件手続法7条，家事事件手続規則6条）。

▶ **申立手続について**

申立書の記載例，申立ての際に提出すべき添付書類等については，裁判所のウェブサイトに記載がある (http://www.courts.go.jp/saiban/syurui_kazi/kazi_06_05/)。

▶ **申立に必要な費用**

①収入印紙 800 円分

②郵便切手（申立てをする家庭裁判所へ要確認。なお，各裁判所のウェブサイトの「裁判手続を利用する方へ」中に掲載されている場合もある）

③家事予納金

金額は，事案や裁判所によって異なる。納める必要のない場合もあるが，一般的に 30 万円〜50 万円程度といわれている。不在者の財産が多いときや，管理人候補者に低額の報酬でよいと事前に話をしているとき等の場合には，事情を裁判所に伝えることによって，予納金を免除，減額してもらうことができる。空き家の除却を念頭に置いて不在者財産管理人選任を申し立てる場合は，その除却費用もこの予納金の算定に考慮されることになる。

④添付書類の取得費

▶ **申立後の手続の流れ**

不在者財産管理人選任の申立てをした後の手続の流れは，FIGURE **4.1** のようになる。

(3) 相続財産管理人制度

▶ **制度概要**

相続財産管理人制度とは，相続人のあることが明らかでないとき，相続人が存在しないとき（相続人全員が相続放棄をした場合も含む）に，相続財産を法人とすることによって，法律上の帰属主体を決め，その管理を相続財産管理人に委ね，この相続財産管理人が，相続財産法人の法定代理人として，相続財産の管理，清算等を行うとともに，出現する可能性のある相続人を捜索し，相続人が現れない場合は相続人不存在を法的に確定させ，その相続財産を特別縁故者に分与し，それでも残った相続財産を最終的に国庫帰属させる制度である（民法 951〜959 条）。

▶ **相続財産管理開始の要件**

FIGURE 4.1　　　　　　　　　　　　　　　不在者財産管理人制度　手続の流れ

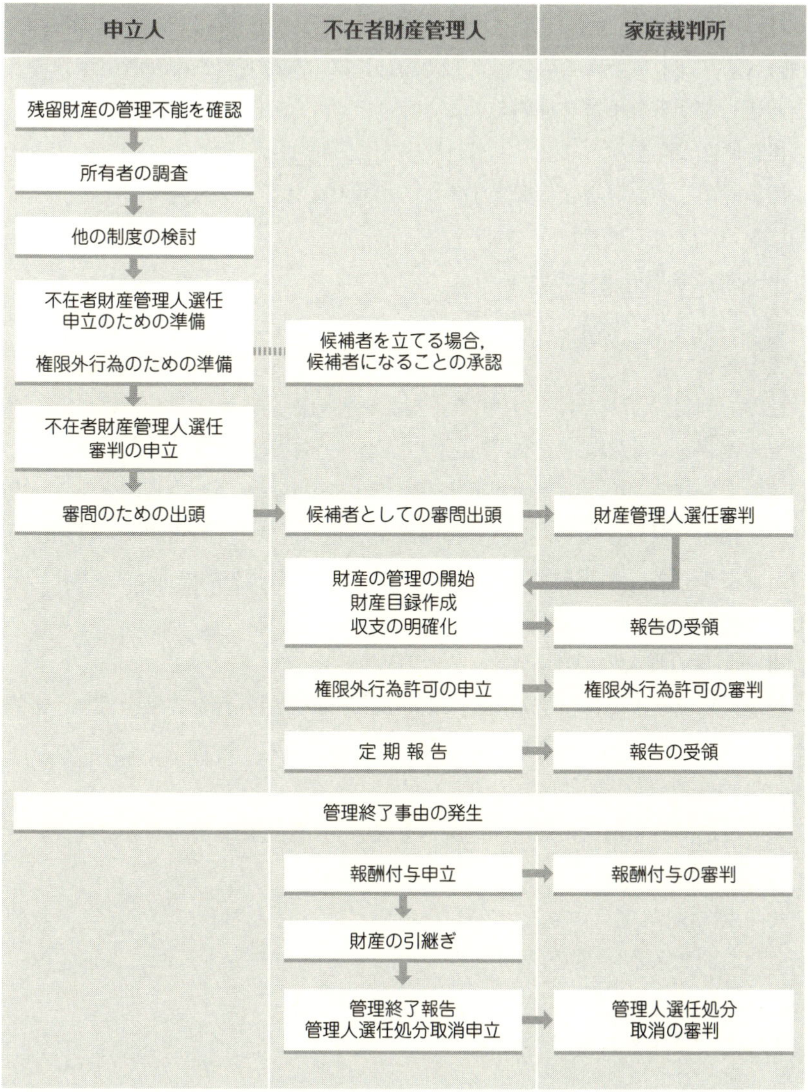

申立人	不在者財産管理人	家庭裁判所
残留財産の管理不能を確認		
所有者の調査		
他の制度の検討		
不在者財産管理人選任申立のための準備		
権限外行為のための準備	候補者を立てる場合，候補者になることの承認	
不在者財産管理人選任審判の申立		
審問のための出頭	候補者としての審問出頭	財産管理人選任審判
	財産の管理の開始　財産目録作成　収支の明確化	報告の受領
	権限外行為許可の申立	権限外行為許可の審判
	定期報告	報告の受領
管理終了事由の発生		
	報酬付与申立	報酬付与の審判
	財産の引継ぎ	
	管理終了報告　管理人選任処分取消申立	管理人選任処分取消の審判

V　所有者等が不明の場合の対応

①相続が開始したこと。
②相続人のあることが明らかでないこと。
　戸籍調査の結果，戸籍上に生死不明または所在不明の相続人がいる場合は，相続人不存在とはいえない。こうした場合には，失踪宣告や不在者財産管理人を選任したうえで手続を進めることとなる。
③相続財産が存在すること。
　消極財産しかない場合も成立するが，相続財産管理人を選任する実益は一般的にないと考えられる。

▶ **相続財産管理人選任の要件**
　上記相続財産管理開始の要件①～③と合わせ，利害関係人または検察官の申立てが必要である。
　なお，利害関係人とは，法律上正当な利害関係を有する者をいい，単に事実上の関係を有するにすぎない者（単なる友人や隣人等）は含まない。しかし，相続財産を管理人のないまま放置することは適当ではないという観点から，実務上，幅広く認められている。利害関係人の例としては，被相続人の特別縁故者，遺言執行者，相続財産法人に対して何らかの債権債務（例：徴税債権）を有している者があげられる。

▶ **相続財産管理人のできること**
　相続財産を管理，保存するほか，家庭裁判所の権限外行為許可を得たうえで，不動産の売却等の処分行為を行うことができるとされている。

▶ **申　立　先**
　申立ては，被相続人の最後の住所地を管轄する家庭裁判所に対して行う。

▶ **申立手続について**
　申立書の記載例，申立ての際に提出すべき添付書類等については，裁判所のウェブサイトに記載がある（http://www.courts.go.jp/saiban/syurui_kazi/kazi_06_15/）。

▶ **申立てに必要な費用**
①収入印紙800円分
②郵便切手（申立てをする家庭裁判所へ要確認。なお，各裁判所のウェブサイトの「裁判手続を利用する方へ」中に掲載されている場合もある）
③官報公告料3775円（裁判所の指示があってから納める）

④家事予納金

　金額は，事案や裁判所によって異なる。一般的に100万円程度といわれている。相続財産の中に流動資産財が多いときや，管理人候補者に低額の報酬でよいと事前に話をしているとき等の場合には，事情を裁判所に伝えることによって，免除，減額が可能な場合もある。空き家の除却を念頭に置いて申し立てる場合は，その除却費用もこの予納金の算定に考慮されることになる。

⑤添付書類の取得費

▶ **申立後の手続の流れ**

　相続財産管理人選任の申立てをした後の手続の流れは，FIGURE **4.2**のようになる。

▶ **国庫帰属**について

　法律上，相続人不存在が確定した相続財産については，最終的に国庫帰属する旨が定められている（民法959条）。しかし，実務上，動産や不動産は，売却等で金銭化し，その金銭を国庫帰属させることが求められており，動産や不動産がそのまま国庫帰属する例はまれである。これは，空き家も同様で，売却困難なものについては，国庫帰属させることができずに，相続財産管理人が何年も抱え続けることになりかねないという問題がある。

FIGURE **4.2**　　　　　　　　　　　　　相続財産管理人制度　手続の流れ

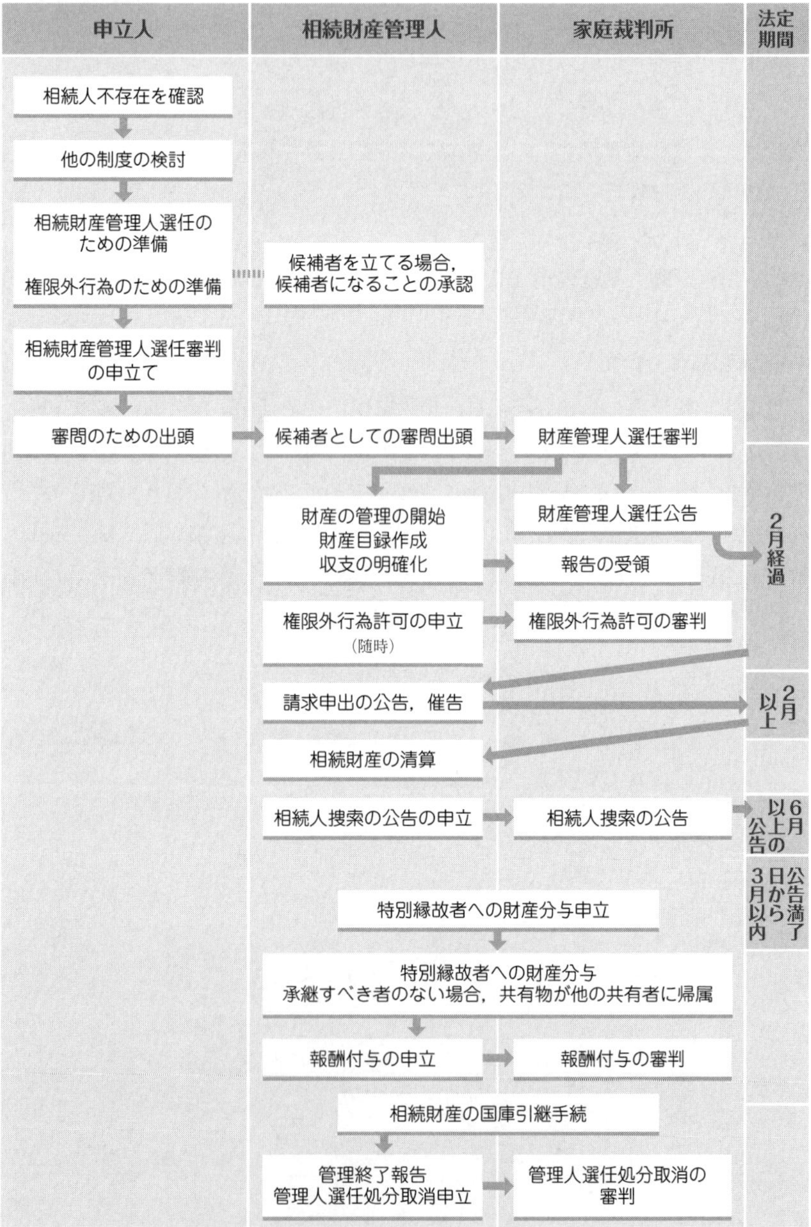

申立人	相続財産管理人	家庭裁判所	法定期間
相続人不存在を確認			
他の制度の検討			
相続財産管理人選任のための準備	候補者を立てる場合，候補者になることの承認		
権限外行為のための準備			
相続財産管理人選任審判の申立て			
審問のための出頭	候補者としての審問出頭	財産管理人選任審判	
	財産の管理の開始／財産目録作成／収支の明確化	財産管理人選任公告	2月経過
		報告の受領	
	権限外行為許可の申立（随時）	権限外行為許可の審判	
	請求申出の公告，催告		2月以上
	相続財産の清算		
	相続人捜索の公告の申立	相続人捜索の公告	6月以上の公告
	特別縁故者への財産分与申立		公告満了日から3月以内
	特別縁故者への財産分与／承継すべき者のない場合，共有物が他の共有者に帰属		
	報酬付与の申立	報酬付与の審判	
	相続財産の国庫引継手続		
	管理終了報告／管理人選任処分取消申立	管理人選任処分取消の審判	

空き家対策における財産管理人制度の課題等
―財産管理人制度の具体事例ほか

平野次郎〔平野・寳意司法書士・行政書士事務所　司法書士・行政書士
大阪司法書士会　空き家問題対策検討委員会　副委員長〕

1　空き家対策における民法の財産管理人制度の課題

　空き家対策において，空家等の所有者が所在不明（不在者）である場合は不在者財産管理人の選任申立てを，空家等の所有者が死亡しておりその相続人の存在が明らかでない（相続人不存在）場合は相続財産管理人の選任申立てを検討する必要がある。不在者財産管理人・相続財産管理人（以下，両者を合わせて「財産管理人」という）に望まれる対応としては，空家等の適正管理も考えられるが，根本的な解決を考えれば，やはり空家等の処分（主に売却）を行うことである。
　しかし，家庭裁判所から選任された財産管理人が空家等の不動産を処分するためには，以下の課題が存在する。
　①　空家等の売却に関する家庭裁判所の許可
　②　空家等売却の方策
　上記の課題をクリアできなければ，財産管理人による管理は長期化し，問題のある空家等について根本的な解決を図ることができないことになる。
　以下，上記の課題について検討する。

2　空家等の処分に関する家庭裁判所の許可

(1)　空家等の処分において家庭裁判所の許可を要する根拠
　不在者財産管理人は，民法103条に規定する権限（保存行為等）を超える行為を必要とするときは，家庭裁判所の許可を得て，その行為をすることができる（民法28条）と規定されている。同規定は，相続人不存在における相続財産管理人の権限についても準用されている（民法953条）。したがって，財産管理人が空家等を売却するには，家庭裁判所の許可を得なければならない。

(2)　空家等の売却に関する家庭裁判所の許可の可否
　ア　相続財産管理人の場合
　相続財産管理人制度は，相続人を捜索しつつ相続財産を管理，清算し，相続人が現れない場合は，特別縁故者への分与をした後，最終的には国庫に引

き継ぐ制度である。債務の弁済に充てる預貯金等がなければ，空家等の不動産を換価しなければならない。換価方法としては競売もあるが（民法957条2項，同法932条の準用），実務上は，家庭裁判所の許可を得たうえで任意売却による方法がとられる場合が多い。任意売却は，競売よりも高価で迅速に売却できるからである。

イ　不在者財産管理人の場合

　不在者財産管理人制度は，不在者の財産を管理して保存するための制度である。不在者の財産を確保する観点から，管理上の便宜をはかることだけでは売却の必要性を認めることができないと考えられている（司法研修所（編）『財産管理人選任等事件の実務上の諸問題』（法曹会，2003年）143頁）。しかし，対象となる不動産が特定空家等であり，近隣住民等に損害を及ぼすおそれがある等の場合は，管理を継続するよりも適正価額で売却する方が合理的であるとして，売却の必要性が認められる可能性は十分にあると考えられる。

3　空家等売却の方策

　空き家対策の対象となる空家等は，通常の不動産流通の市場に乗せるのが難しい物件であることが想定される。そこで，財産管理人は，いかにして空家等を売却するのか，その方策を検討しなければならない。

　家庭裁判所選任による財産管理人の事例ではないが，空家法施行前に，筆者が相続人から依頼を受けた任意財産管理人として，問題のある空家等の売却に関与した事例を以下に紹介する（詳細は，平野次郎「遠隔地にある空き家等の処分」市民と法94号（2015年）55～61頁参照）。なお，司法書士は，昨今，司法書士法施行規則31条1項にもとづく財産管理業務として当事者等の依頼により相続財産承継手続等に関与することが増加しており，今後，空き家対策においても相続登記のみならず財産管理業務として関与していくことになるであろう。

(1)　東北にある空家等の処分

ア　空家等の概要

　所在地は弘前市。土地は3筆で約600坪。建物は登記記録上5棟，現況2棟。

　土地の登記地目は宅地，課税地目は一部が宅地，一部が畑。外観は森。

　約15年間空家で老朽化している。土地上の樹木には害虫が発生している。

　権利関係は，亡AとB（Aの子）の共有名義。

　Aの相続人は，Aの子であるB，C，Dの3名。

イ　売却までの流れ
　① 亡Aの共有持分に関する遺産分割協議・相続登記
　　　B，C，D全員の合意で，換価分割による遺産分割協議が成立した。登記上は，売却手続の便宜のため，B単独名義とする相続による所有移転登記を行った。
　② 不動産業者による仲介・売出し
　　　筆者の事務所近くの不動産業者を通じて，坪3万円，1,800万円で売出し。なお，建物の解体および土地上の樹木伐採整地等費用は約800万円の見込みであった。
　③ 社会福祉法人等へのダイレクトメールの送付
　　　売出しから約1年間，個人どころか不動産業者からの買取り希望もなかった。そこで，筆者は，弘前市内にある社会福祉法人や医療法人等をリストアップし，各法人に対して，不動産業者を通じて，介護施設等建設用地としてダイレクトメールを送付してもらった。
　　　ダイレクトメール送付後1週間で，弘前市内において住宅型有料老人ホームを運営する会社から買取り希望の連絡があった。
　④ 空家等の売却
　　　その後，すぐに現状有姿で売買代金850万円とする売買契約が成立し，代金決済，引渡しが終了した。現在，当該空家は解体され，土地上の樹木も伐採され，空家等の跡地には住宅型有料老人ホームが建設されている。
(2) 空家等を売却するためのポイント
　上記の事例は，通常の流通には乗らない不動産であったが，買い手を絞ってピンポイントにダイレクトメールを送付したことが結果的に功を奏した。空家等の売却に際しては，不動産仲介業者に任せきりにせずに，財産管理人が自ら空家等を売却する方策について様々なアイデアを出して実行に移すことが大事である。
　なお，前述のとおり，家庭裁判所から選任された財産管理人が空家等を売却する場合は家庭裁判所の許可を得る必要がある。利害関係人との関係からも手続を公正に行うことが求められるため，売却に際しては，事前に家庭裁判所と協議しながら慎重に進める必要があることに留意しなければならない。

4　空家等を処分することができなかった場合

(1)　不在者財産管理人選任事件における失踪宣告の申立て

　空家等の処分ができずに管理が長期化する場合において，不在者に関して失踪宣告の要件を充たしていれば，不在者財産管理人が不在者の失踪宣告の申立てを行うことも可能である（片岡武ほか『家庭裁判所における成年後見・財産管理の実務〔第2版〕』（日本加除出版，2014年）227頁）。失踪宣告がなされれば，不在者は死亡した者とみなされ（民法31条），相続が開始する。そうなれば，相続事案として相続人に関与してもらうことが可能となる。ただし，不在者財産管理人選任事案における失踪宣告の運用としては，事案に応じて不在者の親族等関係者の心情等に十分に配慮した文書を送付するなどの方法により申立てを促す働き掛けをすべきであるとされている（司法研修所編・前掲123頁）。

(2)　空家等の国庫帰属

　相続財産管理人が選任されたものの結果的に空家等を売却することができず，特別縁故者に対する財産分与もなされなかった場合，民法上，処分されなかった相続財産として国庫に帰属することとなる（民法959条）。しかし，判例は，処分されなかった相続財産について「相続財産管理人がこれを国庫に引き継いだ時に国庫に帰属し，相続財産全部の引継が完了するまでは，相続財産法人は消滅せず，相続財産管理人の代理権も引継未了の相続財産につき存続する」としている（昭和50年10月24日最高裁判決，民集29巻9号1483頁）。したがって，財務局が引き受けない場合，残余の相続財産は国庫に帰属しないこととなる。

　財務局による国庫帰属不動産の取扱いは，物納不動産に準じて行われ，売却等早期処理に向け計画的に取り組むものとされている（平成18年6月29日財理第2640号財務省理財局長から各財務（支）局長，沖縄総合事務局長宛「物納等不動産に関する事務取扱要領について」）。そうすると，現状の取扱いでは，財務局が売却困難な空家等をわざわざ引き受けるとは考えられない。実際，財務局が不動産の国庫帰属を引き受けるということはほとんどない。

5　空き家対策において財産管理制度を機能させるためには

(1)　無償譲渡（贈与・寄附）を柔軟に認めること

　財産管理人が空家等を無償譲渡するには，家庭裁判所の許可が必要だが，実際に家庭裁判所が許可を認めるかどうかが問題となる。売却が困難な問題のある空家等については，国庫帰属が事実上不可能である現在の取扱いに鑑みれば，

家庭裁判所が空家等の無償譲渡を柔軟に認める運用が望まれる。
(2) 空家等の受け皿となる団体・制度の創設

　家庭裁判所が空家等の無償譲渡を柔軟に認めたとしても，実際に問題のある空家等の引受け手がいなければ，現実に無償譲渡することはできない。また，仮に引受け手が現れたとしても，その引受け手が将来にわたって空家等を適切に管理していく者でなければ，無償譲渡したところで空き家対策にはならない。そこで，無償譲渡に限らず，空家等の受け皿団体や制度の創設が望まれる。

　受け皿の参考になるのが，米国ミシガン州ジェネシー郡におけるランドバンクである。ミシガン州ジェネシー郡におけるランドバンクは，「空き地，放棄地，差押不動産を利用物件に転換することに特化した行政機関」と定義されており，「オーナーが住んでいない」，「2年以上税金を滞納している」，「手入れされていない」3つの要件を充たした物件を手続を経て取得し，自ら物件をコントロールすることで，解体するか再利用するかなどを見極めて，解体となった敷地は緑地やコミュニティースペースに転換する等の活用を行い，再開発等を行う。このような制度ができたのは，同州において，大手自動車メーカーの雇用が減少し，人口が大幅に減少したことで空き家が増加し，固定資産税の滞納，家を放棄する人も多くみられたが，差押物件を競売した場合，利活用の意思のない投機事業者が物件を取得し，地域の改善や計画への参加が望めず，地域の将来に影響が出ると考慮したからとのことである。日本においても，今後人口が減少し，空家等がさらに増加していくことを想定すれば，このランドバンクを参考とした制度を創設することが望まれる。

　現行法でも実行することができる空家等の受け皿制度は，市町村等の自治体が自ら空家等を引き受けることである。現在，神戸市の「老朽危険家屋対策に係る技術的援助等実施要綱」にもとづく「土地建物寄附受け制度」や長崎市の「長崎市老朽危険空き家対策事業実施要綱」にもとづく「寄附等の申出」等，空家等の寄附を受け入れる制度を創設している自治体もあるが，「維持管理に係る地域団体や地域住民等の同意が得られること」等の要件を充たす必要があるなど，要件が厳しい自治体もあり，寄附を受け入れた実績はまだまだ少ない。財産管理人選任事案に限らず，各自治体が空家等の寄附を柔軟に受け入れて集約し，そのうえで，地域のまちづくりを真剣に考えている団体に信託等により管理委託させる制度ができれば，地域の特色を生かした空家等の利活用を適切かつ円滑に行うことができるのではないだろうか。

Report

相続財産管理人制度を用いた対応
―――川崎市中原区木月の事例

阿部克義（川崎市市民・こども局市民生活部企画課長）

1　当該空き家把握のきっかけ

　本事案は，被相続人の死亡後，空き家となっていた建物への不法侵入等が懸念され，地域の安全・安心が脅かされかねないことから，近隣住民が地元市議会議員を通して，2007年6月に市に対応を依頼してきたことが契機となったものである。

2　当該空き家の状況・問題点

　当該物件は，東急東横線元住吉駅から徒歩10分程度の交通至便な場所に立地しているものの，袋地にあることから人目につかなかった。また，建物の裏側の台所の窓や扉が外れていることから誰もが出入りでき，地域の安全・安心が確保できない状態にあった。

3　直面した問題

　川崎市では，いわゆる空き家問題など私有財産等に関する解決困難な地域課題については，地域の環境や衛生，安全，防犯，あるいは民事上の問題など内容が多岐にわたることから，地域と密接な関係にある区役所が中心となり，課題解決に向けて関係局と情報を共有し，課題の整理を行ってきた。
　当該空き家については，区役所地域振興課が被相続人の叔母や近隣住民に対し調査を行ったが，被相続人の死後4年が経過しており，婚姻関係や相続人の有無などは判然とせず，一方で，現実に地域の安全・安心が脅かされている中で，自治体として早急な対応に迫られた。
　なお，不法侵入や放火が懸念されることから，消防局に見回りの強化を依頼した。

4　どのような手法を採ったか

(1)　事前相談

　相続人が不明であったため，民法951条以下の相続人の不存在に係る手続について，自治体が申立人となる場合に考えられる利害関係，相続人に関する調査の範囲，相続財産管理人の選任，手続に係る費用，国庫への帰属などについ

いて横浜家庭裁判所川崎支部に相談をした。
　川崎支部では，利害関係人として申立てをするには，滞納固定資産税の回収など法的な根拠が必要であること，被相続人の子，孫のほか，親の戸籍から兄弟姉妹を調べ，甥，姪までの戸籍を調査し，相続権者がいた場合は，被相続人の最終住所地を所管する家庭裁判所で相続放棄の手続の有無を調査すること，相続財産管理人は原則的に家庭裁判所で弁護士を選任すること，手続に係る概算費用，物納はなく不動産，貴金属，証券などすべて換価し国庫に帰属させることなどについて確認できた。

(2) 相続関係の調査

　相続関係図を作成するために除籍および改製原戸籍の謄本を収集していく中で，被相続人の両親の婚姻関係が複雑であったことや，死亡した被相続人が戸籍上都内で生存している状態になっていることが判明するなど，調査が混迷を極めたことから多大な日時と労力を費やしたものの，最終的に法定相続人が存在しないことを確認できた。

(3) 庁内での検討

　区役所内に関係部署による検討会議を設置し，以下の検討を行った。

　ア　市で購入

　　　袋地であることから公共用地としての活用や用地買収に係る代替地としての活用は難しい。

　イ　相続財産管理人の選任による手続

　　　固定資産税の滞納を理由に申立人となることはできるが（当時は，区長が課税権者），予納金等の必要経費をどこが負担するのか，予納金等の返却が年度を越えた場合の歳入科目をどうするかなどの庁内調整が必要である。

　ウ　現状維持

　　　家屋の現況は，近い将来の倒壊の可能性は低いものの，屋根瓦がはがれ，落下の危険性もあることなど地域住民への一定の安全対策は必要となる。

以上の3案について検討を行い，イによることとした。

(4) 家庭裁判所への申立て以後の経過

　○2010年2月

　・固定資産税の滞納を理由として区長名で相続財産管理人選任を申立て。

　・家庭裁判所へ現物で印紙（800円），通信用郵便切手（900円）を予納。

- ・家庭裁判所へ振込みにより，相続財産管理人報酬（30万円），申立人負担官報掲載料（3,760円）を予納。
○ 2010年4月
- ・家庭裁判所による相続財産管理人の選任の公告。
- ・相続財産管理人による相続財産の調査，財産目録の調査等の開始。
○ 2010年6月
- ・相続財産管理人による相続債権者受遺者への請求申立ての催告。
- ・通信用に予納した未使用切手520円分の返却。
○ 2010年9月
- ・相続財産管理人により滞納固定資産税等（304,700円）の振込み → 申立事由の解消。
- ・裁判所の許可を得て，相続財産管理人が現況有姿で指名競争入札的に入札を執行し，落札者が決定。
○ 2010年10月
- ・家庭裁判所による相続権主張の催告（催告期間満了日　2015年4月）。
○ 2010年11月
- ・相続財産管理人と落札者との間で不動産の売却手続完了。
○ 2010年12月
- ・落札者による建物の取壊しが完了 → 地域の安全・安心を確保。
- ・家庭裁判所から予納金30万円の振込みによる返却。
○ 2011年7月頃
- ・相続財産管理人が残余財産を国庫に引き継ぎ，相続人の不存在に係る手続を終了。

CHAPTER 5

空き家対策の実際 ②
各種取組みの実例

I 空き家率の将来展望

1 試算例

　空き家対策を講じる前提としては，まずは実態を把握することが必要になるが，併せて空き家が今後どのように推移していくのかの方向性を知っておくことも有用である。空き家率が今後上昇していく可能性が高いことは，FIGURE 1. 4（高齢化率と「その他」の空き家率）（→ 4頁）からも簡単に類推できる。今後の人口動態の変化から，高齢化率は高まっていくことはわかっている。それにつれ，どの地域でも空き家率は上昇していく可能性が高い。

　以下では，需要，供給面の要因を加味した簡便な試算例を示しておく（→ FIGURE 5. 1）。まず，今後の住宅需要，つまり世帯数については，国立社会保障・人口問題研究所の推計にもとづくものとした。推計によれば，日本全国の

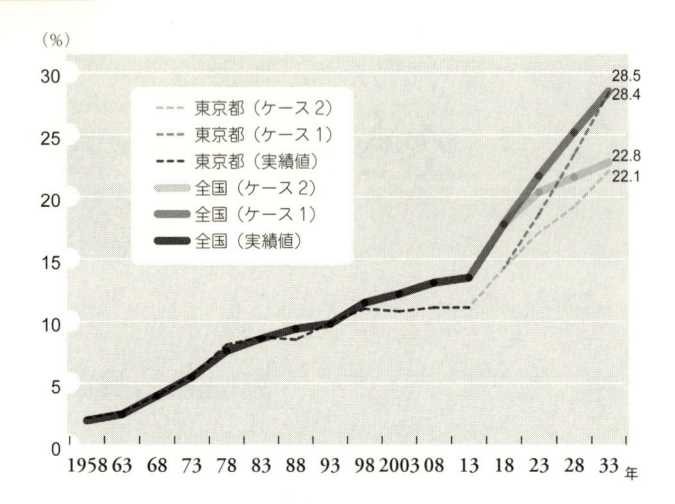

FIGURE 5.1　　　　　　　　　　　　　　　空き家率の将来展望（全国，東京都）

（グラフ：縦軸（%）0〜30，横軸 年 1958〜33）
凡例：
- 東京都（ケース 2）
- 東京都（ケース 1）
- 東京都（実績値）
- 全国（ケース 2）
- 全国（ケース 1）
- 全国（実績値）

2033年の値：28.5，28.4，22.8，22.1

（出所）　総務省「平成25年住宅・土地統計調査」（2014年），国立社会保障・人口問題研究所「日本の世帯数の将来推計（全国推計）」（2013年1月），「日本の世帯数の将来推計（都道府県別推計）」（2014年4月）により作成。

（注）1. 各ケースの想定は以下のとおり。

　　　［ケース1］新設住宅着工戸数：直近の平均的水準で推移。滅失率：過去10年間（2003〜08年，2008〜13年）の平均で推移。

　　　［ケース2］新設住宅着工戸数：直近の平均的水準から5年ごとに段階的に減少し，最後の5年間（2029〜33年）の水準はその半分の水準になると想定。滅失率：過去10年間の平均から段階的に上昇し最終的に2倍になると想定。

　　2. 新設住宅着工戸数の直近の平均的水準は，2010〜12年の平均とした。この3年間の平均としたのは，過去5年間のうちリーマンショック後の着工落ち込み（2009年）と消費税率引上げ前の着工増加（2013年）の特殊要因を除外するため

　　3. 滅失率＝（5年間の新設住宅着工戸数の合計－5年間の総住宅数の増加数）／5年間の新設住宅着工戸数の合計。

　　4. 世帯数の予測は，国立社会保障・人口問題研究所にもとづく。

世帯数のピークは2019年，東京都の世帯数のピークは2025年で，以降は減少していく。日本全体の人口は既に減少しているが，単身世帯の増加など世帯の小型化によって，世帯数はまだ減少に転じていなかった。これが，今後は減少に向かう。次に供給側の想定であるが，新設住宅着工戸数が今後も直近の平均的な水準で推移していき，住宅取壊しのペース（滅失率）もまた直近の平均的

な水準で推移していくという場合をケース1とした。つまり，ケース1は現状維持である。次に，新設住宅着工戸数を段階的に減らしていって最終的に半減させ，滅失率については徐々に上昇させていって最終的に2倍になるという場合をケース2とした。

ケース1の場合，全国の空き家率は2013年の13.5％から2033年には28.5％に達する。一方，東京都の空き家率は，1998年頃までは全国とほぼ同じ水準で推移していたが，その後地方で先行して人口・世帯の減少が始まったため，全国の空き家率が東京都の空き家率を上回るようになっていた。しかし，今後は，東京都でも世帯数が減少に向かっていくため，次第に全国の空き家率に追いつき，2013年の11.1％から2033年には全国とほぼ同じ28.4％になるという結果が得られた。一方，ケース2では，空き家率の上昇ペースは抑制されるが，それでも2033年には全国で22.8％，東京都で22.1％になるとの結果となった。

新築を半減させて（足りない分は中古の活用を進める），取り壊しのペースを2倍に上げていったとしても，空き家率を低下させることは難しい。今後，空き家問題がより一層深刻化していくのは確実な情勢である。また，現状では空き家問題が深刻なのは地方であるが，これらの試算結果によれば，今後，東京などの大都市でも世帯が減少に転ずることにより，問題が深刻化することを示している。

ここで示した試算方法はシンプルではあるが，需要面，供給面の想定を変えることでケースごとの試算が容易にできる。今後の大きな方向性を知るとともに，新築抑制（中古の利活用）や除却促進の効果もおおまかには把握できる。

類似の試算例としては，新潟県（『第3回新潟県住生活マスタープラン改定検討委員会（2012年7月2日）資料』），東京市町村自治調査会（『自治体の空き家対策に関する調査研究報告書』2014年3月）がある。新潟県の空き家率の試算では，供給面の想定，すなわち今後の新築着工の想定については，各年の35歳以上の人口（住宅購入層）が基準年である2010年の35歳以上の何倍であるかを求め，2010年の新築着工にかけあわせて求めるという想定を置いている。東京都の多摩・島しょ地域市町村のシンクタンクである東京市町村自治調査会は，需要面，供給面でいくつかの想定を置き，東京都，区部，多摩地域市部のケースごとの空き家率の試算値を示している。

2　日本の住宅市場の特異性

　日本の場合，空き家率は戦後一貫して上昇し，上記の試算から先行きも上昇していく可能性が高いことがわかった。この背景には，戦後の住宅市場が使い捨て型の構造になったことがある。高度成長期の人口増加に伴う住宅不足に対応するため，新築が大量供給されたが，その間に物件の質が落ち，住宅寿命が短くなった。また，市街地が外延部にまで広げられ，立地条件の良くない住宅も多く供給された。

　つまり戦後は，市街地を無秩序に広げ，そこに再利用が難しい住宅が大量に建てられたが，一転して人口減少時代に入ると，条件の悪い住宅から引継ぎ手がなく，放置されるようになった。都心部でも東京の木造住宅密集地域などでは，建てられた時点では適法でも，建築基準法43条1項の接道要件を充たさないなど現在の法令には不適合状態で再建築できない場合，空き家がそのまま放置される。同じく木造住宅密集地域を数多く抱える京都市では，接道要件を緩和可能とする建築基準法42条3項や6項，43条1項ただし書許可等の特例制度を活用し，再建築困難地における建物更新の円滑化を進めているが（「京都市細街路にのみ接する建築物の制限等に関する条例」参照），全国的には，このような取組みは限定的なものに留まっている。

　こうした日本の空き家率は，海外からみると特異である。たとえば，イギリスの空き家率は3〜4％，ドイツの空き家率は1％前後と，極めて低い水準で推移しており，空き家率は経済状態によって上下に変動しているにすぎない（●FIGURE 5.2）。ヨーロッパでは，市街地とそれ以外の線引きが明確で，どこでも住宅を建てられるというわけではない。建てられる区域の中で，長持ちする住宅を建てて長く使い継いでおり，購入するのは普通，中古住宅である。アメリカも同じ考え方であるが，空き家率が8〜10％と比較的高い水準で推移しているのは，国土の広さが関係していると考えられる。

　ヨーロッパやアメリカの住宅市場では，新築と中古を合わせた全住宅取引のうち，中古の割合が70〜90％程度を占めるのに対し，日本ではその比率は14.7％（2013年）という極めて低い状態になっている。日本では，空き家が増加する現在でも年間80万戸ほどの住宅が新築されており，2013年度は消費税率引上げ前の駆込み需要で，99万戸もの住宅が新築された。日本の住宅市場は，

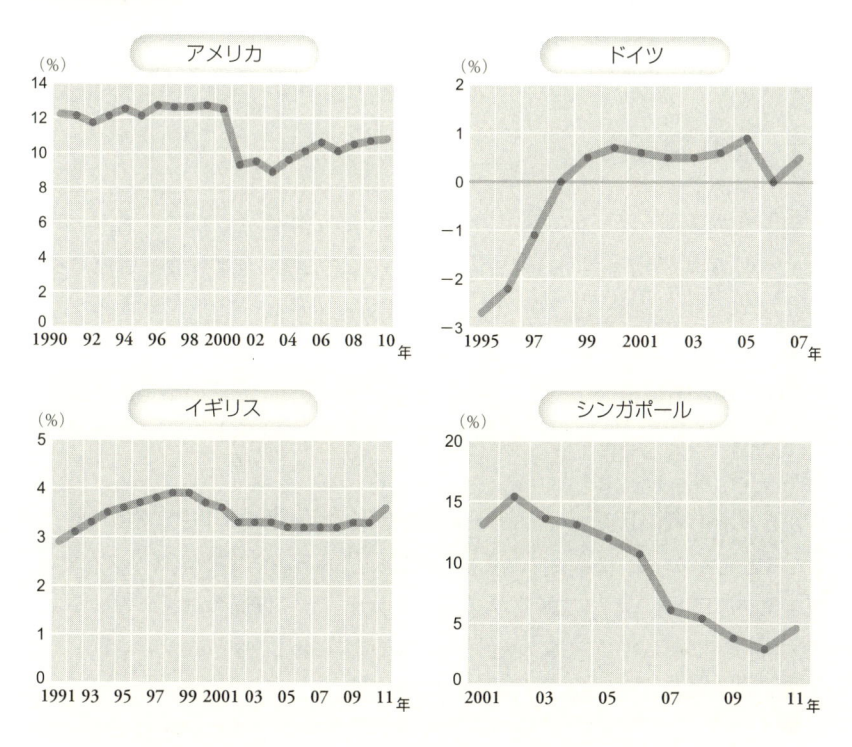

FIGURE **5.2** 　　　　　　　　　　　　　　　　　　　　海外の空き家率

（出所）不動産流通近代化センター「不動産コンサルティングに関わる海外調査」2013年
（注）空き家率は，総世帯数と総住宅数との差を総住宅数で除したもの。

　820万戸の空き家が存在する一方，新築住宅が造られ続けるという状況に陥っている。
　したがって，空き家問題の解決を図るためには，根本的にはこうした構造にメスを入れなければならないことは，認識しておく必要がある。この点は，Ⅵで述べる。

II 空き家所有者への啓発

1 工作物責任

　空き家が管理不全となる理由については，自治体に行ったアンケート調査（2012年）では，「所有者が遠方居住等により定期的な管理ができず管理不全」，「居住者の死亡や相続人不存在による管理不全」が多かったが，「そもそも所有者に適正管理意識や近隣への迷惑意識がない」という理由が16％もあった（●FIGURE 1.5〔6頁〕）。近年，空き家条例の制定が相次ぎ，空家法の制定にまで至ったのは，所有者に適正管理を促すとともに，適正管理を行わない場合のプレッシャーを高めるねらいがあった。

　空き家所有者の自覚を促すという意味では，所有者の工作物責任（民法717条）を啓発することも必要である。公益財団法人日本住宅総合センターでは，空き家が原因となって損害を与えた場合に負うべき賠償額の試算を行っている（「空き家発生による外部不経済の実態と損害額の試算に係る調査」2013年5月）。たとえば，外壁材等が落下し通行人の男の子が死亡した場合の賠償額は，5,630万円と試算している（●FIGURE 5.3）。このほか，倒壊して隣接家屋が全壊し夫婦と女の子が死亡した場合（2億860万円），空き家が原因で隣家にシロアリ・ネズミの被害が発生した場合（23.8万円）などの賠償額の試算も行っている。新潟市や京都市では，市民への啓発にこうした試算を活用している（新潟市「知っておきたい建築物の管理責任」新潟市ウェブサイト（2014年2月），京都市『空き家の便利帳』（2015年3月））。

　空き家所有者は，空き家を除却しようとする場合，除却費用がかかるうえ，住宅用地特例が適用除外となり税負担が上がることを嫌うことが多い。しかし，除却せず放置していた場合，最悪，このような巨額の賠償責任を負うリスクと比べれば，除却費用，税負担増は微々たるものだという説得の仕方もありうる。

FIGURE **5.3**　　　　　　　　　　　　　　　　　　外部不経済の損害額の試算

倒壊による隣接家屋の全壊・死亡事故（想定）

損害区分		損害額（万円）
物件損害等	住　宅	900
	家　財	280
	倒壊家屋の解体・処分	320
	小　計　①	1,500
人身損害	死亡逸失利益	11,740
	慰謝料	7,100
	葬儀費用	520
	小　計　②	19,360
合　計　①＋②		20,860

試算の前提とした被害モデル 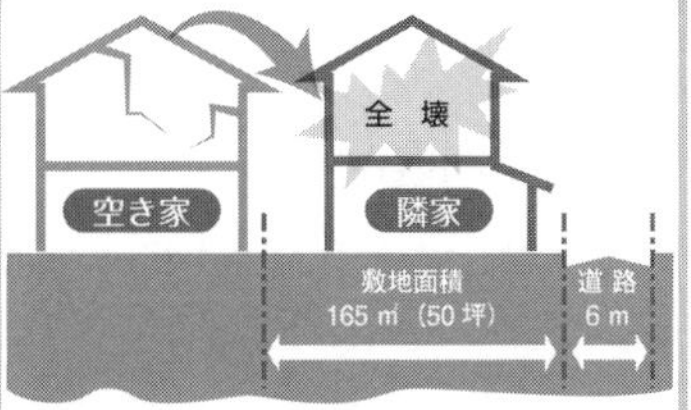
- 所在地　　：東京都（郊外）
- 敷地面積　：165 ㎡（50 坪）
- 延べ床面積：83 ㎡（25 坪）
- 建築時期　：平成 4 年（築後 20 年）
- 居住世帯　：世帯主：40 歳，年収 600 万円
　　　　　　　妻　　：36 歳主婦
　　　　　　　子供　：8 歳の女児（小学 3 年生）

【試算方法】
- 物件損害は，国税庁の指示文書「東日本大震災に係る雑損控除の適用における（損失額の合理的な計算方法について）」（平成 23 年 4 月 27 日）や環境省の「廃棄物処理費の算定基準，倒壊家屋等の解体工事費の算定基準」（平成 23 年 8 月 19 日），「建設施行単価（H24 年 1 月）」（（一財）経済調査会）等に基づき，独自に試算
- 人身損害は，「交通事故損害算定基準—実務運用と解説—（平成 24 年 2 月 23 日改訂）」（（財）日弁連交通事故相談センター）等に基づき，独自に試算

シロアリ・ネズミの駆除被害（想定）

損害区分		損害額（万円）
物件損害等	シロアリ駆除・点検	17.0
	ネズミ駆除	3.5
	雑草刈取り	3.3
	合　計	23.8

試算の前提とした被害モデル 
- シロアリ被害：1 階の 60％（15 坪）が被害駆除後，2 年後にシロアリ生息調査を実施
- ネズミ被害　：空き家内に営巣したクマネズミが隣家に侵入，柱等をかじる等の被害
- 雑草繁茂　　：自治会が空き家敷地内（25 坪）草刈り 2 回分を代替

外壁材等の落下による死亡事故（想定）

損害区分		損害額（万円）
人身損害	死亡逸失利益	3,400
	慰謝料	2,100
	葬儀費用	130
	合　計	5,630

試算の前提とした被害モデル 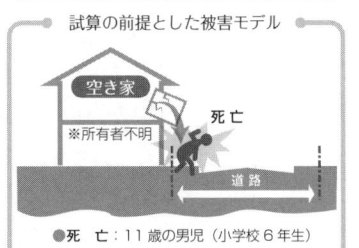
- 死　亡：11 歳の男児（小学校 6 年生）

【試算方法】
- 「交通事故損害算定基準—実務運用と解説—（平成 24 年 2 月 23 日改訂）」（（財）日弁連交通事故相談センター）等に基づき，独自に試算

（出所）　日本住宅総合センター「空き家発生による外部不経済の実態と損害額の試算に係る調査」（2013 年 5 月）。

2　先送りリスク

　空家法の制定などで所有者へのプレッシャーを高めることは，不適正な管理状態になることに対する未然の対応を促す効果を持つと考えられる。空き家所有者にとって考えられるのは，①特定空家にならないように維持管理を行う，②賃貸化などで物件を活用する，③維持管理コストと将来的な税負担増を考えて早期に売却，処分する，④税負担は上がるが住宅を除却し更地化する，などの対応である。

　これらのうち，賃貸化，売却などの物件流動化は，放置期間が長引くと空き家の状態がそれだけ悪くなり，活用できる物件も活用できなくなるため，自治体としては早期の対応を促すことが重要になる。現実には，賃貸，売却などの物件流動化の志向がどのような時に高まっているのだろうか。

　戸建ての空き家所有者（総務省「住宅・土地統計調査」における空き家のうち「その他」の分類に該当するもの〔物置，長期不在等〕）に対するアンケート調査（国土交通省『平成26年空き家実態調査』）によれば，今後5年間の活用意向については，「空き家にしておく」が31.9％と最も多く，次いで「取り壊す」が18.4％，「所有者やその親族以外が利用する」が8.8％であった。いずれ誰かが使うのであればきちんと管理をしている可能性が高いが，多くは現状維持である。使わず，取り壊すつもりもないのであれば流動化を考えるべきであるが，「賃貸する」が3.8％，「売却する」が7.8％と，流動化志向は合わせて1割程度にすぎなかった。現状では，流動化志向が低いことを示している。

　では，どのような場合に流動化志向が高まるのだろうか。福井県越前町では，独自の空き家実態調査の中で，建物の劣化度合い（老朽度判定）と流動化志向の関係について調べている（越前町「空き家の所有者等に関する意向（アンケート）調査」2014年）。売却志向についてみると，老朽度判定がA（そのまま使用可）で14％，B（若干修繕要）で22％，C（かなり修繕要）で28％と老朽度判定が悪くなるほど売却志向が高まっている（◆FIGURE 5. 4）。そして，D（腐朽して危険）の場合は18％と売却志向がやや低下している。一方，富山県射水市の調査（射水市「空き家実態調査」2013年）は，建物の劣化度合いと流動化志向の関係を直接調べたものではないが，空き家になった時期が古く，管理の状態も悪い空き家が多い地区ほど売却志向が高くなっている傾向が読み取れる。

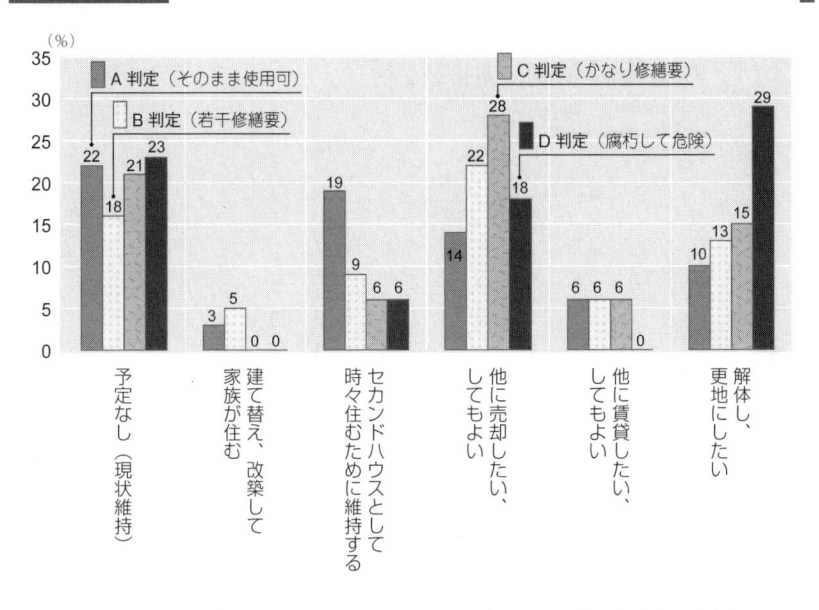

FIGURE 5.4　　老朽度判定別の空き家の活用意向：越前町

活用意向	A判定（そのまま使用可）	B判定（若干修繕要）	C判定（かなり修繕要）	D判定（腐朽して危険）
予定なし（現状維持）	22	18	21	23
建て替え、改築して家族が住む	3	5	0	0
セカンドハウスとして時々住むために維持する	19	9	6	6
他に売却したい、してもよい	14	22	28	18
他に賃貸したい、してもよい	6	6	6	0
解体し、更地にしたい	10	13	15	29

（出所）　越前町「空き家の所有者等に関する意向（アンケート）調査」（2014年）。

　こうした関係がみられる理由として考えられるのは，次のような事情である。親から家を引き継いで自分は住まず，時々は見に行っていたとしても，時間が経過するにつれ，自分も年を取りこのままでは空き家の管理・処分を自分の子ども，つまり孫の世代に委ねることになってしまいかねない。さすがにそれはできないということで，その時点ではじめて売却志向が高まるのである。しかしその時は，空き家になって長期間が経過し，劣化の度合いが高まっており，建物の価値は失われていることになる。早い段階で決断できていれば，建物の価値が失われず，より高い値段で売れる可能性があったにもかかわらず，その機会を逸してしまっている。越前町の調査で，Dのレベルで売却志向が弱まっているのは，建物としてはもはや価値がなくなったことの反映と考えられる。

　したがって，流動化するのならば，空き家になって早い段階で決断した方が有利との啓発が必要になる。空き家になっても放置しがちなのは，物件に愛着があることのほか，家財道具や仏壇などの処分のハードルが高いという理由が大きい。これについては，空き家バンクへの登録などとリンクさせる形で，処

分費用を補助している事例もある（→192頁）。

3 空き家化の予防，相談体制

(1) 空き家所有者の悩み

前述の空き家所有者の対応①～④について，具体策としてはどのようなものがあるだろうか。①の維持管理については，自分でできない場合は，空き家管理代行業者に頼む方法がある。②の賃貸化については，不動産事業者に相談するほか，自治体が設置している空き家バンクに登録する，シニア層の持ち家の賃貸化を図っている一般社団法人移住・住みかえ支援機構（JTI, 2006年に国土交通省の支援を受け設立）に相談する，自治体が地域の交流スペースなどとして無償提供を受け付けている場合には相談するなどの方法がある。③の売却，処分については，不動産事業者に相談する，空き家バンクに登録する，自治体が寄付を受け付けている場合には相談するなどの方法がある。④の除却については，自治体が条件付きで除却費を補助している場合もある。

なお，空き家所有者にどのような選択肢があるかについては，全国賃貸住宅経営者協会連合会が，国土交通省の協力の下で作成したマニュアル（「空き家所有者向け 空き家の有効活用ハンドブック」）も参考になる。

①～④に関連した施策の具体例については，以下で順次言及する。空き家所有者が空き家の管理・活用で実際に困っている事項としては，どのようなものがあるだろうか。

富山県射水市の調査（→FIGURE 5.5），福井県越前町の調査（→FIGURE 5.6）では，「どうしていいかわからない」が2割前後を占めている。「売却または賃貸の相手先がみつからない」という回答も一定割合ある。「解体費の支出が困難」は，いずれの調査でも25％前後と高い比率となっている。一方，解体して固定資産税が上がることについて心配している人は10～15％程度で，解体費そのものを心配している人よりは少ない。

越前町の調査では，同じ質問項目で，流動化する場合の難しさに関連する選択肢も用意されており，「家財道具や仏壇を置いたままである」28.2％，「愛着があり，他人に賃貸，売却できない」8.5％，「リフォームにお金がかかりすぎる」7.8％の順となっていた（→FIGURE 5.6）。さらに越前町では，町への要望

FIGURE 5.5　空き家の管理活用で困っていること：射水市

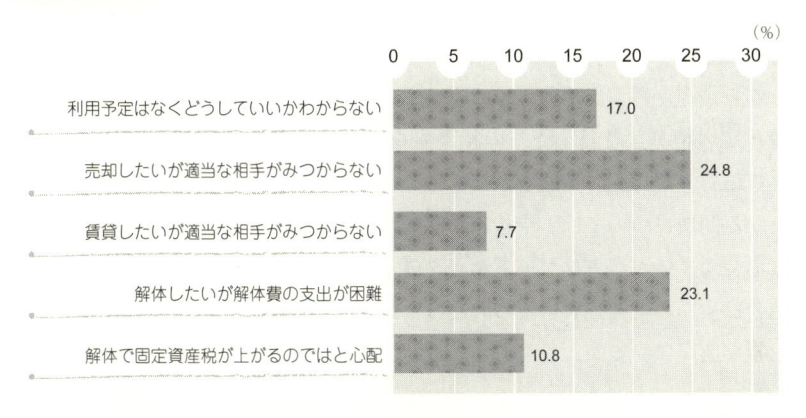

項目	%
利用予定はなくどうしていいかわからない	17.0
売却したいが適当な相手がみつからない	24.8
賃貸したいが適当な相手がみつからない	7.7
解体したいが解体費の支出が困難	23.1
解体で固定資産税が上がるのではと心配	10.8

（出所）　射水市「空き家実態調査」（2013年）。

FIGURE 5.6　空き家の管理活用で困っていること：越前町

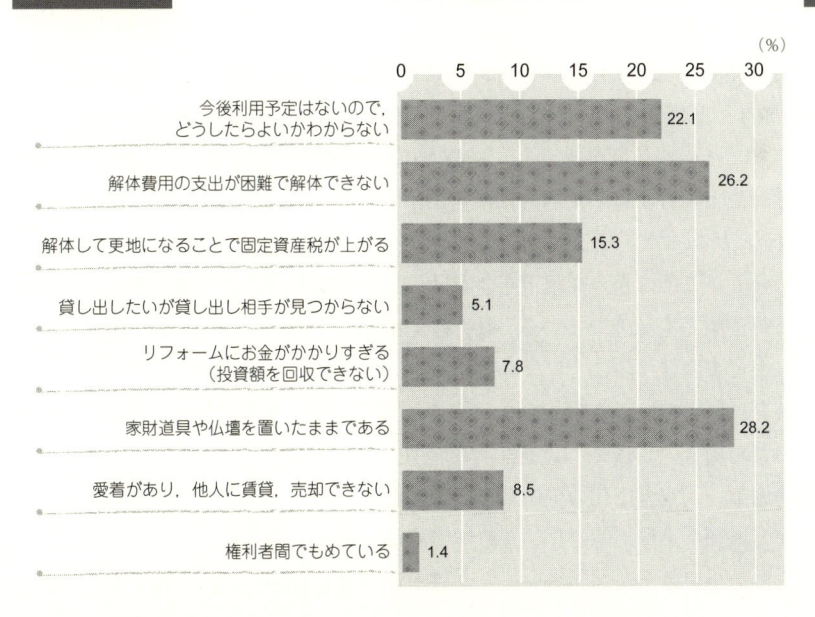

項目	%
今後利用予定はないので，どうしたらよいかわからない	22.1
解体費用の支出が困難で解体できない	26.2
解体して更地になることで固定資産税が上がる	15.3
貸し出したいが貸し出し相手が見つからない	5.1
リフォームにお金がかかりすぎる（投資額を回収できない）	7.8
家財道具や仏壇を置いたままである	28.2
愛着があり，他人に賃貸，売却できない	8.5
権利者間でもめている	1.4

（出所）　越前町「空き家の所有者等に対する意向（アンケート）調査」（2014年）。
（注）　複数回答。

II　空き家所有者への啓発

事項についても聞いている。要望の多い順から，「解体に対する補助」，「修繕や改修する場合の補助」，「活用方法についてのアドバイス」，「売却・賃貸する場合の相手先の情報」となっていた。

　これら調査から，自治体に求められているのは，管理・活用に関する啓発や相談体制の構築，賃貸・売却の相手先をマッチングさせる空き家バンク，補修・修繕費，解体費の補助などであることがわかる。更地にすると固定資産税が上がる問題については，空き家が除却されにくい最も大きな問題ととらえられる場合が多いが，アンケート調査を見るかぎり，解体費用を心配している人の割合は少ない。固定資産税の問題は，地価の高い大都市や一部の地方都市では大きな問題になるが，そうでない地域では一番の問題ではない。

(2)　相談体制の構築，空き家化予防の啓発

　相談体制については，全国の自治体に対する調査（2014年）では，「既に設置済み」が22.4%，「準備中・今後設置予定」が11.8%となっている（●FIGURE **5.7**）。相談内容は（複数回答），賃貸（67.3%），売却（53.5%），除却（42.0%），一時管理（13.1%）となっている。

　相談体制の一例としては，高岡市の「住まいの総合相談所」がある（●FIGURE **5.8**）。1995年に中古住宅の増改築や修繕に関する相談所を設置したのが始まりで，その後体制を拡充し，2012年に宅建業者，建築士，司法書士，土地家屋調査士の各団体の専門的知識を活用する現在の体制（高岡市空き家活用推進協議会）となった。月2回の定例相談会のほか，臨時，出張相談会なども実施している。このほか，高岡市空き家活用推進協議会は，空き家管理代行サービスを行う業者も紹介している（統一料金を設定）。さらに，空き家談義，フォーラムなどを開催することにより，市民への啓発活動を行っている。

　啓発については，京都市では，『空き家の便利帳』を作成し，①空き家を放っておいた場合のリスク，②空き家管理の基本，③空き家の活用方法と京都市の関連施策，④空き家化の予防策についてまとめている。このうち予防策は，空き家の増加を未然に防ぐという意味で重要である。空き家は，相続をきっかけとして発生するケースが多い。家を誰が引き継ぐかが相続人の間で話がつかず，多人数の共有名義になるケースがある。その場合，名義人の同意を得ることが難しくなり，結果として，空き家が長期間放置されるリスクが高まる。京都市

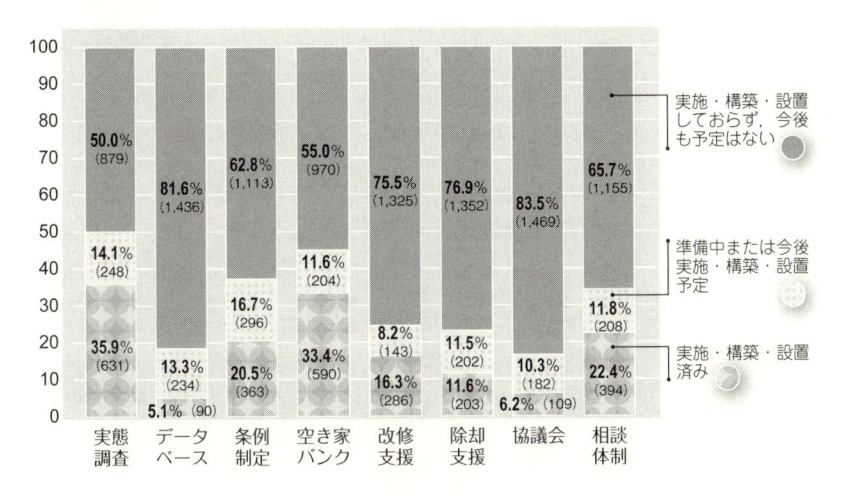

FIGURE 5.7　空き家対策の取組み状況

	実態調査	データベース	条例制定	空き家バンク	改修支援	除却支援	協議会	相談体制
実施・構築・設置しておらず，今後も予定はない	50.0% (879)	81.6% (1,436)	62.8% (1,113)	55.0% (970)	75.5% (1,325)	76.9% (1,352)	83.5% (1,469)	65.7% (1,155)
準備中または今後実施・構築・設置予定	14.1% (248)	5.1% (90)	16.7% (296)	11.6% (204)	8.2% (143)	11.5% (202)	10.3% (182)	11.8% (208)
実施・構築・設置済み	35.9% (631)	13.3% (234)	20.5% (363)	33.4% (590)	16.3% (286)	11.6% (203)	6.2% (109)	22.4% (394)

（出所）　国土交通省・総務省「地方公共団体における空家等対策に関する取組状況調査」（2014 年）。

『空き家の便利帳』では，予防策として，①現在の登記を確認し，登記されていない場合，将来のトラブルを防ぐために登記をすませておくこと，②遺言書を書いておくこと，③弁護士，司法書士など専門家に相談することを呼びかけている。

　京都市の相談体制としては，研修を受けた地域に身近な「まちの不動産屋さん」を「京都市地域の空き家相談員」として登録してリストを作り，空き家所有者が随時相談できる仕組みなどがある。啓発の仕組みとしては，空き家化の予防を呼びかけるため，地域の集まりに司法書士，市職員を派遣する「おしかけ講座」の仕組みなどがある。

　啓発に関しては，チラシやホームページで行うほか，固定資産税の課税通知書に適正管理の必要性を啓発する文書を同封している例がある。たとえば，山形県酒田市である。固定資産税の課税通知書には，島根県江津市のように空き家バンクへの登録を呼びかける文書を同封する例もあり，江津市では年に1回それを行う機会に，空き家バンクへの登録が増える効果があるという。

FIGURE 5.8　　　　　　　　　　　　　　　　　　　高岡市の相談体制図

団体名　高岡市空き家活用推進協議会
事業内容　●住まいの総合相談所の実施及び周知広報
　　　　　●ホームページの作成, 管理による空き家情報の提供
　　　　　●意見交換会や研修の実施による相談体制の充実
　　　　　●セミナー開催による空き家問題への啓発活動
　　　　　●空き家の維持管理サービスの提供
　　　　　●空き家活用会議や町内会懇談会を通じた行政への政策提案

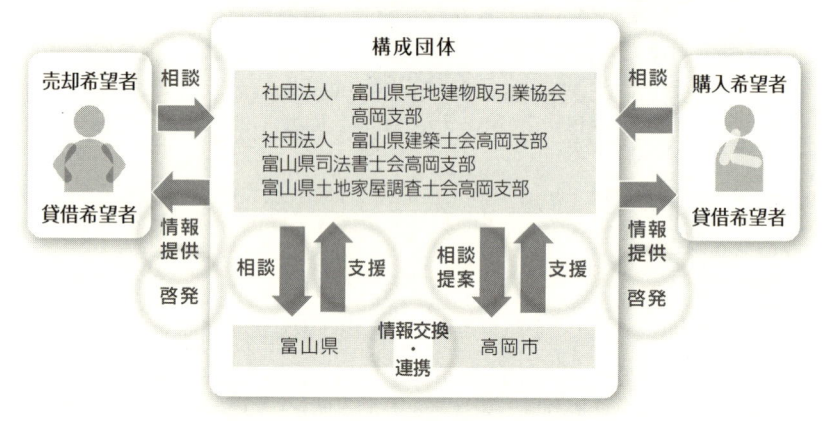

構成団体
社団法人　富山県宅地建物取引業協会高岡支部
社団法人　富山県建築士会高岡支部
富山県司法書士会高岡支部
富山県土地家屋調査士会高岡支部

売却希望者 —相談→　　　←相談— 購入希望者
貸借希望者 ←情報提供—　　—情報提供→ 貸借希望者
　　　　　　啓発　　　　　　啓発

相談↓↑支援　　相談提案↓↑支援
富山県　情報交換・連携　高岡市

（出所）　高岡市建設部建築住宅課「高岡市空き家活用推進協議会　産学官連携による地域活性化のための空き家対策の推進」（2014 年 8 月）。

III　実態調査，庁内体制

1　実態調査，データベース

　空き家対策を講ずる前提としては，空き家の実態を正確に把握し，さらにはそれをデータベース化しておくことが望ましい。全国の自治体に対する調査 (2014 年) では，実態調査を「既に実施済み」が 35.9％，「準備中・今後実施予定」

が14.1％となっている（↔FIGURE **5.7**）。その際，危険度を判定しているという自治体は46.4％であった。問題が深刻化している自治体では，既に調査を終え危険な空き家を把握していることを示している。一方，データベースについては，「既に構築済み」が5.1％，「準備中・今後構築予定」が13.3％と，実態調査に比べると遅れている（↔FIGURE **5.7**）。

　実態調査，データベース化の事例としては，富山県射水市がある。実態調査は業者に委託して行うほか，自治会と協力して行う場合が少なくない。射水市では，まず，2011年度に空き家数と場所の把握を目的に，27自治会の協力を得て調査を行った。自治会の定例会開催時に調査依頼を行い，全世帯に調査表を配布した。得られた空き家の情報と位置データは，GISデータとして整理した。次いで2012年度には，登記簿謄本や自治会への聞取り調査から所有者を特定し，アンケート調査を実施した。併せて自治会による感覚的な評価となるが，現地調査により空き家の状態を調べた。

　山形県は，市町村が空き家対策を講ずる場合の指針となる「空き家対策に係る対応方針」（2012年10月）を作成しており，空き家管理台帳の作成について次の三段階の手順を示している。①所在地調査（住宅地図，水道閉栓情報，住民基本台帳などの既存資料を活用），②現地での目視調査，③老朽度・危険度判定とデータベース化（近隣への聞取り，登記情報，戸籍などにより所有者の特定）。台帳には，空き家マップ（GISの積極的活用）と危険度判定の記録を盛り込むものとしている。さらに，空き家は常時使用されている場合に比べて傷みの進行が激しいため，毎年（可能であれば半年ごと）の状況把握が必要としている。

　危険度判定に関しては，山形県は独自の老朽度・危険度判定表を作成している。大阪府も「放置された空き家等老朽危険家屋に係るガイドライン」で判定表を示している。このほか，既に実態調査で危険度まで判定している自治体は，独自に基準を設けている場合が多い。空家法施行以降で，国のガイドラインを踏まえ，特定空家の独自の認定基準を作成した例としては，札幌市がある（↔FIGURE **5.9**）。

　空家法のもとでは，特定空家等に該当するものは，倒壊等危険なものばかりではなく，衛生上有害，景観阻害のものなども含まれる。ガイドライン（↔237頁）において，特定空家等の判断基準が例示されているが，今後，特定空家等の認定を行いやすくするため，地域の実情に合わせたより具体的基準を定

FIGURE 5.9 札幌市特定空家等の認定基準

分類	項目	認定の視点		所管
1. 建築物等	1-1 倒壊・建築部材等の飛散等	建築物総体として、保安上の危険性が認められる状態（判定表により判定）		(建) 建築指導部
	1-2 衛生設備の破損等	配管設備の破損部や吹付け石綿等の飛散により、付近住民や通行者に衛生上の被害が及ぶ危険性がある状態		(建) 建築指導部
	1-3 塀・擁壁及び立木の腐朽・破損等	塀、擁壁等及び立木に明らかな腐朽・破損等が生じており、当該空家等の周囲において人の生命、身体又は財産に被害を及ぼす危険性がある状態		(建) 建築指導部
	1-4 防火（放火）・防犯	玄関等の無施錠又は貫通穴が存在するなど、外部から不特定の者が容易に侵入できる状態		(消) 予防部 (市) 地域振興部
2. 生活環境	2-1 ごみの散乱・不法投棄等	ごみや物品等が大量に散乱又は堆積しており、悪臭などの発生により周辺の生活環境が著しく損なわれている状態		(環) 環境事業部
	2-2 燃焼物の放置・散乱（火災発生の危険性）	周囲の燃焼の危険性のある物件が散乱・放置されているなど、火災発生の危険性がある状態		(消) 予防部
	2-3 雑草・立木等の繁茂	雑草・立木等の繁茂により、生活衛生上の問題が生じており、清潔が保たれていない状態		(消) 予防部
	2-4 衛生動物の発生	ハチ類の営巣、ドクガ等の衛生動物の大量発生等により、敷地外に悪影響を及ぼしている状態		(保) 保健所
	2-5 落雪	落雪により、当該空家等の周囲においての人の生命、身体又は財産に被害を及ぼす危険性がある状態（ただし、道路上への影響があるものについては、2-6による。）		(建) 建築指導部
	2-6 道路通行・走行の支障	空家等から発生する事象（ごみや物品等の散乱・堆積、雑草・立木等の繁茂、落雪等）により、道路の通行や走行を妨げている状態又はその危険性がある状態		(建) 総務部

※その他、本基準を勘案し、総合的な観点から特に市長が危険性等があると判断した空家等については、「特定空家等」として認定することができることとする。

上記の「1-1 倒壊・建築部材等の飛散等」に関する判定表

	項目	(A) 現状における破損等の程度				(B) 影響範囲係数		(A)×(B) 判定点	総得点
		破損等の程度				敷地外に影響(隣家・道路等)	敷地内のみ影響		
		I	II	III	IV				
倒壊・崩落可能性	A 基礎・土台	60	40	20	0	2.0	1.0	120	660
	B 建築物(柱・梁)	60	40	20	0	2.0	1.0	120	
	C 屋根構造材・下地材	60	40	20	0	2.0	1.0	120	
	D 外壁構造材・下地材	60	40	20	0	2.0	1.0	120	
飛散・剥落可能性	E 基礎・土台	30	20	10	0	2.0	1.0	60	
	F 建築物(柱・梁)	30	20	10	0	2.0	1.0	60	
	G 屋根構造材・下地材	30	20	10	0	2.0	1.0	60	

※Gには、窓枠、煙突、外部階段、看板、機器類などを含む。
上記判定表での得点を計上し、総得点が60点以上を判定表1-1における特定空家等と認定する。

(出所)札幌市「札幌市空家等対策計画(案)」(2015年11月)。

III 実態調査,庁内体制

めるケースも出てくると考えられる。都道府県がより具体的な基準作りに乗り出す場合もあろう。

2 庁内体制，協議会

　自治体が空き家対策を講ずるにあたっては，庁内体制の整備が欠かせない。たとえば米子市では，庁内関係10課による「米子市危険家屋対策推進委員会」を設置し，建築指導行政，景観行政，定住者確保，防犯，地域づくりなど多岐にわたる空き家対策に一体的に取り組む体制を整備した。また，危険家屋対策専門の部署を設置し（2012年4月），相談窓口を一本化した。空家法後の体制整備としては，空き家対策推進室を設置し，関係10部局の課長を空き家対策担当課長として兼務させた北九州市の事例がある。

　一方，空き家対策を進めるため，協議会を設置している例もある。全国の自治体に対する調査（2014年）では，「既に設置済み」が6.2％，「準備中または今後設置予定」が10.3％となっている（空家法以前に設置されたもので空家法にもとづくものではない。➡FIGURE 5. 7）。協議会の果たす役割としては（複数回答），危険老朽空き家等の行政処分の判断（57.3％），危険老朽家屋等の認定（34.1％），空き家等の対策に関する計画の策定（32.8％），補助金等の交付（13.4％）の順になっている。一方，空家法にもとづく協議会の設置状況をみると，2015年10月1日時点で，設置予定があるとする自治体は39％（663）に達し，7％（127）が2015年度中に設置，23％（390）が2016年度中に設置するとしている。

3 国，都道府県の支援

　国は，空き家の除却については，これまで社会資本整備交付金の「空き家再生事業（除却タイプ）」により支援してきた（➡FIGURE 5. 10）。これについては，2015年度から対象地域に空家等対策計画に定められた対象地域が加えられることになった。また，助成対象費用には，空家等対策計画の策定等に必要な空き家住宅等の実態把握に要する費用も加えられた（小規模住宅地区等改良事業制度要綱）。

　空き家の利活用については，「空き家再生事業（活用事業タイプ）」により支

FIGURE 5.10　国土交通省の空き家対策

		制度	活用	除去	ハード	ソフト
地方公共団体向け	社会資本整備総合交付金	①空き家再生等推進事業	●	●	●	
		②街なみ環境整備事業	●	●	●	●
		③既存建造物活用事業（都市再生整備計画事業）	●		●	●
		④暮らし・にぎわい再生事業（空きビル再生支援）	●		●	
		⑤住宅市街地総合整備事業（拠点開発型，街なか居住再生型）	●		●	
		⑥住宅市街地総合整備事業（密集住宅市街地整備型）		●	●	
		⑦優良建築物等整備事業（既存ストック再生型）	●		●	
		⑧借上公営住宅制度				●
		⑨地域優良賃貸住宅制度	●		●	●
		⑩小規模住宅地区改良事業		●	●	
		⑪住宅・建築物安全ストック形成事業（住宅・建築物耐震改修事業）			●	
		⑫効果促進事業・提案事業	●	●	●	●
民間向け	その他の補助金	①集落活性化推進事業	●		●	●
		②民間住宅活用型住宅セーフティネット整備推進事業	●		●	
		③空き家管理等基盤強化推進事業				●
	その他の施策	①高齢者等の住み替え支援事業	●			●
		②空家住宅情報サイト				●

（出所）　国土交通省資料。

援してきたが，これについてもやはり，2015年度から対象地域に空家等対策計画に定められた対象地域が加えられ，助成対象費用には，空家等対策計画の策定等に必要な空き家住宅等の実態把握に要する費用も加えられた（小規模住宅地区等改良事業制度要綱）。

　さらに，2016年度税制改正において，国土交通省は，空き家の除却や改修を促進するため，空き家を相続して3年以内に除却や耐震改修を行い，土地や

建物を売却した場合，譲渡所得から 3,000 万円特別控除する制度の導入が検討されている。このほか国土交通省は 2016 年度に，所有者不明など難しい事案への対応を進めるため，先進的な取組みを行う自治体を支援するモデル事業の実施を検討している。

都道府県によるこれまでの取組みとしては，市町村向けに空き家対策のマニュアルを作成した例として，前述の山形県「空き家対策に係る対応方針」，大阪府「放置された空き家等老朽危険家屋に係るガイドライン」などがある。財政支援の制度としては，山形県は「山形県移住推進空き家利活用支援事業」（県外からの移住者が空き家バンクを通じて空き家を購入，賃貸した場合の改修費補助），「雪対策総合交付金（空き家対策事業）」（実態調査，冬期間の雪下ろし・排雪に要する費用の補助）などの仕組みを設けている。また，大阪府は，耐震不足の木造住宅（空き家を含む）の除却について，除却費の補助を行う市町村に対して費用の一部を補助している。

一方，静岡県は，人口減少に歯止めをかけるため，2019 年度までに県外からの移住者を計 1,000 人とする数値目標を設定した。空き家バンクを設置するなどして空き家対策に取り組む市町の数を，2014 年度の 9 市町から，2019 年度には全 35 市町になるよう市町を支援していくなどの対応を進めていく。

Ⅳ 除却支援策

1 空家法の効果と予想される弊害

前述のように，空家法によって，空き家所有者に対するプレッシャーが強まることは，管理や利活用，処分などへのインセンティブを生み出す。こうした所有者の行動変化をにらみ，不動産事業者などが空き家の管理，流動化を請け負うサービスを相次いで開始しており，空家法の効果はこうした面でも表れている。

ただし，特定空家等の所有者の税負担を高めたとしても，その支払能力がなく，除却費も出せない場合には，そのまま放置される物件も出てくると考えら

れる。この場合，最終的には行政代執行に至るが，費用は請求しても払ってもらえず，費用回収のため敷地の売却を迫られる。しかし，売れたとしても抵当権が付いていた場合，代執行債権は民事債権との関係で後順位になるため，市町村に回ってくる分があるかはわからない。行政代執行を積極的に実施した場合，最終的にこうした措置が採られることがわかっているとしたら，自ら動かず，代執行をされるに任せる所有者が出てくる可能性が考えられる。

　2015年度税制改正に先んじて固定資産税の問題に手をつけた自治体では，危険な状態になった場合，住宅用地特例は適用除外となるものの，2年間の猶予期間を与え，これを除却費の補助代わりとし，自主的な除却を進めようとしたところもある。新潟県見附市，富山県立山町がそれで，福岡県豊前市の場合は，猶予期間をさらに長く10年に設定している（●FIGURE **5.11**）。見附市はこれによって1戸，豊前市は10戸の除却が行われた。ただ，こうした措置にも問題がないわけではない。猶予を受けられる状態よりも少し良い状態の物件については，その時点で除却するよりも，もう少し待って猶予を受けられる状態にまで悪化してから除却に踏み切った方が有利なため，その状態まで放置するという可能性である。このように，猶予期間を設けることについては一長一短ある。

　空家法では，勧告がされた場合に住宅用地特例が適用除外されるが，これについても見附市などのようにすぐに税額を引き上げず，猶予期間（激変緩和措置）を設けるべきとの意見もあった。こうした点に関連して，国土交通省は，「勧告がなされれば当該勧告を受けた所有者等に義務が発生したことになるが，義務の履行に対し補助金等によるインセンティブを与えることに合理的理由は見出せない」との見解を示している（杉田牧子「空き家問題の動向と今後の展望」信託フォーラム3号（2015年）25頁）。したがって，助言・指導の誘導段階において，補助金等のインセンティブを活用しながら，自発的な対応を促すべきだとしている。2016年度の税制改正で導入を目指す。空き家を相続して3年以内に除却や耐震改修を行い，土地や建物を売却した場合，譲渡所得から3,000万円特別控除する仕組みも，そうした考え方にもとづくインセンティブの一環ととらえられる。

　空家法と税制改正の効果によって，自発的対応は従来よりは進むとは考えられる。しかし，それでも対応してくれない場合，すべて行政代執行をするのか，

FIGURE 5.11　空き家所有者へのインセンティブ

施策の種類	自治体名	施策の内容
1 除却費補助	広島県呉市	危険な老朽空き家が対象。補助は除却費用の3割までで，上限30万円
	東京都足立区	危険な老朽空き家が対象。補助は除却費用の9割までで，上限100万円
	東京都荒川区	危険な老朽空き家が対象。補助は除却費用の3分の2までで，上限100万円
	東京都北区	危険な老朽空き家が対象。補助は除却費用の2分の1までで，上限80万円
	東京都福生市	1971年5月末以前に着工された住宅で，空き家となって約1年以上経過したものが対象。所有者が建物を除却し，ファミリー向け住宅に建て替える場合，除却費を補助。補助は除却費用の2分の1までで，上限50万円（戸建ての場合）
2 公費による除却（寄付）	長崎市	危険な老朽空き家が対象（対象区域内）。土地建物を市に寄付し，跡地を地域で管理することを条件に公費で除却
	山形市	危険な老朽空き家が対象（対象区域内）。土地建物を市に寄付し，跡地を地域で管理することを条件に公費で除却
	富山県滑川市	危険な老朽空き家が対象（対象区域内）。土地建物を市に寄付し，跡地を地域で管理することを条件に公費で除却
3 除却費補助 ＋ 固定資産税免除（跡地の公共利用）	福井県越前町	危険な老朽空き家が対象（対象区域内）。跡地を市が無償で借り受け，公共利用（小規模な公園，10年間）することを条件に除却費補助（上限200万円）。公共利用の間の固定資産税免除
	東京都文京区	危険な老朽空き家が対象。跡地を区が無償で借り受け，公共利用（10年間）することを条件に除却費補助（上限200万円）。公共利用の間の固定資産税免除
4 固定資産税の住宅用地特例解除＋税額引き上げ猶予	新潟県見附市	危険な老朽空き家が対象。固定資産税の住宅用地特例を解除。ただし，直ちに税額は引き上げず，2年間猶予
	富山県立山町	危険な老朽空き家が対象。固定資産税の住宅用地特例を解除。ただし，直ちに税額は引き上げず，2年間猶予
	福岡県豊前市	危険な老朽空き家が対象。固定資産税の住宅用地特例を解除。ただし，直ちに税額は引き上げず，10年間猶予（当初5年間は据え置き，6年目以降は段階的に引き上げ）
5 空き家バンクに登録する場合のインセンティブ	大分県竹田市	空き家バンクに登録して売却または賃貸化する場合，成約時に10万円
	長野県大鹿村	空き家バンクに登録して売却または賃貸化（5年以上）できる物件について，家財道具の運搬・処分，清掃費用の8割を補助，上限10万円

（出所）　各自治体ホームページ等により作成。
（注）　1～4の施策の対象で「危険な老朽空き家」とあるのは，自治体によって「危険な老朽家屋」など正確な表現は異なる。

あるいは早い段階で補助などの施策を講じるなどして，自発的対応のインセンティブを高めるのかという問題は，今後，自治体にとって重要な課題になると思われる。

2　除却支援

これまでも自治体は，様々な形で除却支援を講じてきた。全国の自治体に対する調査（2014年）によれば，除却支援を「取組み実施済み」が11.6％，「準備中・今後取組み」が11.5％であった（◆FIGURE 5. 7）。制度の目的としては，防災が最も多くなっており，除却パターンとしては，所有者が助成を受けて除却し跡地を本人・自治体等が利用するのが最も多くなっている。対象となる空き家の基準は，独自の判定基準が多い（◆FIGURE 5. 12）。

前述の住宅用地の特例の適用除外＋税額引上げの猶予も支援の一種であるが，よりシンプルな施策としては，除却費の補助がある（◆FIGURE 5. 11）。積極的に補助しているのは広島県呉市で，2011年度から14年度までに376件，総額1億658万円の補助を実施した。呉市は斜面が多く除却が進みにくいため，補助によって除却を促している。補助額は低いが，空き家問題を抱える所有者にとっては，除却に踏み切る十分な誘因となったことを示している。呉市では，地元の呉信用金庫が空き家解体ローンの商品（融資金額10万円以上200万円以下）を扱っており，手元資金が不足している人を支援している。全国的にみても，解体ローンを扱う金融機関は増えつつある。

東京都内では足立区，荒川区，北区などが補助を実施している。呉市では補助額は少なめにして適用件数を多くしているが，都内の例は倒壊等の危険性がとくに切迫している空き家について，代執行にまで踏み切るよりは，補助によって少しでも早く除却されることをねらっている。

除却費補助には，東京都福生市のように，空き家となって1年以上経過した物件を対象に，所有者が建物を解体し，ファミリー向け住宅に立て替える場合にかぎり，補助するというユニークな仕組みもある。福生市は若年層の人口流出が多いという問題を抱えており，除却と併せ新築を進めることで人口定着を図るねらいがある。

土地建物を市に寄付する条件で，空き家の公費による除却を進めている自治

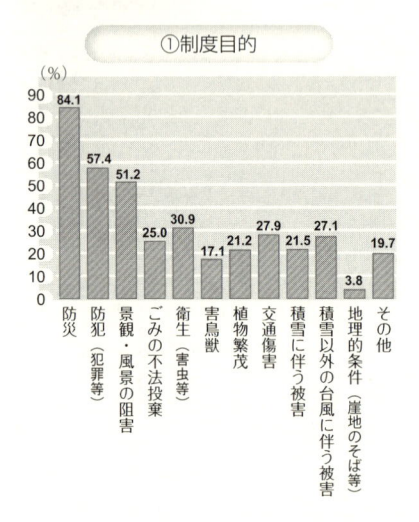

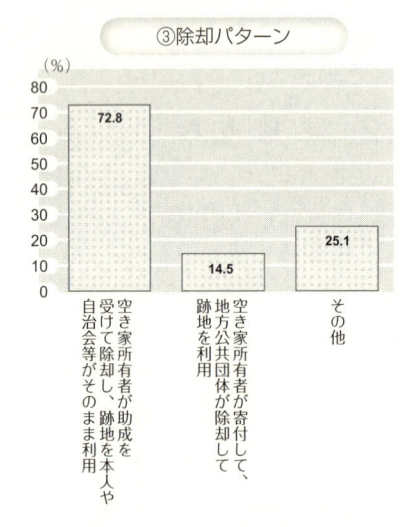

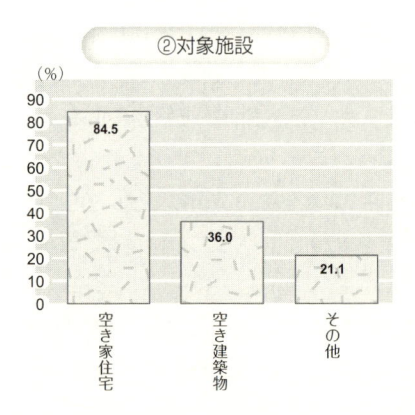

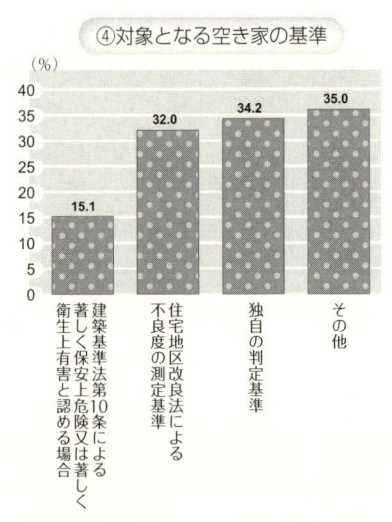

FIGURE 5.12　除却支援策としての除却費の補助

①制度目的
- 防災: 84.1%
- 防犯（犯罪等）: 57.4%
- 景観・風景の阻害: 51.2%
- ごみの不法投棄: 25.0%
- 衛生（害虫等）: 17.1%
- 害鳥獣: 21.2%
- 植物繁茂: 27.9%
- 交通傷害: 21.5%
- 積雪に伴う被害: 27.1%
- 積雪以外の台風に伴う被害: 3.8%
- 地理的条件（崖地のそば等）: 19.7%
- その他

③除却パターン
- 空き家所有者が助成を受けて除却し、跡地を本人や自治会等がそのまま利用: 72.8%
- 空き家所有者が寄付して、地方公共団体が除却して跡地を利用: 14.5%
- その他: 25.1%

②対象施設
- 空き家住宅: 84.5%
- 空き建築物: 36.0%
- その他: 21.1%

④対象となる空き家の基準
- 建築基準法第10条による著しく保安上危険又は著しく衛生上有害と認める場合: 15.1%
- 住宅地区改良法による不良度の測定基準: 32.0%
- 独自の判定基準: 34.2%
- その他: 35.0%

（出所）　国土交通省・総務省「地方公共団体における空家等対策に関する取組状況調査」（2014年）。
（注）　複数回答。

体もある。長崎市では，土地建物を市に寄付し，跡地の利用について地域で話し合い，管理していくことを前提に公費で除却している（2014年度までに44戸撤去）。長崎市の場合，斜面が多く，限られた平地と斜面に住宅が密集しているため，空き家跡地の公的利用は，居住環境改善という点で重要な意味を持つ。所有者のためでなく，地域のために公費投入している。公費による除却の仕組みを持っている自治体として他には，山形市，富山県滑川市などがある。

　空き家の建っていた土地を一定期間公共利用することを条件に除却費用を補助し，公共利用の間の固定資産税を免除することで，空き家除却を促している自治体もある。東京都文京区は，こうした仕組みを設け，2014年度に2戸除却した。こうした仕組みを早くから取り入れたのは福井県越前市で，2014年度までに21戸の空き家を除却している。

　自主的な除却が望めず，危険が切迫している空き家については，独立条例にもとづいて，積極的に行政代執行を行っている自治体もある。雪国で倒壊の危険が切迫している秋田県大仙市がその代表である。しかし，これまで行った3ケースに対して支出した除却費用約620万円のうち，回収できたのは数万円にとどまっている。行政代執行が，結果的に公費投入になっているという事例であるが，そうであったとしても除却することの公益性が勝るという判断にもとづいて行われた（→ 140〜143頁）。

　こうした様々な公費投入の仕組みは，自治体がそれぞれの事情によって講じてきたものである。今後策定される空家等対策計画では，自治体の置かれた状況によって，こうした様々な施策も盛り込まれていくと考えられる。

　ただし，公費投入にはモラルハザードの問題がある。最初からそうした支援を受けられるとわかっていたら，誰も自己負担で除却しなくなる。行政としては，あくまでも自主的な除却を原則とし，公費投入は地域や物件の事情によって，ぎりぎりのところで踏み切るというスタンスで臨む必要がある。ぎりぎりの段階で危険が切迫している，あるいは地域にとって跡地に高い価値があるといった場合には，様々な形で公費投入し，特定空家の除却を進める余地が出てくる。この辺は，自治体の知恵の絞りどころとなる。

　空き家は個人の財産であり，本来は自主的に除却するのが基本である。除却をスムーズに進めるため，どの段階でどのような形で公費投入するのが，その地域にとって最も効果的か。公金による支援は，こうした問題としてもとらえ

られる。

3 所有者不明の場合の対応

空き家対策では，所有者がいない場合の対応も悩ましい。相続放棄がなされ，相続人不存在時の手続としては，利害関係人または検察官が家庭裁判所に相続財産管理人の申立てを行い，その後，家庭裁判所で弁護士や司法書士を相続財産管理人として選定する（◆155頁）。この場合，固定資産税の滞納があれば，市町村が利害関係人となりうる。ただし，裁判所に申立てをする場合，予納金が必要になるが，売却しても回収できないケースもある。

それでもまだ，こうした対応が必要な物件の数が限られているうちは，まだ行政による対応が手続的にも費用的にも可能である。しかし今後，人口減少に伴い，所有者不明の物件が大量に発生した場合に，行政の対応力も限界に達すると考えられる。国土審議会政策部会長期展望委員会「『国土の長期展望』中間とりまとめ」（2011年2月）および国土交通省「新たな『国家のグランドデザイン』骨子」（2014年3月）によれば，2050年には，現在，居住している地域のうち2割が無居住地域となり，また，相続人が不在で相続財産管理人を選定しなければならないケースは，急速に増えていく（◆FIGURE 5.13）。

空家法では，所有者不明の場合にも行政代執行が可能になったが，その費用は請求できないため，国による財政支援が，今後ますます必要になってくる可能性が高い。すべての危険な空き家を公費で除却することは不可能であるため，この問題は最終的には，人口減少下で今後も居住地として存続させるエリアについて，居住環境を維持するために，危険かつ所有者による自発的な除却が期待できない空き家について，どれだけ費用を投入して除却していくかという問題に発展していく可能性が高い。

4 相続放棄されていないケースでの公売

このように，所有者が不明な場合には，最終的には難しい課題に直面せざるを得ないが，相続放棄されていないケースについては，固定資産税の滞納を武器に，積極的な対応に動いている自治体もある。所有者死亡後，相続人が不明

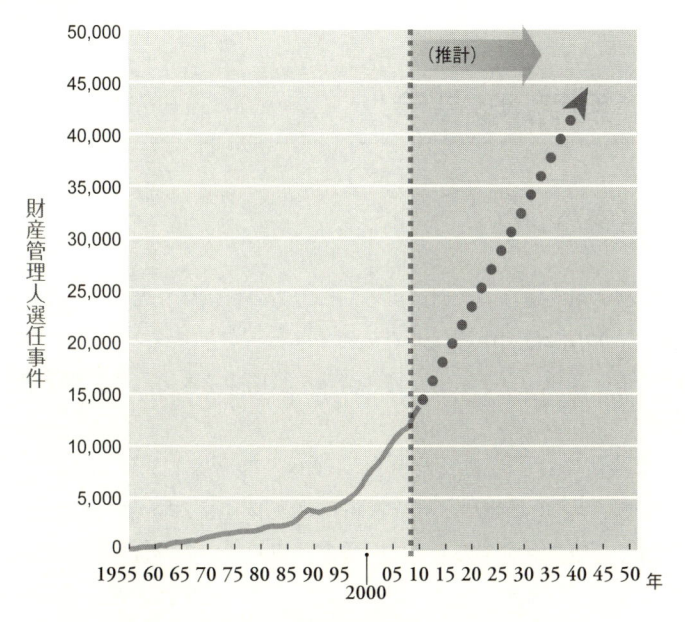

FIGURE 5.13　相続人不存在の場合の財産管理人選任事件の推移と将来推計

(出所)　国土審議会「第3回長期展望委員会資料」(2011年2月)。
(注) 1. 最高裁判所「司法統計年報」，最高裁資料をもとに，国土交通省作成。
　　 2. 相続人が明らかでない場合，家庭裁判所が利害関係人等の請求により，
　　　　相続財産の管理人の選任手続が行われる件数を示したもの。

とされる場合でも，所有者の死亡と同時に相続が発生しており，遺産分割協議や相続放棄がいないかぎり，相続人全員の共有物となっている。不動産が複数人による共有名義の場合，固定資産税は全員が連帯して納税義務を負う。督促状を送り，一定期間経過しても納税がない場合，差押えができる。

　福岡県宗像市では，空き家が適正に管理されていない場合には，早い段階で差し押さえ，公売（強制執行）手続を実施している。具体的には，相続人に文書や口頭で適正処理を促しても改善されない場合，相続人全員に納税通知を行い，その後，持分ごとに差し押さえて公売手続を進め，所有者を変える。落札されれば，新たな所有者は利用のため空き家を補修したり，あるいは敷地を活用するため空き家を除却することが期待できる。ただし，このように公売に向け積極的に動けるのは，固定資産税を滞納しているケースで，しかも売れる見

Ⅳ　除却支援策

込みが立っている場合である。宗像市でも，これまでの実績は 4 件あまりで，こうした対応にも限界があることには変わりがない。

V　利活用支援策

1　空き家バンク

空き家の利活用支援は，人口減少で悩む地方の自治体などを中心に，早くから空き家バンクの設置を中心に進められてきた。空き家バンクとは，自治体が空き家の登録を募り，ウェブ上で物件情報を公開するなどして，購入者や賃借人を探すというものである。

全国の自治体に対する調査（2014 年）では，空き家バンクについて「取組み済み」が 33.4％，「準備中・今後取組み」が 11.6％であった（ FIGURE **5.7**）。自治体が講じた空き家対策のうち，一番取り組んでいる割合の高い施策は，実態調査を除けば，空き家バンクである。自治体は，近年は，適正管理や除却促進策としての空き家条例の制定を急いだが，それ以前から地方の自治体では，利活用促策として空き家バンクを設置してきた経緯がある。

2　空き家バンクの成功要因

空き家バンクへの物件登録，成約実績は，空き家バンクによって差が大きい。2014 年時点で，開設以来の累計成約件数が 0 〜 10 件にとどまるものが 49％に達する（移住・交流推進機構「『空き家バンク』を活用した移住・交流促進事業へ 自治体調査報告書」2014 年 3 月）。空き家バンクを設置したものの，開店休業状態のものが多いことを示している。

そうした中で，実績が出ている空き家バンクは，所有者による自発的な登録を待つだけではなく，不動産業者や NPO，地域の協力員などと連携して，積極的に物件情報を収集しているものである。空き家バンクについて，その取組み状況と成約件数の関係を分析した結果によれば，「広報誌やホームページ等で登録物件を募集する」という取組みについては，累計成約件数が 50 件以上

FIGURE 5.14　空き家バンクの成功条件

空き家バンクに登録する物件の収集方法

- 広報誌やホームページ等で登録物件を一般から広く募集する
  - 累計成約件数50件以上: 86.4％
  - 累計成約件数1件以下: 84.1％
- 地元不動産業者が蓄積している物件情報を活用するなど，地元企業・団体と連携して収集する
  - 累計成約件数50件以上: 27.3％
  - 累計成約件数1件以下: 12.5％
- 地元地域の協力員と連携して収集する
  - 累計成約件数50件以上: 45.5％
  - 累計成約件数1件以下: 27.3％
- 空き家バンクの運営主体の職員による地元地域の巡回や所有者への問い合わせにより収集する
  - 累計成約件数50件以上: 31.8％
  - 累計成約件数1件以下: 20.5％
- その他
  - 累計成約件数50件以上: 9.1％
  - 累計成約件数1件以下: 3.4％

地元受け入れ体制

- 行政や地元住民，民間企業・団体，NPO等が参画する推進協議会の設置
  - 累計成約件数50件以上: 45.5％
  - 累計成約件数1件以下: 10.2％
- 交流プログラムの作成等における民間人財や地域外人材の起用
  - 累計成約件数50件以上: 22.7％
  - 累計成約件数1件以下: 9.1％
- 移住・交流者の生活支援等を行う地元住民サポーターの設置
  - 累計成約件数50件以上: 9.1％
  - 累計成約件数1件以下: 4.5％
- 地元住民・各種団体の意識啓発
  - 累計成約件数50件以上: 36.4％
  - 累計成約件数1件以下: 11.4％
- 「もてなし」意識の醸成等の行政職員の育成
  - 累計成約件数50件以上: 13.6％
  - 累計成約件数1件以下: 1.1％

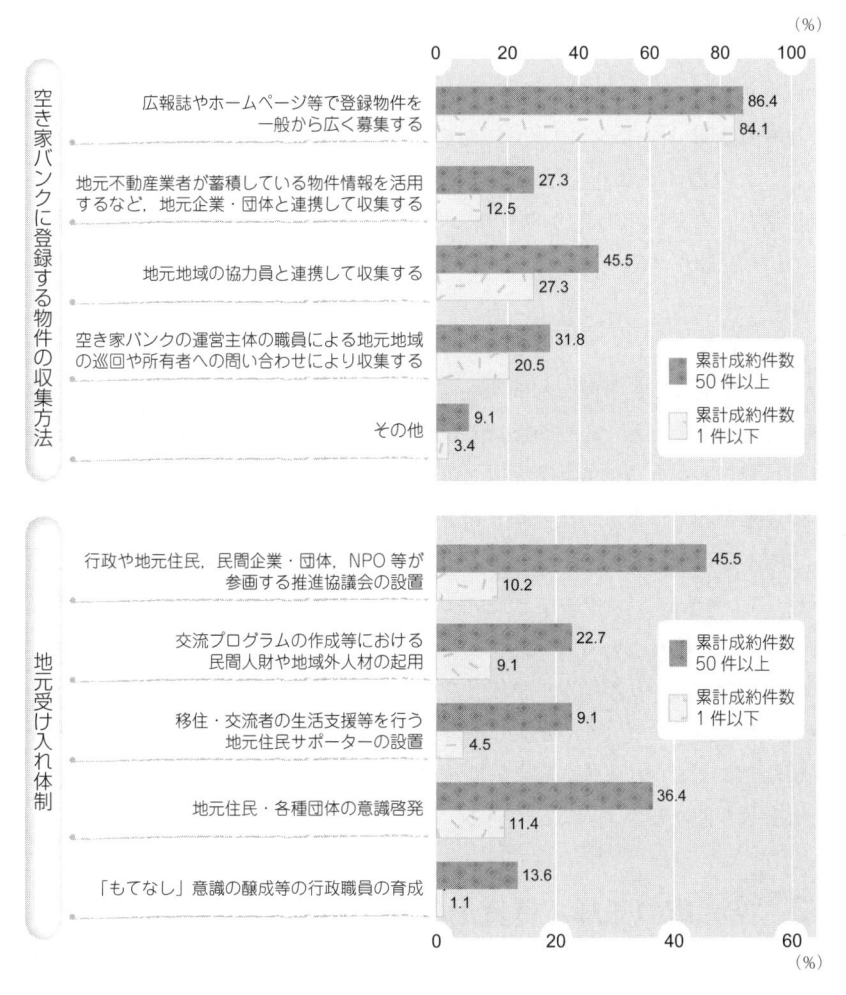

（出所）　移住・交流推進機構「『空き家バンク』を活用した移住・交流促進自治体調査報告書」（2014年3月）。

の成功している空き家バンクでも，累計成約件数が1件以下の成功していない空き家バンクでも，取組み状況には差がなかった（◆FIGURE 5.14）。こうした取組みは，いずれの空き家バンクも8割以上が取り組んでおり，物件の登録状況には差は出ていなかった。

一方,「地元の不動産業者が蓄積している物件情報の活用や地域の企業・団体との連携」,「地域の協力員との連携」,「地域の巡回や所有者への問い合わせ」などの取組みについては，累計成約件数が50件以上の空き家バンクの取組割合が高かった。たとえば,「地元の不動産業者が蓄積している物件情報の活用や地域の企業・団体との連携」については，累計成約件数が50件以上の空き家バンクの27％が取り組む一方，累計成約件数が1件以下の成功していない空き家バンクでは13％しか取り組んでいなかった。空き家バンクが成功するためには，物件情報の収集について，こうした積極的な取組みが必要になることがわかる。

　さらに，空き家バンクを見て問い合わせがあった場合，物件案内はもちろんのこと，生活面や仕事面など様々な相談にも応じたり，先に移住した人と引き合わせたりするなどきめ細かな対応が必要になる。こうした対応は，自治体職員だけでは対応しきれないため，NPOや地元の協力員，先に移住した人などとの連携が必要になる。空き家バンクの成約件数が最も多い自治体は長野県佐久市であるが（2008年度にスタートし，これまでの成約件数が300件超），地元に相談員（先に移住した人を含む）を置くほか，東京にも推進員を置いて，移住者受け入れに取り組んでいる。

　こうした体制作りのほか，移住者を引き付けることのできる，地域の魅力を発信できているかどうかも重要になる。佐久市の場合，訪問診療への先進的な取組みでなど知られる佐久総合病院を中心に，医療が充実している点は，シニア層を引き付ける要因になっている。

3　空き家の売却・賃貸化のネック

　一方，空き家を売却・賃貸化する場合に，空き家の所有者にとっては，何が問題となるのだろうか。親の世代が亡くなって空き家となったケースがその典型であるが，しばしば指摘されるのは，帰省した時の滞在・宿泊先や，従前から置いてあった仏壇や家財道具の置き場所として引き続き利用している所有者が多いという点である。仏壇や家財道具の処分には，手間がかかるうえ，心理的にもなかなか踏み切れない場合が多く，そのため空き家として放置される期間が長くなりがちである。

また，賃貸に踏み切らない理由としては，いったん賃貸すると，返還を求めることが困難であると考えている所有者も多い。たしかに，普通借家契約の場合はそうしたおそれがあるが（いったん結んだ賃貸契約は更新が原則で，正当事由がないかぎり，オーナー側から退去を申し入れることはできない），現在は，期限を区切って貸す定期借家の制度（原則，更新しないが，双方の希望があれば再契約可能。2000年に導入）もある。こうした制度があまり知られていないことにも問題がある。

　過疎地で空き家の増加に悩む島根県江津市において，空き家所有者に空き家を貸し出すための条件を聞いたところ（総務省自治行政局・島根県江津市「都市と農山漁村の新たな共生・対流システムモデル 調査報告書──空き家活用による農山村滞在と定住を促進するためのシステム構築事業」2007年3月），①空き家の修繕費用を入居者が負担，②賃貸期間を5～10年に限定する場合，③仏壇や位牌の安置場所が確保された場合をあげる所有者が多かった。また，先にあげた越前町における調査では（ ⇨ FIGURE 5. 6），愛着があることのほか，リフォームにお金がかかりすぎることや，家財道具や仏壇を置いたままであることが流動化のネックとしてあがっていた。

　①は，自治体が改修費などの補助を行うほか，DIY型賃貸の契約形態を活用することでクリアできる。DIY型賃貸とは，借主が費用を負担して修繕や模様替えを行い，退去時も原状回復が不要とする契約形態であるが，国土交通省が契約のガイドラインを策定している（「個人住宅の賃貸流通の促進に関するガイドライン」2014年5月）。

　②については，定期借家制度を活用することでクリアできる。③については，自治体で対応することは困難であり，所有者自身によって解決してもらうしかないが，所有者にも金銭的補助を与えることによって，売却・賃貸化に向けて仏壇などを片付けるインセンティブをより高めるという方法も考えられる。以下では，補助金も含めた自治体の空き家の活用支援策の事例をみていく。

4　空き家利活用支援のための措置

(1) 改修費・家賃補助

　全国の自治体に対する調査（2014年）では，改修支援を「取組み実施済み」

FIGURE 5.15　改修支援策

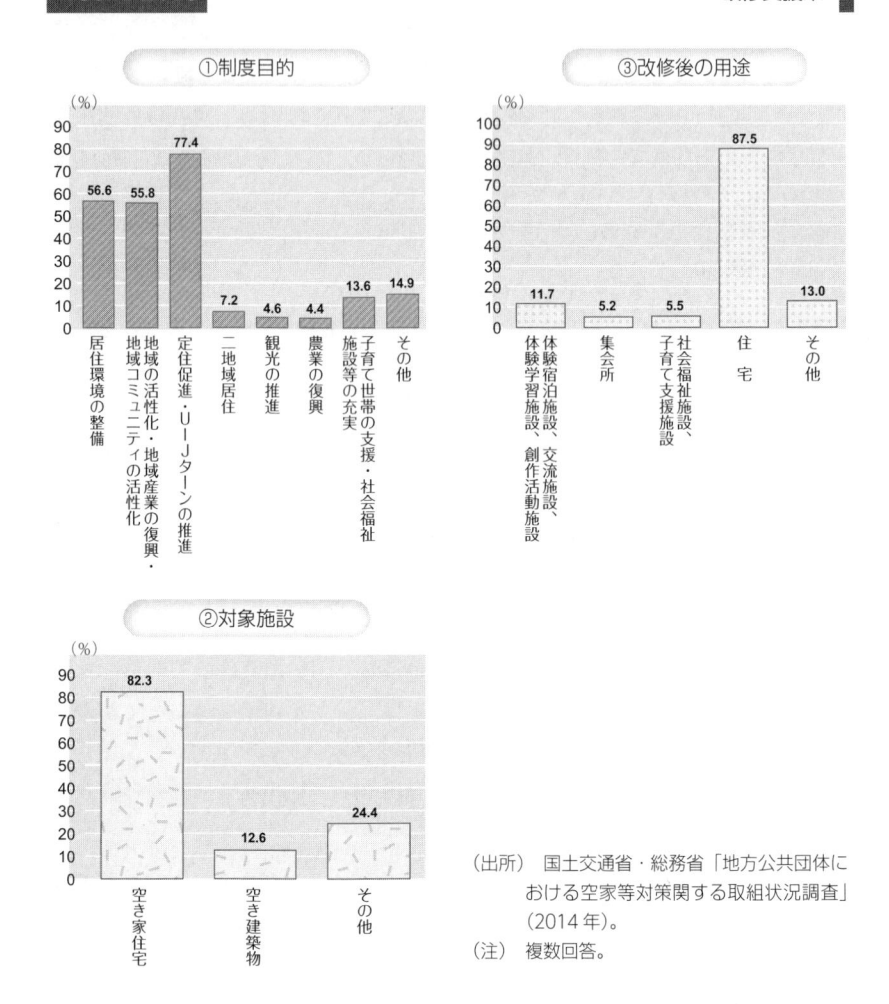

①制度目的（%）
- 居住環境の整備: 56.6
- 地域の活性化・地域コミュニティの活性化・地域産業の復興: 55.8
- 定住促進・UIJターンの推進: 77.4
- 二地域居住: 7.2
- 観光の推進: 4.6
- 農業の復興: 4.4
- 子育て世帯の支援・社会福祉施設等の充実: 13.6
- その他: 14.9

③改修後の用途（%）
- 体験宿泊施設、体験学習施設、交流施設、創作活動施設: 11.7
- 集会所: 5.2
- 社会福祉施設、子育て支援施設: 5.5
- 住宅: 87.5
- その他: 13.0

②対象施設（%）
- 空き家住宅: 82.3
- 空き建築物: 12.6
- その他: 24.4

（出所）国土交通省・総務省「地方公共団体における空家等対策関する取組状況調査」(2014年)。
（注）複数回答。

が16.3％,「準備中・今後取組み」が8.2％であった（→FIGURE 5. 7）。その目的については,「定住促進・UIJターンの推進」が最も多く,改修後の用途については「住宅」が最も多かった（→FIGURE 5. 15）。

　空き家バンクに登録された物件を,購入したり借りたりする場合に,改修費を補助する自治体は多くある。これに対し福岡県は,2013年6月に,空き家バンクの登録物件にかぎらず,中古住宅一般の購入者に対して改修費用を補助

するという，全国初の制度を創設した。これは，県建築住宅センターによる住宅の性能調査（「住まいの健康診断」）を受けた中古住宅を対象に，改修費用の20％（最大20万円）を補助するものである。2013年度，2014年度とも120戸（予算2,400万円）の枠が設けられた。この仕組みは県の施策であるが，中古住宅の流通促進を図っていくためには，今後は国レベルでもこうした施策を講じていくことが必要と思われる。

　一方，京都市では，空き家を賃貸用，売却用などとして流通させたり，まちづくり活動拠点として活用する場合に必要な改修費や家財の撤去費用の一部を補助する仕組み（最大90万円）を設けている。京都市の地域資源である町家の活用については，とくに手厚い支援が受けられる。都市部では，空き家バンクが多く設置されている地方とは異なり，改修費を補助する例は少ないが，京都市の場合は，街並みを維持したいとのねらいも込め，こうした仕組みが導入されている。

　一方，家賃補助の事例としては，大分市の事例がある。大分市では，高度成長期に造成された郊外の一戸建ての団地（富士見が丘団地）が高齢化して，空き家が増えていることに対応するため，同団地に子育て世帯（18歳未満の構成員がいる世帯）が住む場合，家賃の3分の2（上限4万円）を補助する仕組みを2011年度に設けた。これにより7世帯が入居し，子どもも生まれた。また大分市では，これに続く施策として2013年度に，同市の空き家バンクである「住み替え情報バンク」で中古住宅や空き地を購入した子育て世帯について，固定資産税相当額（土地分）を3年間補助する仕組みを設けた。郊外型団地の空き家増加に悩む自治体は多いため，注目される事例である。

　家賃補助の事例としてもうひとつ，神奈川県横須賀市の事例をあげておく。横須賀市は，市内の谷戸地域（三方を山に囲まれ一方が開けている地域）と呼ばれる地域の高齢化と空き家の増加に悩んでいた。同地域は，住宅まで階段を何段も登らなければならないなど，利便性が高いとはいえない地域である。同市では，2012年度から，同地域に点在する空き家の活用を促進するため，所有者に空き家の改修費用を補助するとともに，神奈川県立大学保健福祉学部の学生にそこに住んでもらうため，家賃補助（1万円／月）を行う仕組みを設けた。学生は家賃補助を受ける代わりに，地域のための活動（買い物，ゴミ出し，地域パトロール等）を行わなければならない。2012年10月に1棟に学生2名が

ルームシェアを開始し，これまでに2棟に5名が住んでおり，2014年度はさらに1棟追加した。地域で福祉を学ぶ学生を活用することで，高齢化した地域の見守りと空き家の活用を進めようとするユニークな試みといえる。

(2) 移住支援策と空き家所有へのインセンティブ

一方，過疎地域では，移住者の呼び込みに熱心に取り組んでいる。大分県竹田市は，75歳以上の住民の割合が25.2%で全国1位（2010年）となるなど，高齢化と人口減少が深刻で，2009年に「農村回帰宣言市」を提唱し，農村回帰支援センターの設置（移住者へのワンストップサービス），改修費の補助（費用の2分の1，最大100万円），お試し暮らし助成金（最大6,000円／1人），集落支援員の配置（旧来の住民との橋渡し）等の移住促進策に取り組んできた。この中で特徴的な施策が，竹工芸・紙すき・陶芸などの分野で，空き家・空き店舗を活用して起業する場合の補助制度（最大100万円）である。

移住者を募る場合にネックになるのが，職の確保である。竹田市の仕組みは，地域の伝統工芸である竹工芸や紙すき，陶芸などの分野で，既に手に職のある人にターゲットをしぼって移住してもらうことにより，この問題を解決しようというものである。すなわち，職は用意できないので，最初から手に職を持った人に来てもらおうという発想に立つ施策である。2014年度までに11件の補助を行い，このほか，空き家バンクを活用した移住者は2014年度までに221人に達している。竹田市はこうした取組みが評価され，『田舎暮らしの本』誌の「住みたい田舎ベストランキング」で毎年上位となっている。

また，竹田市では，移住者に提供する空き家の物件登録を増やすため，売却または貸し出した場合，成約時に10万円を支給するという，空き家所有者へのインセンティブも創設した。これにより，空き家バンクへの登録が増加する効果がみられたという。先に，空き家所有者が物件を出し渋る要因として，仏壇や家財道具の存在があることを指摘したが，これを自治体自らが処理することは困難であるものの，その代わり，このようなインセンティブを設けることにより，売却，賃貸化に踏み切る決断の後押しをすることは可能と考えられる。

現在，空き家バンクへの登録インセンティブを設ける自治体が増えている。長野県大鹿村のように，成約の条件は課さず，登録するという前提で，家財道具の運搬・処分，清掃費用の8割（上限10万円）を補助するというような例も

ある。

　職は用意できないので，はじめから手に職を持っている人に来てもらうという発想は，島根県江津市でも共通している。江津市では，改修費の補助などを行うほか，働き場がないなら最初から働き場を作り出すことのできる人材を誘致するため，ビジネスプランコンテストを実施して人材を発掘したほか，インキュベーション施設（共同オフィス）を設置したり，UIターン希望者と地元の人材が交流するNPO法人「てごねっと石見」を設立した。

　このように，過疎地域の空き家の活用については，地域活性化を同時に達成しようとする仕組みが登場しており，成果も出ている。

(3)　NPOとの連携

　空き家バンクで官民連携がうまくいったケースとしては，広島県尾道市がある。尾道市では，尾道の景観を守りたいとの強い思いからNPO法人尾道空き家再生プロジェクトが2008年に立ち上げられ，物件を発掘してDIYで改修し再利用する活動が，興味を持つ人を多数集めたことによって軌道に乗っていった。

　一方，市で設けた空き家バンクの実績は停滞していたが，NPO法人に運営を委ねたところ，物件発掘，移住希望者への案内やコンサルティング，さらには空き家の家財道具の片付け支援などの活動も手がけるようになり，空き家バンクの実績が向上した。片付け支援は，空き家に残った家財道具を，その場で蚤の市の投げ銭方式で持っていってもらうというものである。古道具に興味を持つ人もいて，これだけでかなり片付くケースもあるという。

　空き家を活用しようとするNPOの活動は，現在，全国各地で立ち上がっている。しかし，活動開始当初は，NPOの活動が信頼できるものなのかどうかわからないという問題がある。信頼するに足りると判断される場合は行政が支援すれば，NPOに信用が与えられ，NPOの活動がしやすくなるという面もあると考えられる。

(4)　シニア層と子育て層の住み替え支援

　シニア層が広い持ち家をもてあます一方，子育て層が通常の賃貸では十分な広さの家に住むことが難しく，購入する場合でも狭い家にしか手が出ないとい

うケースは多い。そこで，シニア層の持ち家が，高齢者向けマンションやサービス付き高齢者向け住宅，老人ホームなどに転居したり，子どもと同居したりすることなどで空いた場合，それを子育て層などに3年の定期借家で貸すという仕組みが，移住・住み替え支援機構（JTI）の仕組みである。入居がない場合にも，一定の家賃保証が行われる。

　これまでに700件以上の利用実績があるが，これは制度発足（2006年）以来の全国での集計である。空き家バンクが佐久市だけで300件超の成約があることを考えると，決して多いとはいえない。活用が進んでいない要因としては，貸す側にとって，耐震診断を受けなければならず，耐震基準を充たしていない場合は，改修しなければならないという問題がある。この仕組みを使う前提で，耐震改修費用の借り入れができる住宅金融支援機構の商品もあり，また，自治体ではこの仕組みとは別に耐震改修の補助の仕組みを設けている場合が多いが，わざわざ人に貸すために改修する人はほとんどいないというのが実態である。

　また，一戸建ての賃貸物件については，市場では一定の需要があり，何もJTIを通さなくても借り手はつく，その方が家賃もより高くとれる，耐震診断を受ける必要もない，という声もある。一方，借りる側としては，通常よりは安く借りられるメリットはあるが，期間が区切られるという面では不安が残る。もしこうした物件が市場に多く供給されていれば，期間が終わった後に別の物件に移ることは容易であるが，そうした状態にはなっていない。この仕組みで借りる人を増やすためには，物件供給を増やす必要があるが，そもそもこの仕組みで貸す人が少ないのが現状である。

　JTIの利用は現状では少ないが，将来的に新耐震基準の空き家が増えていった場合，もう少し登録は増えていく可能性はある。

　一方，自治体が独自に，シニア層と子育て層の住み替えのマッチングに乗り出した例もある。千葉県流山市の「高齢者住み替え支援制度」は，住み替え希望者に対して，住宅情報を提供するほか，賃貸，売却，購入の相談や手続を総合的に進める仕組みである。市が公表する支援チーム（不動産業者，設計業者，建設業者でひとつのチームを組織し，市に登録）が相談を受ける体制になっている。流山市はつくばエクスプレス（TX）の開通以来，若年層が流入しているが，高度成長期にできた古い住宅地では，空き家が増えているという問題が生じていた。

⑸ 空き家の公営住宅としての活用

　空き家を公営住宅として活用する事例もある。茨城県ひたちなか市では，2009年に老朽化した市営住宅を廃止したが，財政面の制約から新規の市営住宅の建設は困難であった。そこで，民間賃貸住宅の空き家（家賃5万円以内）に市営住宅入居資格がある市民が入居した場合に，家賃の2分の1（上限2万円）を5年間補助することにより，市営住宅を補完する事業を開始することとした。2010〜14年度で約100戸の家賃補助を実施した。公営住宅は1970年代頃までに建築された物件が多く，その老朽化と建て替え問題に直面する自治体が多いため，こうした取組みは注目に値する。

　CHAPTER 1 で述べたように，東京都では2008〜2013年の5年間で，その他の空き家数は減少したものの，賃貸用の空き家数は目立って増加した。大都市では賃貸住宅が供給過剰になっている一方，住宅弱者向けの住宅供給が十分ではないという問題がある。

　この問題が顕在化したのが，数年前に大都市を中心に現れた脱法ハウス（違法シェアハウス）問題である。脱法ハウスは，マンションの一室やビルのワンフロアを薄い仕切りで2畳，3畳と区切り，窓もない部屋に住まわせるような物件である。こうした物件は，居住環境が劣悪なうえ，防災面でも危険なことから，根絶を目指して，問題が顕在化した後，2013年9月に建築基準法違反の取締りが強化された（防火上主要な間仕切り壁を準耐火構造とすることなど。「多人数の居住実態がありながら防火関係規定等の建築基準法違反の疑いのある建築物に関する対策の一層の推進について（技術的助言）」。その後，厳しすぎるとの批判を受け，2014年7月に準耐火構造の規制は緩和。「建築基準法施行例の一部を改正する政令（平成26年政令232号）」）。

　こうした脱法ハウスが登場するのは，それに需要があり，ビジネスとして成り立つからである。そうした住宅でも住まざるをえない人は，本来は，公営住宅の入居資格を持つような低所得者である。しかし，公営住宅の供給には限りがあり，抽選倍率も高くなっている。このほか，低所得者には生活保護を受ける道もあるが，それには抵抗がある人も少なくない。脱法ハウスは，こうした需要を取り込む形で登場した。

　現実に低所得者の需要があるとすれば，一定期間，家賃補助を受けることの

できる仕組みがあれば、それを使って普通の民間賃貸物件に住めるはずである。家賃補助は低所得者が十分な所得が得られ、自力で入居できるようになるまでの支援となるうえ、民間物件の空室活用にもなる。

　こうした仕組みは、現状でも全くないわけではない。例としては、リーマンショック後に創設された、失業者が一定期間家賃補助を受けることのできる仕組みがある（現在の仕組みは生活困窮者自立支援法にもとづく「生活困窮者住居確保給付金」）。しかし、こうした仕組みが十分ではないことが、低所得者向けの脱法ハウスが登場した背景にあると考えることができる。低所得者など住宅弱者向けの住宅セーフティネットについては、欧米では、行政が建物を建設して直接供給するのではなく、民間物件に入居する場合に家賃補助する仕組みが主流である。ところが日本では、未だ直接供給する仕組みで、家賃補助の仕組みが遅れているため、脱法ハウスがビジネスとして登場するに至った。

　今後の日本では、公営住宅の更新が財政的に難しくなっていくと考えられる。それに合わせ、家賃補助によって民間物件を活用する形に徐々にシフトしていくことがひとつの考え方としてありうるが、これには様々なメリットがある。

　第1に、公営住宅を直接供給する場合、施策を受けられる人の上限は、公営住宅の数で制約されるが、家賃補助の場合はそうした制約はなくなる。制約がなくなる分、逆に財政負担が増える可能性もあるが、所得向上に向けた自助努力を促すため、期間を限定するという考え方もある。第2に、施策を受けられる人が増えることで、脱法ハウスに住まざるをえなくなるということがなくなる。第3に、民間賃貸物件の空室を有効活用できるメリットがある。

　なお、家賃補助に本格的にシフトしていくとすれば、今後、生活保護との関係を整理する必要は出てくる。たとえば、生活保護制度の住宅扶助を生活保護制度から独立させ、単給として得られるようにし、所得要件などの緩和を行ったうえで、家賃補助の仕組みに衣替えするなどの形も考えられる。

(6) 空き家の公共的スペースとしての活用

　空き家を公共スペースとして活用する自治体は多い。たとえば、東京都世田谷区では、「地域共生のいえ」、「ふれあいの家」などの形で空き家を活用している。前者は、所有者の厚意により、空き家（室）を地域交流の場として開放する取組みで、現在18カ所ある（一般財団法人世田谷トラストまちづくりによる事

業)。後者は，所有者から寄付を受けた空き家を，地域交流の場などとして活用するもので，現在23カ所ある（世田谷区社会福祉協議会による事業)。

また，2013年には，公益的な活用に限定して活用意思のある空き家所有者を募集し，活用事例を紹介したり，活用意欲のある市民団体・NPOとのマッチングを行う相談窓口を設置した。このほか2013年には，「世田谷らしい空き家等の地域貢献活用モデル」を募集し，①両親らとの死別を体験した子どもたちの支援に取り組む団体の活動スペース，②異業種で仕事場を共有するコワーキングスペース，③認知症のお年寄りやその家族が集まれるカフェを備えた交流拠点の3件が採択された（最大200万円助成）。

都市部の自治体では，空き家を活用するにしても，地方のように移住者を募るという方向性ではなく，世田谷区のように，公共的な活用を促すという発想で進めている自治体は多い。ただし，こうした公共的な活用は，地域で何軒も必要なわけではなく，空き家を活用できる数としては限定的なものにとどまらざるをえないという限界がある。

5 空き家関連ビジネスとの連携

(1) 空き家管理代行サービスの紹介

空き家の増加に伴い，近年は，民間企業による空き家を活用したビジネスも増えてきた。

空き家管理代行サービスは，空き家の所有者から依頼を受けて空き家の通気や通水，屋内清掃等を行うサービスである。不動産事業者のほか，警備会社，不用品回収・遺品整理業者，NPOなど空き家に関連する多様な業種が，このサービスに参入している。

料金はサービス内容によって異なるが，月数千円～1万円ほどのケースが多い。不動産事業者にとっては，管理代行によって空き家の所有者と信頼関係を築くことができれば，将来的には売却等の仲介につなげられるとの期待から，こうしたビジネスを行っている（管理代行単体では採算は見込みにくい)。

空家法の施行に伴い，空き家所有者の意識が高まり，遠方や高齢などの理由で自分が管理できない場合に，空き家管理代行サービスを利用するケースが増えつつある。自治体は，こうした業者のリストを作ったり，管理代行業の団体

と連携するなどして，代行サービスの活用を促すといった方策を考えてもよい。前述のように，高岡市空き家活用推進協議会は，空き家管理代行サービスを行う業者を紹介している。

(2) 買取り再販業者の支援

一方，空き家の中でも立地条件や状態の良い物件を発掘して仲介したり，リフォームしたうえで再販するビジネスも登場している。地方で，戸建ての空き家を手放したいという人が増えたことに目をつけ，それを買い取ってリフォームして再販するビジネスを展開しているカチタス（群馬県桐生市）がその代表的な事業者である。こうした業者は，空き家を安く仕入れ，再販価格を新築価格の半分程度に設定するなどして，需要を開拓している。

買取り再販の支援策としては，2015年度税制改正で，買取再販業者が中古住宅を買取し，住宅性能の一定の向上を図るための改修工事を行った後で再販売する場合において，買取り再販業者に課せられる不動産取得税を軽減する特例措置が創設された（2年間）。

ただし，買取り再販事業は，大都市においては土地の値段が高く，リノベーション物件でも値段が高くなってしまうため，成り立ちにくいという難点がある。大都市ではむしろ，中古の分譲マンションを買い取ってそれを改修して再販売するビジネスが成長している。同じ立地でもより安く手に入れられ，改修されていれば部屋は新築同様という点で需要を開拓できている。あるいは，自分で中古マンションを探し，それを好きなように改修して住むという需要も高まっている。

戸建て住宅については，東急電鉄など私鉄会社の中には，沿線の価値を維持するため，シニア層には戸建てから駅に近い高齢者向け住宅などに移ってもらい，空いた戸建ては改修して若い世代に入ってもらうことで住宅を循環させ，空き家の増加に歯止めをかけようとする取組みを行っているところもある。こうした中古戸建てを改修して再販売する試みは他にもいくつかあるが，改修済みの物件でも相応の値段となるため，現状ではあまり需要を拡大できていない。

こうした点を打破し，大都市においても中古戸建ての流動化を進めるためには，改修資金の一部を補助することが考えられる。前述のように，地方においては，人口減に悩む自治体を中心に空き家バンクを設置していることが多い。

前述のように，空き家バンク登録物件に限らず，中古住宅一般の改修費を補助している福岡県のような例もある。

これに対し，東京都では，都が空き家をグループリビングなどに改修する際の支援の仕組みを設けているほか，区によってはコミュニティスペースとしての活用を進めている例がある。こうした取組みはもちろん必要であるが，そのスペース需要には限りがある。空き家を住宅そのものとして市場で循環させるための支援が，今後は大都市でもより必要になると考えられる。中古戸建て市場の拡大は，大都市における住宅取得能力の向上にもつながる。

(3) 空き家の民泊施設としての活用

このほか，空き家は民泊施設として活用できる可能性がある。近年の訪日外国人の増加によるホテル不足の深刻化に伴い，マンションや一戸建てなどの一般住宅に旅行者を有料で宿泊させる民泊が急増している。ただし，こうした動きには問題もある。有料で宿泊させるには，旅館業法が定める条件を充たす必要があるが，多くが違法状態となっている。

これに対し，国家戦略特区では，旅館業法の適用を除外する仕組みがあり，東京都大田区などでは，これにもとづいた民泊サービスが開始される予定である。ただ，特区では，旅館など既存の宿泊施設との競合を避けるため，7日以上の宿泊に限るなど条件が厳しい。

民泊については，届出制などの緩やかな規制にとどめ，広く認めるべきとの主張がある。旅館業界などはこれに強く反発しており，原則的には，旅館業法における「簡易宿所」（ゲストハウスやカプセルホテルなど）の基準を適用し，営業許可を与えるようにすべきと主張している。このほか，民泊では，仲介する事業者の規制も必要との意見もある。

急増する民泊にルールが追いつかない状態になっており，充たすべき基準を整理したうえで，早急に法整備する必要が高まっている。今後，空き家を民泊施設として活用していく場合には，新たに定められるルールを守っていく必要がある。

6　跡地の活用

(1) ランドバンク

　山形県鶴岡市は，ランドバンクという仕組みで，危険な空き家の撤去を進めると同時，跡地を隣地と組み合わせて区画整理を行い，同時に狭隘道路の拡幅も実現しようとする取組みを行っている（小規模連鎖型区画再編事業，NPO法人つるおかランド・バンクが運営）。

　鶴岡市では，接道要件を充たしていない敷地が多いうえ，道幅も狭いという問題がある。空き家跡地をまちづくりの中でうまく活用できれば，この問題を解決きる可能性がある。空き家と敷地をNPOに寄付または低価格で譲渡してもらい，NPOは除却後の土地を隣地所有者に低価格で売却し，隣地所有者は低価格で譲渡してもらう代わりに土地の一部を道路拡幅のために寄付するというスキームである。

(2) 空き家となった隣地の活用促進

　空き家の処分に困った際，従来から隣家に売却するのはひとつの手といわれてきた。一般に売り出す土地としては魅力が低い場合や，再建築不可能な場合でも，隣家にとっては自宅の敷地を拡張できる点で魅力があると考えられる。

　東京都江戸川区ではかつて，小規模宅地の解消を目的に，隣接地買上げや新規購入について低利融資を行う仕組み（「街づくり宅地資金貸付制度」）を設けていたことがある（1994～2012年度）。対象は，隣接地買増しにより70㎡以上になる場合などであった。しかし，実際には隣地買上げではなく，新規購入で使われるケースが圧倒的に多かった。隣接地であっても，希望やタイミングが合わなければ，容易には取得されないことを示している。

VI　まちづくりとの連動

1　コンパクトシティ化の必要性

以上，様々な側面から空き家の活用事例をみてきた。空き家の活用を今後さらに進めていくにあたって考慮しなければならない問題としては，都市規模のコンパクト化，すなわち成長期に拡張した市街地を縮減していかなければならないという問題がある。地方都市では，とくにその必要性が高い。

　今後の地方都市の人口減少は著しい。県庁所在地（政令市，三大都市圏を除く）の人口は，ピークが2005年の1,007万人であったが，2010年から2040年にかけては1,006万人から838万人と17％減少する。より小さい10万人クラスの都市（人口5〜10万人）の人口は，ピークが2000年の2,084万人であったが，2010年から2040年にかけては2,031万人から1,584万人と22％減少する（国土交通省「国土交通省におけるコンパクトシティの取組について」（2013年8月））。地方都市は早くから人口減少が進んでおり，今後の減少も著しい。

　一方，地方都市では，これまで市街地が外延部に拡大してきたが，今後は人口減少が急速に進むため，市街地の空洞化が進んでいく。県庁所在地（政令市，三大都市圏を除く）の1都市あたりの人口は，1970年から2010年にかけて2割増加する一方，DID面積（都市の中心部の人口集中地区の面積）は同じ期間で倍増した。今後については，1都市あたりの人口は2010年から2040年にかけて大幅に減少し，1970年の水準に近づいていく。この時，DID面積が現状のままでは，市街地の人口密度が低下して空き地，空き家が増えるなど，著しく空洞化が進むことになる（◆FIGURE 5.16）。

　現状でも，地方都市の空洞化は進んでいる。たとえば，宮崎市の中心市街地のうち13％は空き地となっている（宮崎市「中心市街地活性化基本計画」）。決して宮崎市が特殊なわけではない。これは，地方都市の典型的な姿と考えられる。

　コンパクトシティ化とは，人口が本格的な減少局面に入る中，成長期に外延部に拡散した市街地を縮小し，中心市街地に居住を誘導することによって，住みやすいまちづくりを行っていこうとするものである。都市機能がコンパクトに集約されれば，高齢化が進む中，高齢者にとっては歩いて暮らせる利便性の高いまちとなる。一方，自治体にとってコンパクトシティ化を図らざるを得ない事情としては，財政状況がますます厳しくなる中，すべての地域のインフラを維持・更新していくのは困難になりつつあるという事情もある。

　今後，都市がコンパクト化していくという前提で考えると，空き家の中でも利活用できるものは，自ずと選別されていかざるを得ない。すなわち，集約さ

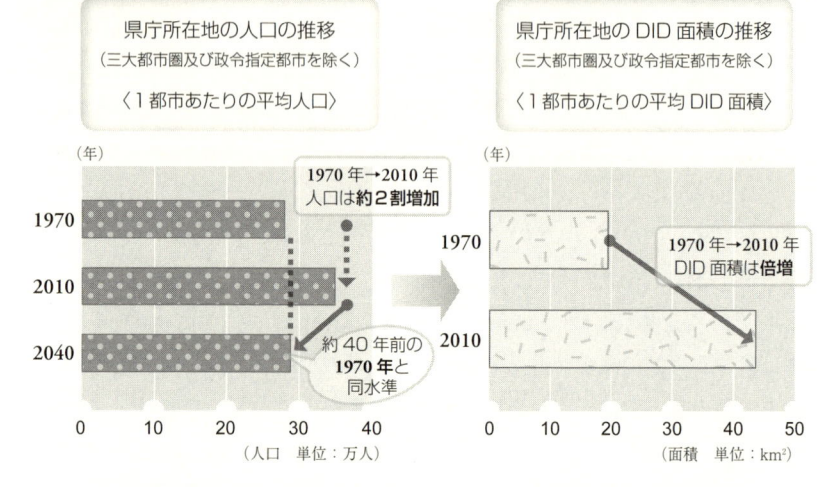

FIGURE 5.16　　　　　　　　　　　　　　　地方都市における市街地拡散と人口減少

県庁所在地の人口の推移
（三大都市圏及び政令指定都市を除く）
〈1都市あたりの平均人口〉

1970年→2010年
人口は約2割増加

約40年前の
1970年と
同水準

県庁所在地のDID面積の推移
（三大都市圏及び政令指定都市を除く）
〈1都市あたりのDID面積〉

1970年→2010年
DID面積は倍増

（出所）　国土交通省「国土交通省におけるコンパクトシティの取組について」（2013年8月）。
（注）　DID（人口集中地区）とは，人口密度が4,000人以上／k㎡の基本単位区が市町村の境界内で地区に隣接し，それらに隣接した地域全体の人口が5,000人以上を有する地域．2010年の国勢調査では，全国1,728市町村の48％に当たる829市町村で，1,319地区が設定．多くの市町村では，中心市街地等の中心部を含む高密度人口の地域が唯一のDIDとして設定されているが，合併市町村等では，複数のDIDが設定されていることもある。

れた市街地の中に存在する空き家の利活用は積極的に進めていく必要があり，またそうした地域に問題空き家が存在する場合には，居住環境の維持のため除却を進めていく必要がある。その一方，そうした市街地からはずれる地域においては，空き家の利活用や除却の優先度は低くならざるを得ない。

　今後を展望すると，先にも述べたが2050年には現在居住している地域のうち2割が無居住地域になるとの予測がある（前掲国土審議会資料，国土交通省資料（⇨196頁））。そうした無居住地域においては，空き家の利活用はもちろん，わざわざお金をかけて除却を進める必要性も乏しいということになっていかざるをえない。

2 コンパクトシティの事例

(1) 富山市

コンパクトシティの成功事例としてしばしば紹介されるのは富山市である。富山市は，2007年に「第1期中心市街地活性化基本計画」を策定し，国から中心市街地活性化法における認定中心市街地の第1号認定を受け，その後2012年に「第2期計画」を策定し，中心市街地の活性化を図ってきた。公設民営でLRT（新型路面電車）を導入し，環状線化も進めるなど交通の利便性を高めたほか，商業・住宅の複合施設やイベント広場を整備するなどの市街地再開発も推進した。

また，まちなか居住を推進するために，①「まちなか住宅・居住環境指針」に適合した共同住宅を建設した事業者に対し，1戸に対し100万円（上限）の補助，②住宅購入者に対し，1戸につき50万円（上限）の補助，③まちなかの一定の条件を充たした賃貸住宅に住む場合，最長3年間，月額1万円（上限）の補助，などの施策を講じた。こうした結果，中心市街地では2014年まで7年連続で転入超過になるなどの成果も出始めている。

こうした施策は，露骨な中心市街地の優遇であるとして，周辺部から不満の声があがりやすくなることも事実である。しかし，富山市では，中心市街地の面積は市全体の0.4％にすぎないが，固定資産税・都市計画税の収入では22.2％を占めているため，中心部に投資しその価値を維持する必要性があるとの強い問題意識から，こうした施策を進めてきた。

富山市の施策は，再開発や住宅新築を含め，中心市街地への投資を促すことを重視している。必ずしも中心市街地の空き家の活用を強く促す施策ではないが，中心市街地に人が集まるようになれば，空き家や空き店舗の活用につながっていく。

参 考
富山市ウェブサイト「中心市街地活性化」
http://www.city.toyama.toyama.jp/index/shimin/chushin.html

(2) 松江市

空き家条例の中で，まちなか居住の推進を位置付けている自治体もある。松

江市は「松江市空き家を生かした魅力あるまちづくり及びまちなか居住促進の推進に関する条例」(2011年10月施行)において,問題空き家に対する勧告,命令,代執行の規定のほか,まちなか居住促進を目的として空き家を有効活用する取組みに対し支援できることを規定している。

具体的には,若年者(新婚世帯,UIターン者)がまちなか住宅に住む場合の家賃補助(上限1万円,3年以内)や,住宅を取得する場合の改修費等の補助(改修費最大40万円,固定資産相当額最大5万円×5年間,まちなか住宅の場合は補助率上乗せ),一戸建ての空き家を賃貸住宅として貸し出すために行った改修費等の補助(改修費最大40万円,まちなか住宅の場合補助率上乗せ)などの支援を行っている。なお,松江市も中心市街地活性化基本計画の認定(2008年)を受けている。

参 考
松江市ウェブサイト「中心市街地活性化」
http://www1.city.matsue.shimane.jp/jigyousha/sangyou/chushinshigaichi/
松江市中心市街地活性化協議会
http://www2.matsue.jp/chushin/

(3) 土浦市

茨城県土浦市では,中心市街地活性化基本計画(2014年度から実施)について,常陽銀行と連携協定を結び,常陽銀行が「土浦市まちなか定住促進ローン」で3つの金融商品を提供している。

「住み替えプラン」は,土浦市の内外から土浦市の中心市街地エリアに転居する場合に利用できる。住み替え前の住宅にローンが残っている場合,住宅を売却してローンを解消する必要があるが,売却しなくとも住み替えできる仕組みである。移住・住み替え支援機構(JTI)による借上げを行い,JTIから受け取る家賃によりローン返済するようになっている。「空き家活用プラン」は,土浦市の中心市街地エリアに住宅を保有する人が,住み替えを希望する場合に利用できる。やはりJTIによる借上げを行い,JTIから受け取る家賃を原資に,老後生活資金などを借入れできる。この2つの商品はリバースモーゲージの一種である。

一方,「住宅取得プラン」は,土浦市の中心市街地エリアに住宅を購入または建て替えする場合に利用できる低利のローンであり,土浦市の補助金(まちなか住宅建て替え・購入補助)の対象にもなっている。このほか,同市は,中心

市街地エリアの住宅を借りる場合の補助金も設けている（土浦市まちなか賃貸住宅家賃補助）。

このように，土浦市の取組みは，地元の金融機関やJTIと連携することで，まちなか居住を増やすという，ユニークなものとなっている。

参　考

土浦市ウェブサイト「中心市街地活性化基本計画」
http://www.city.tsuchiura.lg.jp/page/page005477.html
土浦市ウェブサイト「まちなか定住促進事業」
http://www.city.tsuchiura.lg.jp/page/page006310.html

(4) 都市再生法の活用

コンパクトシティ化については，中心市街地活性化の枠組みを使うほか，今後は，改正都市再生特別措置法（2014年8月施行）を使うことも考えられる。この法律では，自治体が「立地適正化計画」を策定し，まちの中心部に医療・福祉施設や商業施設などを集める「都市機能誘導区域」と，まとまった居住地域を残す「居住誘導区域」を指定できる。さらに，住宅地化を抑制する「居住調整地域」を定めることもできる。つまり，これにより，自治体の判断によって，今後残していく地域を選別できるようになったことを意味する。

空家法6条にもとづく空家等対策計画では，対象地域を決める必要がある。これは，当面，対策を講ずる必要性が高い地域ということになろうが，より突き詰めて考えれば，今後のまちづくりと連動させる形で，居住地として残していくべき地域を対象とすることが理にかなっているともいえる。なお，空き家再生事業（除却タイプ）（⇨188頁）では，居住誘導区域を定めた場合，その区域外での空き家の集積等が居住環境を阻害しているようなケースは，除却費用の助成対象になるとしている。

3　より根本的な空き家対策

空き家対策としては，当面は危険なものの除却を進めることと，利活用可能なものは少しでも利活用を進めていくことが必要になる。しかし，これは対症療法であり，より根本的な解決を図るためには，日本の住宅市場を欧米の住宅市場のように，良いものを造って，それを長く使っていく構造に変えていく必

Ⅵ　まちづくりとの連動　217

要がある。

　これまで日本の住宅は，いずれ売却することを念頭にきちんと手入れしてこなかったため，中古住宅購入者の不安が大きかった。また，住宅所有者にとっては，たとえ手入れをしても中古市場で評価されるわけではなく，手入れを行うインセンティブがなかった。後述のように，近年では，日本でもようやく住宅のメンテナンス記録を残し，それを中古市場で評価する動きが出ており，国もこうした仕組みを広げようとしている。

　中古住宅を取得する場合の金銭的インセンティブとしては，住宅ローン減税を新築よりも中古の方が手厚い仕組みに変えること，一部自治体が実施している改修費補助の仕組みを国レベルでも導入することなどが考えられる。

　こうした施策により，長持ちする住宅を建て，長く使い継いでいく住宅市場に変えていくことが，時間はかかるが，より根本的な空き家対策となる。また，これまで無秩序に拡大してきた市街地については，コンパクトシティ化により選別していく必要がある。

4　中古住宅の流通促進策

(1)　不動産総合データベースの仕組み

　中古住宅の流通促進に関する最近の施策として注目されるのは，「不動産総合データベース」の構築である。国土交通省が整備を進めてきたもので，試行運用が，2015年6月から，横浜市で開始された（試行運用期間は2016年2月までを予定）。

　不動産総合データベースは，不動産を購入する際に判断材料となる情報を集約し，不動産業者から消費者に提供するシステムである。住宅を購入する場合，消費者は不動産業者を通じ，REINS（不動産流通機構）に登録された情報を得られる。この情報に加え，売主が保有するその住宅の履歴情報（設計，施工，維持管理，修繕などに関する記録）などを，利用できるようにしようとするものである（→FIGURE 5.17）。

　中古住宅を購入する際にネックになるのは，売主はその住宅の状態をよく知っているにもかかわらず，買主はよくわからないという「情報の非対称性」が存在することである。この問題を解決するひとつの手段は，買主が，第三者

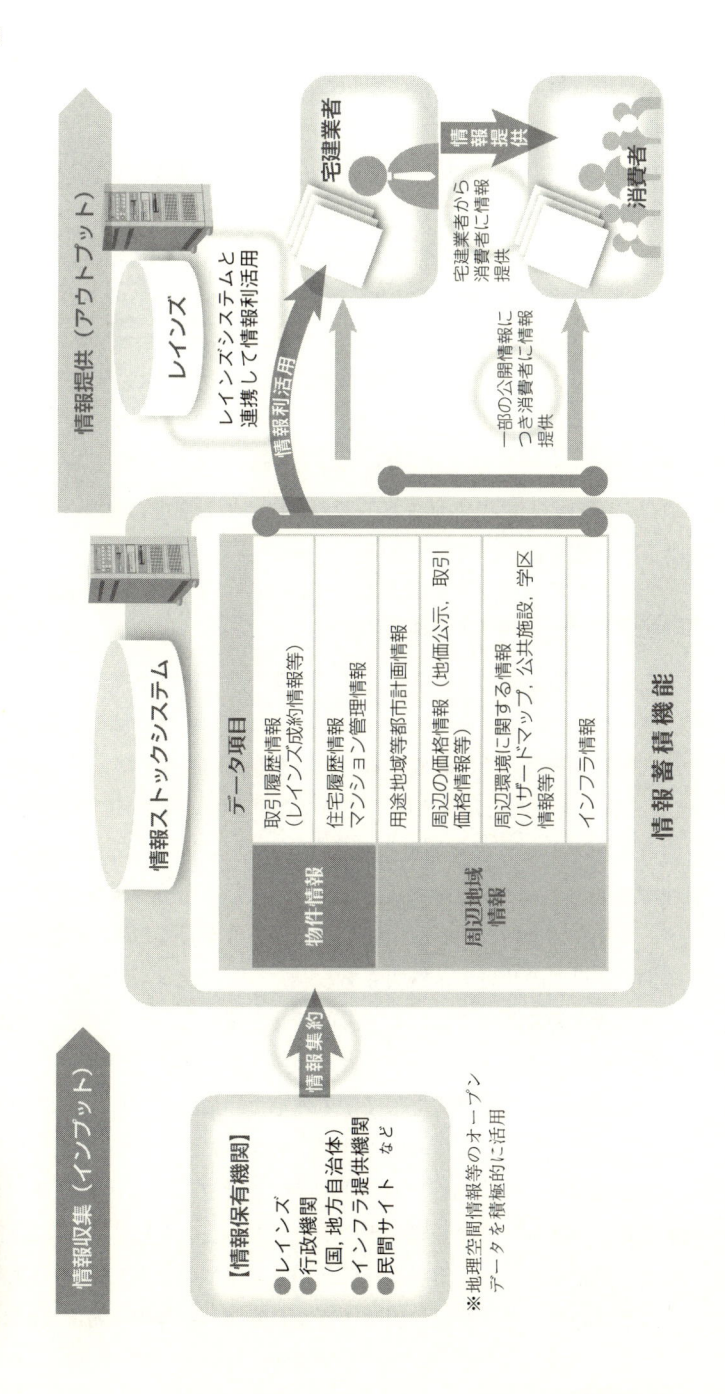

FIGURE 5.17　不動産総合データベースの仕組み

情報収集（インプット）

【情報保有機関】
- レインズ
- 行政機関（国、地方自治体）
- インフラ提供機関
- 民間サイト　など

※地理空間情報等のオープンデータを積極的に活用

情報集約 →

情報蓄積機能

情報ストックシステム

データ項目

物件情報
- 取引履歴情報（レインズ成約情報等）
- 住宅履歴情報・マンション管理情報
- 用途地域等都市計画情報

周辺地域情報
- 周辺の価格情報（地価公示、取引価格情報等）
- 周辺環境に関する情報（ハザードマップ、公共施設、学区情報等）
- インフラ情報

情報提供（アウトプット）

レインズ

レインズシステムと連携して情報利活用

情報利活用 → 宅建業者 → 消費者
宅建業者から消費者に情報提供

一部の公開情報につき消費者に情報提供 → 消費者

（出所）国土交通省「不動産に係る情報ストックシステム基本構想」（2014年3月）。

である専門家（インスペクター）に，その物件の検査（インスペクション）を依頼することである。近年は日本でも，こうしたインスペクションサービスを手がける業者が増えている。

情報の非対称性の解消には，住宅所有者が，住宅履歴情報をすべて残しておき，売却時に買主がそれを参照できるようにすることも有効である。きちんと手入れされた住宅は，市場での評価額が高まる効果も期待できる。

アメリカでは，履歴情報を参照できる仕組みは早くから形成されてきた。MLS（Multiple Listing Service）と呼ばれるシステムで，地域ごとにある。MLSは民間によって運営されており，不動産業者は各地域のMLSに加盟しなければ営業することができない。不動産事業者はMLSを通じ，物件情報，履歴情報，課税履歴，登記履歴，さらには地域情報（ハザードマップなど）やマーケット情報を取得し，消費者に提供する。消費者はこうした豊富な情報をもとに，中古住宅購入の判断を行うことができる。

(2) 不動産総合データベースの課題

新築偏重の市場構造を変え，日本でも住宅を使い捨てではなく，良いものを造って使い継いでいく市場に変えていくため，これまで各種の施策が講じられてきた。住宅の性能を客観的に評価する「住宅性能表示制度」の創設（2000年）や，長持ちする住宅を造った場合には税優遇などが受けられる「長期優良住宅」の仕組みの導入（2009年），住宅履歴情報蓄積の推進体制の構築（住宅履歴情報蓄積・活用推進協議会〔いえかるて協議会〕，2010年）などである。現在では，大手のハウスメーカーなどは独自の履歴情報システムを保有しており，履歴情報システムを提供する専門のサービス機関もある。

しかし，住宅所有者にとってみれば，履歴情報を蓄積したとしても，それが売却時に評価されるようなメリットがなければ，手間をかけて情報を蓄積するインセンティブがない。履歴情報を蓄積する住宅は，最近建てられたものでは増えているが，住宅ストック全体の中ではごくわずかにすぎない。

今回の試行運用では，購入検討時に履歴情報を参照できるようにするため，物件の売主に対し，履歴情報の登録サポートキャンペーンを行っている。売主が希望すれば，売主側の不動産業者からいえかるて協議会に申し込み，協議会が選定した履歴情報サービス機関に履歴情報を登録し，物件購入希望者が不動

産業者を通じてその情報を参照できる形にしている。そもそも売却希望物件で履歴情報を蓄積している例は現状ではほとんどないため，まずは登録してもらうことで購入希望者が参照できる環境を整え，その取引上の効果や課題を探ろうとしている。

不動産総合データベースでは，履歴情報に加え，周辺の地域情報（都市計画情報，価格情報，ハザードマップ，公共施設・学区・インフラ情報など）も参照できるようにすることを目指している。ただし，アメリカのように課税履歴や登記履歴を参照できることをまでを目指しているわけではなく，国土交通省の判断で実施できる範囲で進めようとしている。

先にも述べたが，こうしたシステムを作ったとしても，履歴情報を蓄積することによって売却時の評価額が上がるなど，所有者にとって目に見える効果が感じられなければ，情報を蓄積するメリットがない。また一方，現実には履歴情報を蓄積した物件の取引事例が増えていかなければ，評価もどれだけ上がるかはわからない。この仕組みを定着させていくためには，登録した物件の税優遇や補助金などのインセンティブを与えることでまずは物件の数を増やし，同時にその評価の仕組みを確立し，取引事例を増やしていく必要がある。国土交通省は試行運用の後，2016～17年度に本格運用のためのシステム構築を行い，2018年度には本格運用を行う予定にしている。今後，普及のためのインセンティブを検討していくことが望まれる。

不動産データベースを今後本格運用していく過程では，自治体も積極的に協力していくべきである。

(3) 不動産総合データベースの発展可能性

このシステムを将来的に課税情報や登記情報ともリンクさせることができれば，購入希望者が参照できる情報が増えるばかりでなく，自治体にとってもメリットがある。現在，空家法の施行に伴い，自治体には空き家のデータベース構築が求められている。

もし，不動産総合データベースによって，住宅の履歴情報が蓄積され，それを自治体も参照できるとすれば，空き家対策のために自治体が改めてデータベースを構築する手間が省ける。適切に維持管理されてきたものは問題なく，全くなされていないものは要チェックだということが容易に判断できる。また，

課税情報ともリンクされていれば，課税適正化も行いやすくなる。さらには，地域に利活用可能な中古物件がどの程度あるかを把握でき，それを活かしたまちづくりも考えやすくなる。

　このように，不動産総合データベースは，リンクさせる情報を増やしていけば，自治体にとっても有用性を増していくことになる。もとより，履歴情報は個人的な情報なので，それを誰がどこまで使えるのかについては十分な検討がなされなければならない。まずは，試験運用で課題を洗い出し，単に試験運用で終わらせずに本格運用に確実につなげ，同時に他の情報とのリンクも早い段階から検討していくことが求められる。

空家等対策の推進に関する特別措置法

(平成 26 年法律第 127 号)

(目的)
第1条　この法律は、適切な管理が行われていない空家等が防災、衛生、景観等の地域住民の生活環境に深刻な影響を及ぼしていることに鑑み、地域住民の生命、身体又は財産を保護するとともに、その生活環境の保全を図り、あわせて空家等の活用を促進するため、空家等に関する施策に関し、国による基本指針の策定、市町村（特別区を含む。第十条第二項を除き、以下同じ。）による空家等対策計画の作成その他の空家等に関する施策を推進するために必要な事項を定めることにより、空家等に関する施策を総合的かつ計画的に推進し、もって公共の福祉の増進と地域の振興に寄与することを目的とする。

(定義)
第2条①　この法律において「空家等」とは、建築物又はこれに附属する工作物であって居住その他の使用がなされていないことが常態であるもの及びその敷地（立木その他の土地に定着する物を含む。）をいう。ただし、国又は地方公共団体が所有し、又は管理するものを除く。

②　この法律において「特定空家等」とは、そのまま放置すれば倒壊等著しく保安上危険となるおそれのある状態又は著しく衛生上有害となるおそれのある状態、適切な管理が行われていないことにより著しく景観を損なっている状態その他周辺の生活環境の保全を図るために放置することが不適切である状態にあると認められる空家等をいう。

(空家等の所有者等の責務)
第3条　空家等の所有者又は管理者（以下「所有者等」という。）は、周辺の生活環境に悪影響を及ぼさないよう、空家等の適切な管理に努めるものとする。

(市町村の責務)
第4条　市町村は、第六条第一項に規定する空家等対策計画の作成及びこれに基づく空家等に関する対策の実施その他の空家等に関する必要な措置を適切に講ずるよう努めるものとする。

(基本指針)
第5条①　国土交通大臣及び総務大臣は、空家等に関する施策を総合的かつ計画的に実施するための基本的な指針（以下「基本指針」という。）を定めるものとする。

②　基本指針においては、次に掲げる事項を定めるものとする。
一　空家等に関する施策の実施に関する基本的な事項
二　次条第一項に規定する空家等対策計画に関する事項
三　その他空家等に関する施策を総合的かつ計画的に実施するために必要な事項

③　国土交通大臣及び総務大臣は、基本指針を定め、又はこれを変更しようとするときは、あらかじめ、関係行政機関の長に協議するものとする。

④　国土交通大臣及び総務大臣は、基本指針を定め、又はこれを変更したときは、遅滞なく、これを公表しなければならない。

(空家等対策計画)
第6条①　市町村は、その区域内で空家等に関する対策を総合的かつ計画的に実施するため、基本指針に即して、空家等に関する対策についての計画（以下「空家等対策計画」という。）を定めることができる。

②　空家等対策計画においては、次に掲げる事項を定めるものとする。
一　空家等に関する対策の対象とする地区及び対象とする空家等の種類その他の空家等に関する対策に関する基本的な方針
二　計画期間
三　空家等の調査に関する事項
四　所有者等による空家等の適切な管理の促進に関する事項
五　空家等及び除却した空家等に係る跡地（以下「空家等の跡地」という。）の活用の促進に関する事項
六　特定空家等に対する措置（第十四条第一項の規定による助言若しくは指導、同条第二項の規定による勧告、同条第三項の規定による命令又は同条第九項若しくは第十項の規定による代執行をいう。以下同じ。）その他の特定空家等への対処に関する事項
七　住民等からの空家等に関する相談への対応に関する事項
八　空家等に関する対策の実施体制に関する事項

九　その他空家等に関する対策の実施に関し必要な事項
③　市町村は、空家等対策計画を定め、又はこれを変更したときは、遅滞なく、これを公表しなければならない。
④　市町村は、都道府県知事に対し、空家等対策計画の作成及び変更並びに実施に関し、情報の提供、技術的な助言その他必要な援助を求めることができる。

（協議会）
第7条①　市町村は、空家等対策計画の作成及び変更並びに実施に関する協議を行うための協議会（以下この条において「協議会」という。）を組織することができる。
②　協議会は、市町村長（特別区の区長を含む。以下同じ。）のほか、地域住民、市町村の議会の議員、法務、不動産、建築、福祉、文化等に関する学識経験者その他の市町村長が必要と認める者をもって構成する。
③　前二項に定めるもののほか、協議会の運営に関し必要な事項は、協議会が定める。

（都道府県による援助）
第8条　都道府県知事は、空家等対策計画の作成及び変更並びに実施その他空家等に関しこの法律に基づき市町村が講ずる措置について、当該市町村に対する情報の提供及び技術的な助言、市町村相互間の連絡調整その他必要な援助を行うよう努めなければならない。

（立入調査等）
第9条①　市町村長は、当該市町村の区域内にある空家等の所在及び当該空家等の所有者等を把握するための調査その他空家等に関しこの法律の施行のために必要な調査を行うことができる。
②　市町村長は、第十四条第一項から第三項までの規定の施行に必要な限度において、当該職員又はその委任した者に、空家等と認められる場所に立ち入って調査をさせることができる。
③　市町村長は、前項の規定により当該職員又はその委任した者を空家等と認められる場所に立ち入らせようとするときは、その五日前までに、当該空家等の所有者等にその旨を通知しなければならない。ただし、当該所有者等に対し通知することが困難であるときは、この限りでない。
④　第二項の規定により空家等と認められる場所に立ち入ろうとする者は、その身分を示す証明書を携帯し、関係者の請求があったときは、これを提示しなければならない。
⑤　第二項の規定による立入調査の権限は、犯罪捜査のために認められたものと解釈してはならない。

（空家等の所有者等に関する情報の利用等）
第10条①　市町村長は、固定資産税の課税その他の事務のために利用する目的で保有する情報であって氏名その他の空家等の所有者等に関するものについては、この法律の施行のために必要な限度において、その保有に当たって特定された利用の目的以外の目的のために内部で利用することができる。
②　都知事は、固定資産税の課税その他の事務で市町村が処理するものとされているもののうち特別区の存する区域においては都が処理するものとされているもののために利用する目的で都が保有する情報であって、特別区の区域内にある空家等の所有者等に関するものについて、当該特別区の区長から提供を求められたときは、この法律の施行のために必要な限度において、速やかに当該情報の提供を行うものとする。
③　前項に定めるもののほか、市町村長は、この法律の施行のために必要があるときは、関係する地方公共団体の長その他の者に対して、空家等の所有者等の把握に関し必要な情報の提供を求めることができる。

（空家等に関するデータベースの整備等）
第11条　市町村は、空家等（建築物を販売し、又は賃貸する事業を行う者が販売し、又は賃貸するために所有し、又は管理するもの（周辺の生活環境に悪影響を及ぼさないよう適切に管理されているものに限る。）を除く。以下第十三条までにおいて同じ。）に関するデータベースの整備その他空家等に関する正確な情報を把握するために必要な措置を講ずるよう努めるものとする。

（所有者等による空家等の適切な管理の促進）
第12条　市町村は、所有者等による空家等の適切な管理を促進するため、これらの者に対し、情報の提供、助言その他必要な援助を行うよう努めるものとする。

（空家等及び空家等の跡地の活用等）
第13条　市町村は、空家等及び空家等の跡地（土地を販売し、又は賃貸する事業を行う者が販売し、又は賃貸するために所有し、又は管理するものを除く。）に関する情報の提供

その他これらの活用のために必要な対策を講ずるよう努めるものとする。
（特定空家等に対する措置）
第14条① 市町村長は、特定空家等の所有者等に対し、当該特定空家等に関し、除却、修繕、立木竹の伐採その他周辺の生活環境の保全を図るために必要な措置（そのまま放置すれば倒壊等著しく保安上危険となるおそれのある状態又は著しく衛生上有害となるおそれのある状態にない特定空家等については、建築物の除却を除く。次項において同じ。）をとるよう助言又は指導をすることができる。

② 市町村長は、前項の規定による助言又は指導をした場合において、なお当該特定空家等の状態が改善されないと認めるときは、当該助言又は指導を受けた者に対し、相当の猶予期限を付けて、除却、修繕、立木竹の伐採その他周辺の生活環境の保全を図るために必要な措置をとることを勧告することができる。

③ 市町村長は、前項の規定による勧告を受けた者が正当な理由がなくてその勧告に係る措置をとらなかった場合において、特に必要があると認めるときは、その者に対し、相当の猶予期限を付けて、その勧告に係る措置をとることを命ずることができる。

④ 市町村長は、前項の措置を命じようとする場合においては、あらかじめ、その措置を命じようとする者に対し、その命じようとする措置及びその事由並びに意見書の提出先及び提出期限を記載した通知書を交付して、その措置を命じようとする者又はその代理人に意見書及び自己に有利な証拠を提出する機会を与えなければならない。

⑤ 前項の通知書の交付を受けた者は、その交付を受けた日から五日以内に、市町村長に対し、意見書の提出に代えて公開による意見の聴取を行うことを請求することができる。

⑥ 市町村長は、前項の規定による意見の聴取の請求があった場合においては、第三項の措置を命じようとする者又はその代理人の出頭を求めて、公開による意見の聴取を行わなければならない。

⑦ 市町村長は、前項の規定による意見の聴取を行う場合においては、第三項の規定によって命じようとする措置並びに意見の聴取の期日及び場所を、期日の三日前までに、前項に規定する者に通知するとともに、これを公告しなければならない。

⑧ 第六項に規定する者は、意見の聴取に際して、証人を出席させ、かつ、自己に有利な証拠を提出することができる。

⑨ 市町村長は、第三項の規定により必要な措置を命じた場合において、その措置を命ぜられた者がその措置を履行しないとき、履行しても十分でないとき又は履行しても同項の期限までに完了する見込みがないときは、行政代執行法（昭和二十三年法律第四十三号）の定めるところに従い、自ら義務者のなすべき行為をし、又は第三者をしてこれをさせることができる。

⑩ 第三項の規定により必要な措置を命じようとする場合において、過失がなくてその措置を命ぜられるべき者を確知することができないとき（過失がなくて第一項の助言若しくは指導又は第二項の勧告が行われるべき者を確知することができないため第三項に定める手続により命令を行うことができないときを含む。）は、市町村長は、その者の負担において、その措置を自ら行い、又はその命じた者若しくは委任した者に行わせることができる。この場合においては、相当の期限を定めて、その措置を行うべき旨及びその期限までにその措置を行わないときは、市町村長又はその命じた者若しくは委任した者がその措置を行うべき旨をあらかじめ公告しなければならない。

⑪ 市町村長は、第三項の規定による命令をした場合においては、標識の設置その他国土交通省令・総務省令で定める方法により、その旨を公示しなければならない。

⑫ 前項の標識は、第三項の規定による命令に係る特定空家等に設置することができる。この場合においては、当該特定空家等の所有者等は、当該標識の設置を拒み、又は妨げてはならない。

⑬ 第三項の規定による命令については、行政手続法（平成五年法律第八十八号）第三章（第十二条及び第十四条を除く。）の規定は、適用しない。

⑭ 国土交通大臣及び総務大臣は、特定空家等に対する措置に関し、その適切な実施を図るために必要な指針を定めることができる。

⑮ 前各項に定めるもののほか、特定空家等に対する措置に関し必要な事項は、国土交通省令・総務省令で定める。

（財政上の措置及び税制上の措置等）
第15条① 国及び都道府県は、市町村が行う

空家等対策計画に基づく空家等に関する対策の適切かつ円滑な実施に資するため、空家等に関する対策の実施に要する費用に対する補助、地方交付税制度の拡充その他の必要な財政上の措置を講ずるものとする。
② 国及び地方公共団体は、前項に定めるもののほか、市町村が行う空家等対策計画に基づく空家等に関する対策の適切かつ円滑な実施に資するため、必要な税制上の措置その他の措置を講ずるものとする。

（過料）
第16条① 第十四条第三項の規定による市町村長の命令に違反した者は、五十万円以下の過料に処する。
② 第九条第二項の規定による立入調査を拒み、妨げ、又は忌避した者は、二十万円以下の過料に処する。

附　則
（施行期日）
① この法律は、公布の日から起算して三月を超えない範囲内において政令で定める日から施行する。ただし、第九条第二項から第五項まで、第十四条及び第十六条の規定は、公布の日から起算して六月を超えない範囲内において政令で定める日から施行する。

（検討）
② 政府は、この法律の施行後五年を経過した場合において、この法律の施行の状況を勘案し、必要があると認めるときは、この法律の規定について検討を加え、その結果に基づいて所要の措置を講ずるものとする。

空家等に関する施策を総合的かつ計画的に実施するための基本的な指針

（平成27年総務省・国土交通省告示第1号）

目　次

一　空家等に関する施策の実施に関する基本的な事項
　1　本基本指針の背景
　2　実施体制の整備
　3　空家等の実態把握
　4　空家等に関するデータベースの整備等
　5　空家等対策計画の作成
　6　空家等及びその跡地の活用の促進
　7　特定空家等に対する措置の促進
　8　空家等に関する対策の実施に必要な財政上・税制上の措置
二　空家等対策計画に関する事項
　1　効果的な空家等対策計画の作成の推進
　2　空家等対策計画に定める事項
　3　空家等対策計画の公表等
三　その他空家等に関する施策を総合的かつ計画的に実施するために必要な事項
　1　空家等の所有者等の意識の涵養と理解増進
　2　空家等に対する他法令による諸規制等
　3　空家等の増加抑制策、利活用施策、除却等に対する支援施策等

一　空家等に関する施策の実施に関する基本的な事項

1　本基本指針の背景

　近年、地域における人口減少や既存の住宅・建築物の老朽化、社会的ニーズの変化及び産業構造の変化等に伴い、居住その他の使用がなされていないことが常態である住宅その他の建築物又はこれに附属する工作物及びその敷地（立木その他の土地に定着する物を含む。）が年々増加している。このような空家等（空家等対策の推進に関する特別措置法（平成26年法律第127号）第2条第1項に規定する「空家等」をいう。以下同じ。）の中には、適切な管理が行われていない結果として安全性の低下、公衆

衛生の悪化、景観の阻害等多岐にわたる問題を生じさせ、ひいては地域住民の生活環境に深刻な影響を及ぼしているものがある。今後、空家等の数が増加すれば、それがもたらす問題が一層深刻化することが懸念されるところである。

このような状況から、市町村（特別区を含む。以下同じ。）等の地方公共団体は、適切な管理が行われていない空家等に対して既存法や条例に基づき必要な助言・指導、勧告、命令等を行い適切な管理を促すとともに、それぞれの地域の活性化等の観点から、国の財政上の支援措置等を利用しながら空家等を地域資源として有効活用するなど地域の実情に応じた空家等に関する施策を実施している。

しかしながら、空家等がもたらす問題が多岐にわたる一方で、空家等の所有者又は管理者（以下「所有者等」という。）の特定が困難な場合があること等解決すべき課題が多いことを踏まえると、空家等がもたらす問題に総合的に対応するための施策の更なる充実を図ることが求められるところである。

以上を踏まえ、適切な管理が行われていない空家等が防災、衛生、景観等の地域住民の生活環境に深刻な影響を及ぼしていることに鑑み、地域住民の生命、身体又は財産を保護するとともに、その生活環境の保全を図り、あわせて空家等の活用を促進するため、空家等に関する施策に関し、国による基本指針の策定、市町村による空家等対策計画の作成その他の空家等に関する施策を推進するために必要な事項を定めることにより、空家等に関する施策を総合的かつ計画的に推進し、もって公共の福祉の増進と地域の振興に寄与することを目的として、平成26年11月27日に、「空家等対策の推進に関する特別措置法（以下「法」という。）」が公布された。

(1) 空家等の現状

平成25年に総務省が実施した住宅・土地統計調査の速報値（平成26年7月29日公表）によると、全国の総住宅数は6,063万戸となっている一方、総世帯数は5,246万世帯となっており、住宅ストックが量的には充足していることが分かる。このうち空き家[※1]の数は820万戸であり、これが全国の総住宅数に占める割合は13.5％となっている。また「賃貸用又は売却用の住宅[※2]」及び「二次的住宅[※3]」を除いた「その他の住宅[※4]」に属する空き家の数は318万戸に上っている。これが全国の総住宅数に占める割合は5.2％であるが、その数は過去20年間で約2倍に増加しているところである。

※1　住宅・土地統計調査における「空き家」とは、以下に掲げる「賃貸用又は売却用の住宅」、「二次的住宅」及び「その他の住宅」を合計したものをいう。

※2　住宅・土地統計調査における「賃貸用又は売却用の住宅」とは「新築・中古を問わず、賃貸又は売却のために空き家になっている住宅」をいう。

※3　住宅・土地統計調査における「二次的住宅」とは「別荘（週末や休暇時に避暑・避寒・保養などの目的で使用される住宅で、普段は人が住んでいない住宅）」及び「その他住宅（普段住んでいる住宅とは別に、残業で遅くなったときに寝泊りするなど、たまに寝泊りしている人がいる住宅）」を合計したものをいう。

※4　住宅・土地統計調査における「その他の住宅」とは「賃貸用又は売却用の住宅」又は「二次的住宅」以外の人が住んでいない住宅で、例えば転勤・入院などのために居住世帯が長期にわたって不在の住宅や建て替えなどのために取り壊すことになっている住宅など」をいう。

(2) 空家等対策の基本的な考え方

①基本的な考え方

適切な管理が行われていない空家等がもたらす問題を解消するためには、法において行政主体の責務に関する規定の前に「空家等の所有者等は、周辺の生活環境に悪影響を及ぼさないよう、空家等の適切な管理に努めるものとする。」（法第3条）と規定されているように、第一義的には空家等の所有者等が自らの責任により的確に対応することが前提となる。

しかしながら、空家等の所有者等が、経済的な事情等から自らの空家等の管理を十分に行うことができず、その管理責任を全うしない場合等も考えられる。そのような場合においては、所有者等の第一義的な責任を前提にしながらも、住民に最も身近な行政主体であり、個別の空家等の状況を把握することが可能な立場にある各市町村が、地域の実情に応じて、地域活性化等の観点から空家等の有効活用を図る一方、周辺の生活環境に悪影響を及ぼす空家等については所要の措置を講ずる

など、空家等に関する対策を実施することが重要となる。なお、この点を明確化する観点から、法第４条においては市町村の責務として「市町村は、第６条第１項に規定する空家等対策計画の作成及びこれに基づく空家等に関する対策の実施その他の空家等に関する必要な措置を適切に講ずるよう努めるものとする。」と規定されている。

また、国及び都道府県においては、以下に掲げるような役割を踏まえ、市町村と連携してその空家等に関する対策の実施を支援することが重要である。

②市町村の役割

市町村は、関係内部部局間の連携、必要に応じた協議会（法第７条第１項に規定する協議会をいう。以下同じ。）の組織、相談体制の整備等による法の実施体制の整備に着手し、まず法第９条第１項の調査を通じて、各市町村内における空家等の所在及び状態の実態把握並びにその所有者等の特定を行うことが重要である。また、必要に応じ、法第６条第１項に基づく空家等対策計画の作成を行い、各地域内の空家等に対する行政としての基本姿勢を住民に対して示しつつ、空家等及びその跡地の活用方策についても併せて検討する。さらに、適切な管理が行われておらず、結果として地域住民の生活環境に悪影響を及ぼしている空家等については、法第９条第２項に基づく立入調査を必要に応じて行いつつ、法第１４条に基づく「特定空家等」（法第２条第２項に規定する特定空家等をいう。以下同じ。）に対する必要な措置を講ずることが重要である。

なお、市町村は法第６条第４項に基づき、都道府県知事に対し、空家等対策計画の作成及び変更並びに実施に関し、情報の提供、技術的な助言その他の必要な援助を求めることができることとされている。

また、空家等対策を行う上では、必要に応じて、事務の委託、事務の代替執行等の地方公共団体間の事務の共同処理の仕組みを活用することも考えられる。

③都道府県の役割

都道府県知事は、②で述べたように、法第６条第４項に基づき市町村から空家等対策計画の作成及び変更並びに実施に関して必要な援助を求められた場合のほか、法第８条において「空家等に関しこの法律に基づき市町村が講ずる措置について、当該市町村に対する情報の提供及び技術的な助言、市町村相互間の連絡調整その他必要な援助を行うよう努めなければならない。」こととされている。

具体的には、例えば県内の市町村間での空家等対策の情報共有への支援、建築部局の存在しない市町村が、特定空家等に該当するか否かの判断に困難を来している場合における技術的な助言の提供や空家等対策を推進している都道府県内市町村相互間の意見交換の場を設ける、協議会の構成員を仲介又はあっせんするといった対応が考えられる。また、市町村に対して必要な援助を行うに際し、都道府県内の関係部局の連携体制を構築することが望ましい。

このほか、特に建築部局の存在しない市町村に対しては、例えば都道府県の建築部局による専門技術的サポートを受けられるような体制作りを支援したり、協議会への参画を通じた協力をすることも考えられる。加えて、市町村が住民等からの空家等に関する相談に対応するための体制を整備するのに際し、宅地建物取引業者等の関係事業者団体や建築士等の関係資格者団体との連携を支援することも考えられる。

さらに、都道府県は国とともに、市町村が行う空家等対策計画に基づく空家等に関する対策の適切かつ円滑な実施に資するため、空家等に関する対策の実施に要する費用に対する補助など必要な財政上の措置等を講ずるものとされている（法第１５条）。

④国の役割

国は、法の内容について、地方公共団体等に対して具体的に周知を図るとともに、法第１４条に基づく市町村長による特定空家等に対する措置に関し、その適切な実施を図るために必要な指針（以下「ガイドライン」という。）を定めること等により、市町村による空家等対策の適切な実施を支援することとする。

また、③で述べたとおり、国は市町村が行う空家等対策計画に基づく空家等に関する対策の適切かつ円滑な実施に資するため、空家等に関する対策の実施に要する費用に対する補助、地方交付税制度の拡充など必要な財政上の措置や必要な税制上の措置その他の措置を講ずるものとされているところ、例えば市町村が空家等対策計画の作成のため空家等の

実態調査を行う場合や、空家等の所有者等に対してその除却や活用に要する費用を補助する場合、当該市町村を交付金制度により支援するほか、市町村が取り組む空家等に関するデータベースの整備、空家等相談窓口の設置、空家等対策計画に基づく空家等の活用・除却等に要する経費について特別交付税措置を講ずる等、空家等対策を実施する市町村を支援することとする。

2　実施体制の整備

空家等対策を市町村が効果的かつ効率的に実施するためには、空家等の調査・確認、特定空家等に対する立入調査又は措置などに不断に取り組むための体制を整備することが重要であることから、市町村は、空家等対策に関係する内部部局の連携体制や空家等の所有者等からの相談を受ける体制の整備を図るとともに、必要に応じて協議会の組織を推進する。

(1) 市町村内の関係部局による連携体制

空家等がもたらす問題を解消するには、防災、衛生、景観等多岐にわたる政策課題に横断的に応える必要があることから、市町村においては、それら政策課題に対応する建築・住宅・景観・まちづくり部局、税務部局、法務部局、消防部局、防災・危機管理部局、環境部局、水道部局、商工部局、市民部局、財政部局等の関係内部部局が連携して空家等対策に対応できる体制の構築を推進することが望ましい。

特に建築部局の参画は、空家等が倒壊等著しく保安上危険となるおそれのある状態又は著しく衛生上有害となるおそれのある状態であるかどうかの判断やその対応策を検討する観点から重要である。また、1(2)③に述べたとおり、建築部局の存在しない市町村においては、建築部局を擁する都道府県の援助を得ることにより、空家等対策の実施に当たり必要となる連携体制を構築することが重要である。

さらに、税務部局の参画は特に空家等の土地について、住宅用地に係る固定資産税及び都市計画税の課税標準の特例措置（以下「固定資産税等の住宅用地特例」という。）の適切な運用を図る観点から、法務部局の参画は所有者等が不明である空家等に対してどのような対処方針で臨むかを検討する観点から、それぞれ重要である。

(2) 協議会の組織

市町村は、法第7条に基づき、空家等対策計画の作成及び変更並びに実施に関する協議を行うための「協議会」を組織することができ、その構成員としては「市町村長（特別区の区長を含む。）のほか、地域住民、市町村の議会の議員、法務、不動産、建築、福祉、文化等に関する学識経験者その他の市町村長が必要と認める者をもって構成する。」ものとされている（同条第2項）。

協議会の構成員として、具体的には弁護士、司法書士、宅地建物取引業者、不動産鑑定士、土地家屋調査士、建築士、社会福祉士の資格を有して地域の福祉に携わる者、郷土史研究家、大学教授・教員等、自治会役員、民生委員、警察職員、消防職員、道路管理者等公物管理者、まちづくりや地域おこしを行うNPO等の団体が考えられる。これに加え、都道府県や他市町村の建築部局に対して協力を依頼することも考えられる。

なお、この協議会は、法に規定されているとおり空家等対策計画の作成及び変更に関する協議を行うほか、同計画の実施の一環として、例えば、①空家等が特定空家等に該当するか否かの判断、②空家等の調査及び特定空家等と認められるものに対する立入調査の方針、③特定空家等に対する措置の方針などに関する協議を行うための場として活用することも考えられる。また、協議会における協議の過程で空家等の所有者等の氏名、住所などの情報が外部に漏えいすることのないよう、協議会の構成員は当該情報の取扱いには細心の注意を払う必要がある。

また、協議会を設置するに当たっては、1市町村に1つの協議会を設置するほか、例えば1つの市町村が複数の協議会を設置したり、複数の市町村が共同して1つの協議会を設置したりすることも可能である。

(3) 空家等の所有者等及び周辺住民からの相談体制の整備

法第12条には「市町村は、所有者等による空家等の適切な管理を促進するため、これらの者に対し、情報の提供、助言その他必要な援助を行うよう努めるものとする。」と規定されている。本規定を踏まえ、例えば自ら所有する空家等をどのように活用し、又は除却等すればよいかについてのノウハウの提供や、引っ越し等により今後長期にわたって自

宅を不在にせざるを得ない場合における今後の対応方針の相談を当該住宅等の所有者等が市町村に求めることが必要である場合が想定されるため、市町村はその要請に迅速に対応することが可能な体制を整備することが望ましい。なお、体制整備に当たっては、空家等をめぐる一般的な相談はまず市町村において対応した上で、専門的な相談については宅地建物取引業者等の関係事業者や関係資格者等専門家の団体と連携して対応するものとすることも考えられる。

また、空家等の所有者等に限らず、例えば空家等の所在地の周辺住民からの当該空家等に対する様々な苦情や、移住、二地域居住又は住み替えを希望する者からの空家等の利活用の申入れに対しても、市町村は迅速に回答することができる体制を整備することが望ましい。

3 空家等の実態把握
(1) 市町村内の空家等の所在等の把握

市町村が空家等対策を効果的かつ効率的に実施するためには、既存の統計資料等も活用しつつ、まず各市町村の区域内の空家等の所在やその状態等を把握することが重要である。

「空家等」は、法第2条第1項により「建築物又はこれに附属する工作物であって居住その他の使用がなされていないことが常態であるもの及びその敷地（立木その他の土地に定着するものを含む。）をいう。」と定義されている。ここでいう「建築物」とは建築基準法（昭和25年法律第201号）第2条第1号の「建築物」と同義であり、土地に定着する工作物のうち、屋根及び柱又は壁を有するもの（これに類する構造のものを含む。）、これに附属する門又は塀等をいい、また「これに附属する工作物」とはネオン看板など門又は塀以外の建築物に附属する工作物が該当する。

市町村はその区域内の建築物又はこれに附属する工作物（以下「建築物等」という。）のうち「居住その他の使用がなされていないことが常態であるもの」を空家等と判断し、この法律を適用することとなる。「居住その他の使用がなされていないこと」とは、人の日常生活が営まれていない、営業が行われていないなど当該建築物等を現に意図をもって使い用いていないことをいうが、このような建築物等の使用実態の有無については、法第9条第1項の調査を行う一環として、調査時点での建築物等の状況を基に、建築物等の用途、建築物等への人の出入りの有無、電気・ガス・水道の使用状況及びそれらが使用可能な状態にあるか否か、建築物等及びその敷地の登記記録並びに建築物等の所有者等の住民票の内容、建築物等の適切な管理が行われているか否か、建築物等の所有者等によるその利用実績についての主張等から客観的に判断することが望ましい。

また、「居住その他の使用がなされていない」ことが「常態である」とは、建築物等が長期間にわたって使用されていない状態をいい、例えば概ね年間を通して建築物等の使用実績がないことは1つの基準となると考えられる。

調査の結果「空家等」に該当する建築物等については、法第11条に基づき、例えば空家等の所在地を一覧表にし、又は地図上に示したものを市町村の内部部局間で常時確認できるような状態にしておくなど、空家等の所在地について市町村内の関係部局が情報共有できる環境を整備することが重要である。

なお、「国又は地方公共団体が所有し、又は管理する」建築物等については、通常は各法令に基づき適切に管理されることが想定され、またその活用等についても、多くは当該建築物等を管理する国又は地方公共団体の責任において行われる実態に鑑み、空家等から明示的に除外されている。

また、空家等のうち、「そのまま放置すれば倒壊等著しく保安上危険となるおそれのある状態又は著しく衛生上有害となるおそれのある状態、適切な管理が行われていないことにより著しく景観を損なっている状態その他周辺の生活環境の保全を図るために放置することが不適切である状態にあると認められる」もの（法第2条第2項）については「特定空家等」に該当することとなるが、どのような空家等が「特定空家等」に該当するか否かを判断する際に参考となる基準等については、国土交通大臣及び総務大臣がガイドラインにおいて別途定めることとしている。

(2) 空家等の所有者等の特定及び意向の把握

空家等の所在等を把握した市町村においては、次に当該空家等の所有者等を特定するとともに、必要に応じて当該所有者等がその所

有する空家等をどのように活用し、又は除却等しようとする意向なのかについて、併せて把握することが重要である。これらの情報を把握するためには、(3)に述べる手段を用いて所有者等を確知し、当該所有者等に対して法第９条第１項に基づき聞き取り調査等を行うことが重要である。なお、所有者等による空家等の適切な管理を促進するため、市町村は、法第１２条に基づき空家等の所有者等に対し、例えば時々の通水、換気、清掃等の適切な管理又は適宜の除草、立木竹の伐採、枝打ち等により空家等の劣化を防ぐことができる旨の助言を行ったり、空家等を日頃管理することが難しい所有者等については当該空家等を適切に管理する役務を提供する専門業者に関する情報を提供したりすることが考えられる。

(3) 空家等の所有者等に関する情報を把握する手段

市町村長が(2)の調査を通じて空家等の所有者等の特定を行うためには、空家等の所在する地域の近隣住民等への聞き取り調査に加え、法務局が保有する当該空家等の不動産登記簿情報及び市町村が保有する空家等の所有者等の住民票情報や戸籍謄本等を利用することが考えられる。これらの情報は、いずれも不動産登記法（平成１６年法律第１２３号）、住民基本台帳法（昭和４２年法律第８１号）、戸籍法（昭和２２年法律第２２４号）等既存の法制度により入手可能なものであるが、市町村長は法第１０条第３項に基づき「この法律の施行のために必要があるときは、関係する地方公共団体の長その他の者に対して、空家等の所有者等の把握に関し必要な情報の提供を求めることができる。」こととされていることから、例えば空家等の不動産登記簿情報については関係する法務局長に対して、電子媒体による必要な不動産登記簿情報の提供を求めることができる。このように市町村長が法務局長に電子媒体による不動産登記簿情報を求めることとすれば、4で述べる空家等に関するデータベースを市町村が整備しようとする際に有効と考えられる。また、同項に基づき、電気、ガス等の供給事業者に、空家等の電気、ガス等の使用状況やそれらが使用可能な状態にあるか否かの情報の提供を求めることも可能である。

また、従来、固定資産税の納税者等に関する固定資産課税台帳については、地方税法（昭和２５年法律第２２６号）第２２条により、同台帳に記載された情報を空家等対策に活用することは秘密漏えい罪に該当するおそれがあることから、たとえ同じ市町村の他部局に対してであっても、税務部局が同台帳に記載された情報の提供を行うことは原則としてできないものとされてきた。しかしながら、固定資産課税台帳に記載された情報のうち空家等の所有者等に関するものは、空家等の所有者等を特定する上では不動産登記簿情報等と並んで有力な手段であることから、法第１０条第１項により、この法律の施行のために必要な限度において、固定資産課税台帳に記載された空家等の所有者等に関する情報を空家等対策のために市町村の内部で利用することができることとなるとともに、同条第２項により、都が保有する固定資産課税台帳に記載された空家等の所有者等に関する情報について、特別区の区長から提供を求められたときは、都知事は速やかに当該情報の提供を行うものとすることとされた。

なお、固定資産税の課税その他の事務のために利用する目的で保有する情報については、固定資産課税台帳に記載された情報に限らず、例えば各市町村の個人情報保護条例などにより目的外利用が制限されている情報のうち、空家等の所有者等の氏名、住所等の情報で、法に基づき各市町村が空家等対策のために必要となる情報については、法の施行のために必要な限度において、市町村長は法第１０条第１項に基づき内部で利用することが可能である。

4　空家等に関するデータベースの整備等

市町村長が調査の結果「空家等」として把握した建築物等については、法第１１条に基づき「データベースの整備その他空家等に関する正確な情報を把握するために必要な措置を講ずるよう努めるものとする。」とされている。3(1)で述べたとおり、市町村においては、同条に基づき、例えば空家等の所在地を一覧表にし、又は地図上に示したものを市町村の内部部局間で常時確認できるような状態にしておくなど、空家等の所在地について市町村内の関係部局が情報共有できる環境を整備するよう努めるものとする。なお、「データベース」の整備に際しては、必ずしも電子媒体による必要はなく、各市町村

の判断により、紙媒体によることも可能である。
　この「データベース」には空家等の所在地、現況、所有者等の氏名などについて記載することが考えられるが、これらに加えて、空家等のうち「特定空家等」に該当するものについては、「データベース」内に「特定空家等」に該当する旨並びに市町村長による当該「特定空家等」に対する措置の内容及びその履歴についても併せて記載する等により、継続的に把握していく必要がある。
　なお、上記情報については、空家等の所有者等の了解なく市町村内から漏えいすることのないよう、その取扱いには細心の注意を払う必要がある。また、市町村によっては、その区域内の空家等の数が多い、又は市町村内の体制が十分ではない等の事情から、把握した空家等に関する全ての情報について「データベース」化することが困難な場合も考えられる。そのような場合であっても、「特定空家等」に係る土地については、8(2)で述べるとおり固定資産税等の住宅用地特例の対象から除外される場合があり、その点で税務部局と常に情報を共有する必要があることから、少なくとも「特定空家等」に該当する建築物等については「データベース」化することが必要である。
　また、法第11条に基づき「データベース」化の対象とされた空家等のうち、「建築物を販売し、又は賃貸する事業を行う者が販売し、又は賃貸するために所有し、又は管理する」空家等については、その対象から除外されている。これは、いわゆる「空き物件」に該当する空家等については、宅地建物取引業者等により適切に管理されていると考えられる上、「空き物件」たる空家等の活用もこれら業者等により市場取引を通じて図られることから、市町村による空家等対策の対象とする必要性が小さく、したがって「データベース」の対象とする実益に乏しいと考えられるためである。しかしながら、たとえ「空き物件」に該当する空家等であったとしても、周辺の生活環境に悪影響を及ぼしているものについては、この法律の趣旨及び目的に照らし、市町村がその実態を把握しておくことが適切であると考えられることから、本条に基づく「データベース」の対象となる。

5　空家等対策計画の作成
　空家等対策を効果的かつ効率的に推進するためには、各市町村において、空家等対策を総合的かつ計画的に実施するための計画を作成することが望ましい。
　法第6条第1項に基づき、市町村が空家等対策計画を定める場合、同計画には①空家等に関する対策の対象とする地区及び対象とする空家等の種類その他の空家等に関する対策に関する基本的な方針、②計画期間、③空家等の調査に関する事項、④所有者等による空家等の適切な管理の促進に関する事項、⑤空家等及び除却した空家等に係る跡地の活用の促進に関する事項、⑥特定空家等に対する措置その他の特定空家等への対処に関する事項、⑦住民等からの空家等に関する相談への対応に関する事項、⑧空家等に関する対策の実施体制に関する事項及び⑨その他空家等に関する対策の実施に関し必要な事項を定めるものとする（同条第2項）。
　空家等対策計画に定めるべき各項目の具体的な内容及び特に重要となる記載事項については二2で示すとおりであるが、同計画を定めるに当たっては、各市町村における空家等対策の全体像を住民が容易に把握することができるようにするとともに、空家等の適切な管理の重要性及び管理不全の空家等がもたらす諸問題について広く住民の意識を涵養するように定めることが重要である。この観点から、空家等対策計画については定期的にその内容の見直しを行い、適宜必要な変更を行うよう努めるものとする。

6　空家等及びその跡地の活用の促進
　空家等対策を推進する上では、各市町村がその跡地も含めた空家等を地域資源として利活用すべく、今後の空家等の活用方策を検討することも重要である。このような観点から、法第13条は「市町村は、空家等及び空家等の跡地に関する情報の提供その他これらの活用のために必要な対策を講ずるよう努めるものとする。」と規定されている。
　空家等の中には、地域交流、地域活性化、福祉サービスの拡充等の観点から、所有者等以外の第三者が利活用することにより、地域貢献などに有効活用できる可能性のあるものも存在する。
　具体的な空家等を有効に利活用する方策としては、例えば、利活用可能な空家等又はその跡地の情報を市町村が収集した後、当該情報について、その所有者の同意を得た上で、インターネットや宅地建物取引業者の流通ネットワークを通じて、広く当該空家等又はその跡地を購入

又は賃借しようとする者に提供することが想定される。その際、空き家バンク等の空家等情報を提供するサービスにおける宅地建物取引業者等の関係事業者団体との連携に関する協定を締結することが考えられる。

また、空家等を市町村等が修繕した後、地域の集会所、井戸端交流サロン、農村宿泊体験施設、住民と訪問客との交流スペース、移住希望者の住居等として当該空家等を活用したり、空家等の跡地を漁業集落等の狭隘な地区における駐車場として活用したりすることも考えられる。

この際、空家等の用途変更に当たっては、建築基準法、都市計画法、景観法、消防法、旅館業法等の関係法令を遵守するものとする。

なお、空家等の利活用方策については、空家等対策計画の実施に関する課題であることから、その検討を行う場として協議会を積極的に活用することが考えられる。

7 特定空家等に対する措置の促進

法第２条第２項に規定する「特定空家等」に該当する建築物等は、適切な管理が行われていない結果として、地域住民の生活環境に深刻な影響を及ぼしているものであり、市町村長は、地域住民の生命、身体又は財産を保護するとともに、その生活環境の保全を図るために必要な措置を早急に講ずることが望ましい。

「特定空家等」に該当する建築物等については、市町村長は、建築物等の詳細な現況を把握し、周辺の生活環境の保全を図るためにどのような措置が必要となるかについて迅速に検討するため、法第９条第２項に基づき、市町村職員又はその委任した者（例えば建築士や土地家屋調査士など）に「特定空家等」に該当すると認められる「空家等」に対して立入調査をさせることができる。また、この調査結果に基づき、市町村長は「特定空家等」の所有者等に対し、必要な措置を助言・指導、勧告及び命令することができる（法第１４条第１項から第３項まで）とともに、その措置を命ぜられた者がその措置を履行しないとき、履行しても十分でないとき又は履行しても期限内に完了する見込みがないときは、行政代執行法（昭和２３年法律第４３号）の定めるところに従い、本来「特定空家等」の所有者等が履行すべき措置を代執行することができる（同条第９項）。この他、法第１４条は「特定空家等」の所有者等に対して市町村長が必要な措置を命ずる際に講ずるべき手続（同条第４項から第８項まで並びに同条第１０項及び第１１項）、所有者等を市町村長が確知することができない場合における代執行に関する規定（同条第１０項）等を定めている。

法第９条第２項に基づく立入調査及び法第１４条に基づく措置は、いずれも「特定空家等」の所有者等にとっては強い公権力の行使を伴う行為を含むものである。このため、国土交通大臣及び総務大臣は、どのような空家等が「特定空家等」に該当するか否かを判断する際に参考となる判断基準や市町村長が「特定空家等」の所有者等に対して必要な措置を助言・指導する段階から最終的には代執行を行うに至る段階までの基本的な手続の内容等について記載したガイドラインを、法第１４条第１４項に基づき定めることとしている。各市町村長は、必要に応じてこのガイドラインを参照しつつ、各地域の実情に応じた「特定空家等」に関する対策に取り組むこととする。

なお、「特定空家等」に対して立入調査や必要な措置を講ずるに当たっては、市町村においては、建築・住宅・景観・まちづくり部局、税務部局、法務部局、消防部局、防災・危機管理部局、環境部局、水道部局、商工部局、市民部局等の関係内部部局間の連携が一層求められる。

8 空家等に関する対策の実施に必要な財政上・税制上の措置

（１）財政上の措置

法第１５条第１項においては「国及び都道府県は、市町村が行う空家等対策計画に基づく空家等に関する対策の適切かつ円滑な実施に資するため、空家等に関する対策の実施に要する費用に対する補助、地方交付税制度の拡充その他の必要な財政上の措置を講ずるものとする。」と規定されている。

具体的には、例えば１(2)④で述べたような財政上の措置を国として講ずることとする。また、空家等を活用するに当たり必要となる費用の一部を市町村を通じて、又は都道府県から直接、それぞれ予算支援している都道府県も存在する。

以上を踏まえつつ、地域活性化や良好な居住環境の整備を促進する観点から、空家等の利活用や除却等を始めとする空家等対策に取り組む市町村を支援するため、国及び都道府県においては、市町村による空家等対策の実施に要する費用に対して引き続き財政上の措

置を講ずるよう努めるものとする。
(2) 税制上の措置

　法第15条第2項においては「国及び地方公共団体は、市町村が行う空家等対策計画に基づく空家等に関する対策の適切かつ円滑な実施に資するため、必要な税制上の措置その他の措置を講ずるものとする。」と規定されている。

　現在、人の居住の用に供する家屋の敷地のうち一定のものについては、地方税法第349条の3の2及び同法第702条の3に基づき、当該敷地の面積に応じて、その固定資産税の課税標準額を6分の1（200㎡以下の部分の敷地）又は3分の1（200㎡を超える部分の敷地）とするとともに、その都市計画税の課税標準額を3分の1（200㎡以下の部分の敷地）又は3分の2（200㎡を超える部分の敷地）とする特例措置（固定資産税等の住宅用地特例）が講じられている。この固定資産税等の住宅用地特例が、管理状況が悪く、人が住んでいない家屋の敷地に対して適用されると、比較的地価が高い地域においては当該家屋を除却した場合※と比べて固定資産税等が軽減されてしまうため、空き家の除却や適正管理が進まなくなる可能性があるとの指摘が存在する。

※　固定資産税等の住宅用地特例が適用されない場合の税額は、課税標準額の上限を価格の7割とするなどの負担調整措置及び各市町村による条例減額制度に基づき決定されることとなる。

　空家等の中でも、「特定空家等」は地域住民の生活環境に深刻な影響を及ぼしているものであり、その除却や適正管理を促すことは喫緊の課題である。以上を踏まえ、空家等対策の適切かつ円滑な実施にまさに「必要な税制上の措置」として、平成27年度税制改正の大綱（平成27年1月14日閣議決定）において「法に基づく必要な措置の勧告の対象となった特定空家等に係る土地について、住宅用地に係る固定資産税及び都市計画税の課税標準の特例措置の対象から除外する措置を講ずる。」旨の記載がなされた。

　また、あわせて、人の居住の用に供すると認められない家屋の敷地に対しては、そもそも固定資産税等の住宅用地特例は適用されないことに留意が必要である。

二　空家等対策計画に関する事項

　市町村は、協議会を設置した場合には当該協議会の構成員等から意見を聴取するとともに、必要に応じて都道府県からの情報提供や技術的な助言を受けつつ、各市町村の区域内で必要となる空家等に関する対策を総合的かつ計画的に実施するため、本基本指針に即して、法第6条第2項に掲げる事項を定めた空家等対策計画の作成を推進する。

　その際、一3(1)及び(2)で述べたとおり、各市町村内における空家等の実態を的確に把握した上で、空家等対策計画における目標を設定するとともに、定期的に当該目標の達成状況を評価し、適宜同計画の改定等の見直しを行うことが望ましい。

1　効果的な空家等対策計画の作成の推進

　効果的な空家等対策計画を作成するためには、各市町村内における防災、衛生、景観等の空家等がもたらす問題に関係する内部部局が連携し、空家等に関する対策を分野横断的に記載した総合的な計画を作成することが重要である。また、周辺の生活環境に深刻な影響を及ぼしている空家等に対処するだけでなく、こうした空家等のそもそもの増加を抑制する観点から、三で述べるような施策等も含めた形で作成することが望ましい。

2　空家等対策計画に定める事項
(1)　空家等に関する対策の対象とする地区及び対象とする空家等の種類その他の空家等に関する対策に関する基本的な方針

　各市町村における空家等に関する対策について、各市町村長が把握した空家等の数、実態、分布状況、周辺への悪影響の度合いの状況や、これまでに講じてきた空家等対策等を踏まえ、空家等に関する政策課題をまず明らかにした上で、空家等対策の対象地区、対象とする空家等の種類（例えば空き住居、空き店舗など）や今後の空家等に関する対策の取組方針について記載する。

　特に、空家等対策の対象地区を定めるに当たっては、各市町村における空家等の数や分布状況を踏まえ、空家等対策を重点的に推進するべき地区を重点対象地区として定めることが考えられる。また、対象とする空家等の種類は、市町村長による空家等調査の結果、

どのような種類の建築物が空家等となっていたかを踏まえ、重点対象地区を定める場合同様、どの種類の空家等から対策を進めていくかの優先順位を明示することが考えられる。

これらの記載により、各市町村における空家等対策の今後の基本的な方針を、住民にとって分かりやすいものとして示すことが望ましい。

なお、空家等対策計画の作成に当たっては、必ずしも市町村の区域全体の空家等の調査を行うことが求められるわけではない。例えば、各市町村における中心市街地や郊外部の住宅団地等の中で、既に空家等の存在が周辺の生活環境に深刻な影響を及ぼしている地域について先行的に計画を作成し、その後必要に応じて順次計画の対象地区を拡大していく方法も考えられる。

(2) 計画期間

空家等対策の計画期間は、各市町村における空家等の実態に応じて異なることが想定されるが、既存の計画で定めている期間や住宅・土地に関する調査の実施年と整合性を取りつつ設定することが考えられる。なお、計画期限を迎えるごとに、各市町村内における空家等の状況の変化を踏まえ、計画内容の改定等を検討することが重要である。

(3) 空家等の調査に関する事項

各市町村長が法第9条第1項に基づき当該市町村の区域内にある空家等の所在及び当該空家等の所有者等を把握するための調査その他空家等に関しこの法律の施行のために必要な調査を行うに当たって必要となる事項を記載する。具体的には、例えば空家等の調査を実際に実施する主体名、対象地区、調査期間、調査対象となる空家等の種類、空家等が周辺に及ぼしている悪影響の内容及び程度その他の調査内容及び方法を記載することが考えられる。

(4) 所有者等による空家等の適切な管理の促進に関する事項

一1(2)①で述べたとおり、空家等の適切な管理は第一義的には当該空家等の所有者等の責任において行われるべきことを記載するとともに、空家等の所有者等に空家等の適切な管理を促すため、例えば各市町村における相談体制の整備方針や、空家等の利活用に関心を有する外部の者と当該空家等の所有者等とのマッチングを図るなどの取組について記載することが考えられるほか、空家等の所有者等の意識の涵養や理解増進に資する事項を記載することが考えられる。

(5) 空家等及び除却した空家等に係る跡地の活用の促進に関する事項

一6で述べたとおり、各市町村において把握している空家等の中には、修繕等を行えば地域交流や地域活性化の拠点として利活用できるものも存在し、また利活用する主体は当該空家等の所有者等に限られていない。例えば各市町村が把握している空家等に関する情報を、その所有者の同意を得た上でインターネットや宅地建物取引業者の流通ネットワークを通じて広く外部に提供することについて記載することが考えられる。その際、空き家バンク等の空家等情報を提供するサービスにおける宅地建物取引業者等の関係事業者団体との連携に関する協定が締結されている場合には、その内容を記載することも考えられる。また、当該空家等を地域の集会所、井戸端交流サロン、農村宿泊体験施設、住民と訪問客との交流スペース、移住希望者の住居として活用したり、当該空家等の跡地を漁業集落等の狭隘な地区における駐車場として活用したりする際の具体的な方針や手段について記載することが考えられる。

(6) 特定空家等に対する措置その他の特定空家等への対処に関する事項

一7で述べたとおり、「特定空家等」に該当する建築物等は、地域住民の生活環境に深刻な影響を及ぼしているものであることから、各市町村長が「特定空家等」に対してどのような措置を講ずるのかについて方針を示すことが重要である。具体的には、必要に応じて国土交通大臣及び総務大臣が別途定めるガイドラインの記載事項を参照しつつ、例えば各市町村長が「特定空家等」であることを判断する際の基本的な考え方や、「特定空家等」に対して必要な措置を講ずる際の具体的な手続等について記載することが望ましい。

(7) 住民等からの空家等に関する相談への対応に関する事項

一2(3)で述べたとおり、各市町村に寄せられる空家等に関する相談の内容としては、例えば空家等の所有者等自らによる空家等の今後の利活用方針に関するものから、空家等が周辺に及ぼしている悪影響に関する周辺住民による苦情まで幅広く考えられる。そのよ

うな各種相談に対して、各市町村はできる限り迅速に回答するよう努めることとし、例えば各市町村における相談体制の内容や住民に対する相談窓口の連絡先について具体的に記載することが望ましい。

(8) 空家等に関する対策の実施体制に関する事項

空家等がもたらす問題は分野横断的で多岐にわたるものであり、各市町村内の様々な内部部局が密接に連携して対処する必要のある政策課題であることから、例えばどのような内部部局が関係しているのかが住民から一覧できるよう、各内部部局の役割分担、部署名及び各部署の組織体制、各部署の窓口連絡先等を記載することが考えられる。また、協議会を組織する場合や外部の関係団体等と連携する場合については、併せてその内容を記載することが望ましい。

(9) その他空家等に関する対策の実施に関し必要な事項

(1)から(8)までに掲げる事項以外に、各市町村における空家等の実情に応じて必要となる支援措置や、空家等対策の効果を検証し、その結果を踏まえて計画を見直す旨の方針等について記載することが考えられる。

3 空家等対策計画の公表等

法第6条第3項により、「市町村は、空家等対策計画を定め、又はこれを変更したときは、遅滞なく、これを公表しなければならない。」ものとされている。公表手段は各市町村の裁量に委ねられているが、単に各市町村の公報に掲載するだけでなく、例えばインターネットを用いて公表するなど、住民が計画の内容について容易に知ることのできる環境を整備することが重要である。

三 その他空家等に関する施策を総合的かつ計画的に実施するために必要な事項

1 空家等の所有者等の意識の涵養と理解増進

適切な管理がその所有者等によってなされない空家等は、周辺地域に悪影響を及ぼす要因となるものと考えられることから、空家等の適切な管理を行うことの重要性、管理不全の空家等が周辺地域にもたらす諸問題及びそれに対処するために作成した空家等対策計画の内容については、空家等の所有者等に限らず、広く住民全体で共有されることが望ましい。このような観点からは、例えば、空家等対策計画の公表に合わせて、空家等の適切な管理を行うことの重要性や管理不全の空家等が周辺地域にもたらす諸問題について広報を行ったり、協議会における協議の内容を住民に公開したりする等により、空家等の適切な管理の重要性や空家等の周辺地域にもたらす諸問題への関心を広く惹起し、地域全体でその対処方策を検討・共有できるようにすることが望ましい。

2 空家等に対する他法令による諸規制等

空家等については、この法律に限らず、例えば建築基準法、消防法、道路法、災害対策基本法、災害救助法等各法律の目的に沿って適正な運用を図る一環から、適切な管理のなされていない空家等について必要な措置が講じられる場合も考えられる。関係法令の適用を総合的に検討する観点からも、各市町村においては一2(1)で述べたとおり、市町村の区域内の空家等の所在、所有者等について内部部局間で広く情報共有を図り、空家等対策について内部部局間の連携を取りやすい体制を整備することが重要である。

3 空家等の増加抑制策、利活用施策、除却等に対する支援施策等

空家等対策を講ずる上では、単に周辺地域に悪影響を与える管理不全の空家等に対して、この法律を始めとする2で述べたような関係法令に基づき必要な措置を講ずるだけでなく、空家等のそもそもの発生又は増加を抑制し、若しくは空家等の他用途の施設への転用等による利活用を図ることも重要である。

(1) 空家等の発生又は増加の抑制等に資する施策

空家等をそもそも発生させない、又は空家等の増加を抑制する観点から、例えば1で述べたように、空家等の適切な管理を行うことの重要性、管理不全の空家等が周辺地域にもたらす諸問題及びそれに対処するための総合的な方針について所有者等の意識の涵養や理解増進を図る取組を進めることや、一2(3)で述べたように、空家等の所有者等、外部からの空家等への移住希望者、関係民間団体等との連携の下、空家等の売買・賃貸、適正管理、除却等などの幅広いニーズを掘り起こす取組を促すことが考えられる。

(2) 空家等の利活用、除却等に対する支援施策

現在、空家等の所有者等だけでなく、各市町村の住民や外部からの移住希望者等が空家等を利活用し、又は除却等する取組を促す観点から、例えば空家等のリフォームの普及・促進、空家等の他用途の施設（地域活性化施設、地域間交流拠点施設、社会福祉施設、店舗等）への転用、空家等への住み替え、空家等そのものの除却等を促すための各種財政支援策が用意されている。各市町村においては、これらの支援策を活用しながら、空家等の有効活用策の選択肢を少しでも広げて住民等に提示することも重要である。

「特定空家等に対する措置」に関する適切な実施を図るために必要な指針（ガイドライン）

（平成27年5月26日、国土交通省・総務省）

目　次

はじめに
第1章　空家等に対する対応
1. 法に定義される「空家等」及び「特定空家等」
2. 具体の事案に対する措置の検討
   (1) 「特定空家等」と認められる空家等に対して法の規定を適用した場合の効果等
   (2) 行政の関与の要否の判断
   (3) 他の法令等に基づく諸制度との関係
3. 所有者等の特定

第2章　「特定空家等に対する措置」を講ずるに際して参考となる事項
   (1) 「特定空家等」の判断の参考となる基準
   (2) 周辺の建築物や通行人等に対し悪影響をもたらすおそれがあるか否か
   (3) 悪影響の程度と危険等の切迫性

第3章　特定空家等に対する措置
1. 適切な管理が行われていない空家等の所有者等の事情の把握
2. 「特定空家等に対する措置」の事前準備
   (1) 立入調査（法第9条第2項〜第5項）
   (2) データベース（台帳等）の整備と関係部局への情報提供
   (3) 特定空家等に関係する権利者との調整
3. 特定空家等の所有者等への助言又は指導（法第14条第1項）
   (1) 特定空家等の所有者等への告知
   (2) 措置の内容等の検討
4. 特定空家等の所有者等への勧告（法第14条第2項）
   (1) 勧告の実施
   (2) 関係部局への情報提供
5. 特定空家等の所有者等への命令（法第14条第3項〜第8項）
   (1) 所有者等への事前の通知（法第14条第4項）
   (2) 所有者等による公開による意見聴取の請求（法第14条第5項）

(3)　公開による意見の聴取（法第14条第6項～第8項）
　　(4)　命令の実施
　　(5)　標識の設置その他国土交通省令・総務省令で定める方法による公示（法第14条第11項・第12項）
６．特定空家等に係る代執行（法第14条第9項）
　　(1)　実体的要件の明確化
　　(2)　手続的要件（行政代執行法第3条～第6条）
　　(3)　非常の場合又は危険切迫の場合（行政代執行法第3条第3項）
　　(4)　執行責任者の証票の携帯及び呈示（行政代執行法第4条）
　　(5)　代執行の対象となる特定空家等の中の動産の取扱い
　　(6)　費用の徴収（行政代執行法第5条・第6条）
７．過失なく措置を命ぜられるべき者を確知することができない場合（法第14条第10項）
　　(1)　「過失がなくて」「確知することができない」場合
　　(2)　事前の公告（法第14条第10項）
　　(3)　代執行の対象となる特定空家等の中の動産の取扱い
　　(4)　費用の徴収
８．必要な措置が講じられた場合の対応

〔別紙1〕「そのまま放置すれば倒壊等著しく保安上危険となるおそれのある状態」であるか否かの判断に際して参考となる基準
〔別紙2〕「そのまま放置すれば衛生上有害となるおそれのある状態」であるか否かの判断に際して参考となる基準
〔別紙3〕「適切な管理が行われていないことにより著しく景観を損なっている状態」であるか否かの判断に際して参考となる基準
〔別紙4〕「その他周辺の生活環境の保全を図るために放置することが不適切である状態」であるか否かの判断に際して参考となる基準

〔参考様式1〕～〔参考様式8〕

はじめに

　平成26年11月27日に公布された「空家等対策の推進に関する特別措置法」（平成26年法律第127号。以下「法」という。）においては、空家等の所有者又は管理者（以下「所有者等」という。）が、空家等の適切な管理について第一義的な責任を有することを前提としつつ、法第4条において、住民に最も身近な行政主体であり、個別の空家等の状況を把握することが可能な立場にある市町村（特別区を含む。以下同じ。）が、地域の実情に応じた空家等に関する対策の実施主体として位置付けられている。法に基づく空家等対策の基本的な考え方については、「空家等に関する施策を総合的かつ計画的に実施するための基本的な指針」（平成27年2月26日付け総務省・国土交通省告示第1号。以下「基本指針」という。）により示されたところである。法に基づく空家等対策のうち、特に、法第2条第2項に定義される「特定空家等」については、法第14条各項において、市町村長（特別区の区長を含む。以下同じ。）が当該「特定空家等」の所有者等に対して講ずることができる措置が規定されている。市町村長は、周辺の生活環境の保全を図るために必要があると認められるときは、速やかに「特定空家等」の所有者等に対し、適切な措置を講ずべきである。他方、これらの措置については、強い公権力の行使を伴う行為が含まれることから、その措置に係る手続についての透明性及び適正性の確保が求められるところである。

　以上を踏まえ、法第14条第14項の規定に基づき、「特定空家等に対する措置に関し、その適切な実施を図るために必要な指針」（以下「ガイドライン」という。）を定めるものである。

　本ガイドラインは、市町村が「特定空家等」の判断の参考となる基準等及び「特定空家等に対する措置」に係る手続について、参考となる一般的な考え方を示すものである。したがって、各市町村において地域の実情を反映しつつ、適宜固有の判断基準を定めること等により「特定空家等」に対応することが適当である。また、措置に係る手続については、必要に応じて、手続を付加することや法令等に抵触しない範囲で手続を省略することを妨げるものではない。なお、法第14条第1項及び第2項に基づく「特定空家等」に対する助言・指導及び勧告については、本ガイドラインにおいては行政手続法（平成5年法律第88号）上の関連規定を示しているところ、同法第3条第3項により市町村が行う行政指導については同法第4章の規定が

適用除外とされていることから、実務的には本ガイドラインを参考としつつ、各市町村が定める行政手続条例等によることとなる。

また、本ガイドラインは、今後、法に基づく措置の事例等の知見の集積を踏まえ、適宜見直される場合があることを申し添える。

第1章　空家等に対する対応

1．法に定義される「空家等」及び「特定空家等」

「空家等」の定義の解釈は、「基本指針」一3⑴に示すとおりである。「特定空家等」は、この「空家等」のうち、法第2条第2項において示すとおり、以下の状態にあると認められる「空家等」と定義されている。

(イ)　そのまま放置すれば倒壊等著しく保安上危険となるおそれのある状態

(ロ)　そのまま放置すれば著しく衛生上有害となるおそれのある状態

(ハ)　適切な管理が行われていないことにより著しく景観を損なっている状態

(ニ)　その他周辺の生活環境の保全を図るために放置することが不適切である状態

2．具体の事案に対する措置の検討

(1)　「特定空家等」と認められる空家等に対して法の規定を適用した場合の効果等

適切な管理が行われていない空家等のうち、法第2条第2項に定める「特定空家等」と認められるものに対して、法の規定を適用した場合の効果等について概略を整理する。

イ　「特定空家等に対する措置」の概要

市町村長は、特定空家等の所有者等に対し、除却、修繕、立木竹の伐採その他周辺の生活環境の保全を図るために必要な措置をとるよう助言又は指導（法第14条第1項）、勧告（同条第2項）及び命令（同条第3項）することができるとともに、その措置を命ぜられた者がその措置を履行しないとき、履行しても十分でないとき又は履行しても期限までに完了する見込みがないときは、行政代執行法（昭和23年法律第43号）の定めるところに従い、当該措置を自らし、又は第三者をしてこれをさせることができる（同条第9項）。

また、市町村長は、過失がなくてその措置を命ぜられるべき者を確知することがで

きないときは、その者の負担において、その措置を自ら行い、又はその命じた者若しくは委任した者に行わせることができる（同条第10項、いわゆる略式代執行）。

ロ　「特定空家等に対する措置」の手順

法に定める「特定空家等」として、法の規定を適用する場合は、法第14条に基づく助言又は指導、勧告、命令の手続を、順を経て行う必要がある。緊急事態において応急措置を講ずる必要がある場合であっても、法により対応しようとするのであれば同様である。これは、「特定空家等」の定義が「そのまま放置すれば倒壊等著しく保安上危険となるおそれのある…と認められる空家等をいう」とされるなど、将来の蓋然性を考慮した判断内容を含み、かつ、その判断に裁量の余地がある一方で、その措置については財産権の制約を伴う行為が含まれることから、当該「特定空家等」の所有者等に対し、助言・指導といった働きかけによる行政指導の段階を経て、不利益処分である命令へと移行することにより、慎重な手続を踏む趣旨である。

なお、法と趣旨・目的が同様の各市町村における空家等の適正管理に関する条例において、適切な管理が行われていない空家等に対する措置として、助言又は指導、勧告、命令の三段階ではなく、例えば助言又は指導、勧告を前置せずに命令を行うことを規定している場合、上記のように慎重な手続を踏むこととした法の趣旨に反することとなるため、当該条例の命令に関する規定は無効となると解される。

ハ　固定資産税等の住宅用地特例に関する措置

「特定空家等」に該当する家屋に係る敷地が、固定資産税等のいわゆる住宅用地特例の対象であって、法第14条第2項に基づき、市町村長が当該「特定空家等」の所有者等に対して除却、修繕、立木竹の伐採その他周辺の生活環境の保全を図るために必要な措置をとることを勧告した場合は、地方税法（昭和25年法律第226号）第349条の3の2第1項等の規定に基づき、当該「特定空家等」に係る敷地について、固定資産税等の住宅用地特例の対象から除外される。

(2)　行政の関与の要否の判断

市町村の区域内の空家等に係る実態調査や、地域住民からの相談・通報等により、適切な管理が行われていない空家等に係る具体の事案を把握した場合、まず、当該空家等の状態やその周辺の生活環境への悪影響の程度等を勘案し、私有財産たる当該空家等に対する措置について、行政が関与すべき事案かどうか、その規制手段に必要性及び合理性があるかどうかを判断する必要がある。

(3) 他の法令等に基づく諸制度との関係

空家等に係る具体の事案に対し、行政が関与すべき事案であると判断された場合、どのような根拠に基づき、どのような措置を講ずべきかを検討する必要がある。適切な管理が行われていない空家等に対しては、法に限らず、他法令により各法令の目的に沿って必要な措置が講じられる場合が考えられる。例えば、現に著しく保安上危険な既存不適格建築物に対する建築基準法（昭和25年法律第201号）に基づく措置や、火災予防の観点からの消防法（昭和23年法律第186号）に基づく措置のほか、立木等が道路に倒壊した場合に道路交通の支障を排除する観点からの道路法（昭和27年法律第180号）に基づく措置、災害における障害物の除去の観点からの災害救助法（昭和22年法律第118号）に基づく措置などである。状況によっては、措置の対象物ごとに異なる諸制度を組み合わせて適用することも考えられる。各法令により、目的、講ずることができる措置の対象及び内容、実施主体等が異なることから、措置の対象となる空家等について、その物的状態や悪影響の程度、危険等の切迫性等を総合的に判断し、手段を選択する必要がある。

3．所有者等の特定

空家等の所有者等の特定方法としては、従来より、不動産登記簿情報による登記名義人の確認、住民票情報や戸籍謄本等による登記名義人や相続人の存否及び所在の確認等と併せ、地域住民への聞き取り調査等が行われているところである。

これらに加え、法第10条により、市町村長は、固定資産税の課税その他の事務のために利用する目的で保有する情報であって氏名その他の空家等の所有者等に関するものについては、法の施行のために必要な限度において内部利用できる（同条第1項）（特別区においては、区長からの提供の求めに応じて、都知事が当該情報の提供を行う（同条第2項））ほか、関係する地方公共団体の長等に対して、空家等の所有者等の把握に関し必要な情報の提供を求めることができる（同条第3項）こととされたことから、市町村長は、所有者等の特定に当たって、これらの規定を適宜活用することが考えられる。なお、法第10条に定める市町村長が内部利用等できる情報のうち、固定資産課税台帳に記載された情報の内部利用等の取扱いについては、「固定資産税の課税のために利用する目的で保有する空家等の所有者に関する情報の内部利用等について」（平成27年2月26日付け国住備第943号・総行地第25号）を参照されたい。

第2章 「特定空家等に対する措置」を講ずるに際して参考となる事項

「特定空家等に対する措置」を講ずるに際しては、空家等の物的状態が第1章1．の(イ)～(ニ)の各状態であるか否かを判断するとともに、当該空家等がもたらす周辺への悪影響の程度等について考慮する必要がある。

また、「特定空家等」は将来の蓋然性を含む概念であり、必ずしも定量的な基準により一律に判断することはなじまない。「特定空家等に対する措置」を講ずるか否かについては、下記(1)を参考に「特定空家等」と認められる空家等に関し、下記(2)及び(3)に示す事項を勘案して、総合的に判断されるべきものである。なお、その際、法第7条に基づく協議会等において学識経験者等の意見を聞くことも考えられる。

(1) 「特定空家等」の判断の参考となる基準

空家等の物的状態が第1章1．の(イ)～(ニ)の各状態であるか否かの判断に際して参考となる基準について、〔別紙1〕～〔別紙4〕に示す。

なお、第1章1．の(イ)又は(ロ)の「おそれのある状態」については、そのまま放置した場合の悪影響が社会通念上予見可能な状態を指すものであって、実現性に乏しい可能性まで含む概念ではないことに留意されたい。また、第1章1．の(イ)～(ニ)に示す状態は、例えば外壁が腐朽して脱落することにより保安上危険となるおそれのある空家等が地域の良好な景観を阻害している場合のように、一件の「特定空家等」について複数の状態が認め

られることもあり得る。
(2) 周辺の建築物や通行人等に対し悪影響をもたらすおそれがあるか否か
　「特定空家等」が現にもたらしている、又はそのまま放置した場合に予見される悪影響の範囲内に、周辺の建築物や通行人等が存在し、又は通行し得て被害を受ける状況にあるか否か等により判断する。その際の判断基準は一律とする必要はなく、当該空家等の立地環境等地域の特性に応じて、悪影響が及ぶ範囲を適宜判断することとなる。例えば、倒壊のおそれのある空家等が狭小な敷地の密集市街地に位置している場合や通行量の多い主要な道路の沿道に位置している場合等は、倒壊した場合に隣接する建築物や通行人等に被害が及びやすく、「特定空家等」として措置を講ずる必要性が高くなることが考えられる。

(3) 悪影響の程度と危険等の切迫性
　「特定空家等」が現にもたらしている、又はそのまま放置した場合に予見される悪影響が周辺の建築物や通行人等にも及ぶと判断された場合に、その悪影響の程度が社会通念上許容される範囲を超えるか否か、またもたらされる危険等について切迫性が高いか否か等により判断する。その際の判断基準は一律とする必要はなく、気候条件等地域の実情に応じて、悪影響の程度や危険等の切迫性を適宜判断することとなる。例えば、樹木が繁茂し景観を阻害している空家等が、景観保全に係るルールが定められている地区内に位置する場合や、老朽化した空家等が、大雪や台風等の影響を受けやすい地域に位置する場合等は、「特定空家等」として措置を講ずる必要性が高くなることが考えられる。

第3章　特定空家等に対する措置

　「特定空家等に対する措置」は、行政指導である助言又は指導（法第14条第1項）及び勧告（同条第2項）、不利益処分である命令（同条第3項）、代執行（同条第9項）、過失がなくて必要な措置を命ぜられるべき者を確知することができないときのいわゆる略式代執行（同条第10項）とに大別される。このうち、命令については、行政手続法第3章（不利益処分。ただし、同法第12条（処分の基準）及び第14条（不利益処分の理由の提示）を除く。）の規定を適用除外とし（法第14条第13項）、法に

おいて特例を定めている点に留意されたい（詳述は本章5．を参照）。

1．適切な管理が行われていない空家等の所有者等の事情の把握

　空家等の所有者等は当該空家等の所在地と異なる場所に居住していることから、自らが所有する空家等の状態を把握していない可能性や、空家等を相続により取得した等の事情により、自らが当該空家等の所有者であることを認識していない可能性等も考えられる。したがって、適切な管理が行われていない空家等について、まずは所有者等に連絡を取り、当該空家等の現状を伝えるとともに、当該空家等に関する今後の改善方策に対する考えのほか、処分や活用等についての意向など、所有者等の主張を含めた事情の把握に努めることが望ましい。その際は、必ずしも書面で行う方法のみによる必要はなく、対面や電話等の通信手段を選択することも考えられる。

　上記の事情把握は、必ずしも法第14条に基づく法律上の行為として行う必要はなく、例えば所有者等であると考えられる者に対し、事実確認のために連絡を取るなど事実行為として行うことも考えられる。

　また、当該空家等が「特定空家等」に該当すると考えられる場合にあっても、直ちに法第9条第2項に基づく立入調査や法第14条第1項に基づく指導等の手続を開始するのではなく、把握した当該特定空家等の所有者等の事情を勘案し、具体的な対応方策を検討することが考えられる。例えば、

・所有者等に改善の意思はあるものの、その対処方策が分からない
・遠隔地に居住しているために、物理的に自ら対策を講ずることができない
・経済的な対応の余地はあるが、身体的理由等により対応が困難である

等の場合には、状況に応じて、空家等の除却、改修、管理等に関する相談窓口や活用できる助成制度を紹介すること等により、解決を図ることも考えられる。

　一方、危険が切迫している等周辺の生活環境の保全を図るために速やかに措置を講ずる必要があると認められる場合は、市町村長は所定の手続を経つつも法第14条の勧告、命令又は代執行に係る措置を迅速に講ずることが考えられる。

2.「特定空家等に対する措置」の事前準備
(1) 立入調査（法第9条第2項～第5項）
市町村長は、法第14条第1項から第3項までの規定の施行に必要な限度において、当該職員又はその委任した者に、空家等と認められる場所に立ち入って調査をさせることができる（法第9条第2項）。この立入調査は、例えば、外見上危険と認められる空家等について措置を講じようとする場合、外観目視による調査では足りず、敷地内に立ち入って状況を観察し、建築物に触れるなどして詳しい状況を調査し、必要に応じて内部に立ち入って柱や梁等の状況を確認する必要がある場合に実施するものである。なお、立入調査は、必要最小限度の範囲で行うべきものである。

また、立入調査結果が、必ずしも法第14条第1項から第3項までの規定による措置に結びつかなくとも、特定空家等に該当する可能性があると認められるか否か、当該空家等に対する措置を講ずる必要があるか否か、あるとすればどのような内容の措置を講ずべきか等を確かめようとすることは、目的が正当なものであるとして許容されるものと解される。一方、当該空家等の敷地内に立ち入らずとも目的を達し得る場合には、不必要に立入調査を実施することは認められない。

イ 所有者等に対する事前の通知
市町村長は、空家等と認められる場所に立入調査を行おうとするときは、その5日前までに、当該空家等の所有者等にその旨を通知しなければならない（法第9条第3項本文）。この「5日」の期間の計算については、期間の初日は参入しないものと解される。

特に、1．により、空家等の所有者等と連絡が取れなかった場合には、空家等の所有者等は、当該空家等の状況を把握していない可能性があることから、事前の通知に当たって所有者等と連絡が取れた際には、立入調査の根拠のほか、立入調査をしようとするに至った理由等について、十分に説明するよう努めるべきである。また、立入調査を行う際、所有者等の立会いを得ることは、立入調査を円滑に実施することができるとともに、関係者が当該空家等の状況や所有者等の事情等を共有することで、対応方針の早期決定につながることが期待されることから、有用であると考えられる。

一方、所有者等に対し通知することが困難であるときは通知は要しない（法第9条第3項ただし書）。

ロ 身分を示す証明書の携帯と提示
空家等と認められる場所に立ち入ろうとする者は、その身分を示す証明書（参考様式1）を携帯し、関係者の請求があったときは、これを提示しなければならない（法第9条第4項）。

ハ 留意事項
(イ) 法に基づく立入調査は、相手方が立入調査を拒否した場合等の過料が定められている（法第16条第2項）が、相手方の抵抗を排除してまで調査を行う権限を認めるものではない。すなわち、明示的な拒否があった場合に、物理的強制力を行使してまで立入調査をすることはできない。

(ロ) 法に基づく立入調査は行政調査であり、「法第14条第1項から第3項までの施行のため」という行政目的の達成のためにのみ認められるものであり、別の目的のために当該立入調査を行うことは認められない。特に、犯罪捜査のために行政調査を行うことは許されず、この点は法第9条第5項に明示されているところである。

(ハ) 空家等は、所有者等の意思を確認することが困難な場合があるところ、倒壊等の危険があるなどの場合に、空家等と認められる場所の門扉が閉じられている等敷地が閉鎖されていることのみをもって敷地内に立ち入れないとなると、法の目的が十分に達成できないおそれがある。また、立入調査を行っても、現に居住や使用がなされている建築物に比してそのプライバシーの侵害の程度は相対的に軽微である。このため、門扉が閉じられている等の場合であっても、物理的強制力の行使により立入調査の対象とする空家等を損壊させるようなことのない範囲内での立入調査は許容され得るものと考えられる。

(ニ) 空家等と認められるとして立ち入った結果、建物内に占有者がいる等使用実態があることが判明した場合は、当該建築物は「特定空家等」に該当しないこととなり、それ以降、立入調査を継続するこ

とはできない。この場合、占有者等の同意の下で社会通念上相当と認められる範囲で所有者等の確認等（例えば、所有者の確認、当該建築物をどのように使用しているのか等）を行うことは、法第9条第1項の調査として許容されるものと解される。なお、建築物等に立ち入った時点において当該建築物等が「空家と認められる場所」であった以上、使用実態があることが判明する以前の立入調査は適法な行為である。

(2) データベース（台帳等）の整備と関係部局への情報提供

法第11条に定める空家等に関するデータベースの整備等についての考え方は、「基本指針」—4に示すとおり、「特定空家等」については、その所在地、現況、所有者等の氏名などに加えて、「「特定空家等」に対する措置の内容及びその履歴についても併せて記載する等により、継続的に把握していく必要がある。」とされているところである。

また、特定空家等に対する措置に係る事務を円滑に実施するためには、当該市町村の関係内部部局との連携が不可欠であることから、空家等施策担当部局は、必要に応じて特定空家等に関する情報を関係内部部局に提供し、共有することが望ましい。特に、法第14条第2項に基づき勧告がなされた場合、当該「特定空家等」に係る土地については、固定資産税のいわゆる住宅用地特例の対象から除外されることとなるため、少なくとも税務部局（特別区においては都。以下同じ。）に対しては、空家等施策担当部局から常に「特定空家等」に係る最新情報を提供し、税務部局の事務に支障を来すようなことがないようにしなくてはならない。

また、関係内部部局において所有者等の情報を含むデータベースを共有する場合は、個人情報が漏えいすることのないよう、細心の注意を払う必要がある。

(3) 特定空家等に関係する権利者との調整

法第14条に基づき「特定空家等に対する措置」を講じようとする「特定空家等」について、その措置の過程で、抵当権等の担保物権や賃貸借契約による賃貸借権が設定されていること等が判明することが考えられる。この場合、同条に基づく「特定空家等に対する措置」は、客観的事情により判断される「特定空家等」に対してなされる措置であるため、命令等の対象となる「特定空家等」に抵当権等が設定されていた場合でも、市町村長が命令等を行うに当たっては、関係する権利者と必ずしも調整を行う必要はなく、基本的には当該抵当権者等と「特定空家等」の所有者等による解決に委ねられるものと考えられる。

3．特定空家等の所有者等への助言又は指導（法第14条第1項）

法に基づく「特定空家等」の措置は、当該「特定空家等」の所有者等に対する助言又は指導といった行政指導により、所有者等自らの意思による改善を促すことから始めることとされている。

(1) 特定空家等の所有者等への告知

イ　告知すべき事項

助言又は指導に携わる者は、その特定空家等の所有者等に対して、
・当該助言又は指導の内容及びその事由
・当該助言又は指導の責任者
を明確に示さなければならない。

また、助言又は指導後の対応として、
・助言又は指導に係る措置を実施した場合は、遅滞なく当該助言又は指導の責任者に報告すること
・助言又は指導をしたにも関わらず、なお当該特定空家等の状態が改善されないと認められるときは、市町村長は勧告を行う可能性があること
・市町村長が勧告をした場合は、地方税法の規定に基づき、当該特定空家等に係る敷地について固定資産税等のいわゆる住宅用地特例の対象から除外されることとなること

についても、当該特定空家等の所有者等に対してあらかじめ示し、所有者等自らの改善を促すよう努めるべきである。

助言及び指導は、口頭によることも許容されているが、改善しなかった場合の措置を明確に示す必要がある場合には、書面で行うことが望ましい。

ロ　助言又は指導の趣旨及び内容

特定空家等の所有者等は当該特定空家等の状況を把握していない可能性があること等を考慮し、助言又は指導の趣旨を示す際には、根拠規定のみならず、
・どの建築物等が特定空家等として助言

又は指導の対象となっているのか
・当該特定空家等が現状どのような状態になっているのか
・周辺の生活環境にどのような悪影響をもたらしているか

等について、分かりやすく示すことが望ましい。

また、助言又は指導できる措置の内容は、当該特定空家等についての除却、修繕、立木竹の伐採その他周辺の生活環境の保全を図るために必要な措置であるが、そのまま放置すれば倒壊等著しく保安上危険となるおそれのある状態又は著しく衛生上有害となるおそれのある状態のいずれでもない特定空家等については、建築物等の全部を除却する措置を助言又は指導することはできないことに留意されたい（法第14条第1項括弧書き）。

(2) 措置の内容等の検討

市町村長の助言又は指導により、その対象となった特定空家等の状態が改善された場合は、助言又は指導の内容は履行されたこととなるが、この場合においても、その履歴を記録しておくべきである。

一方、助言又は指導を受けた特定空家等が改善されないと認められるときは、市町村長は、当該特定空家等の所有者等に対し、繰り返し助言又は指導を行うべきか、必要な措置を勧告すべきかどうか、勧告する場合はどのような措置とするか等について検討する。その際、法第7条に基づく協議会において協議すること等も考えられる。なお、協議会で協議する場合には、協議の過程で当該特定空家等の所有者等に係る個人情報が外部に漏えいすることのないよう、細心の注意を払う必要がある。

4．特定空家等の所有者等への勧告（法第14条第2項）

(1) 勧告の実施

市町村長は、法第14条第1項に基づき助言又は指導をした場合において、なお当該特定空家等の状態が改善されないと認めるときは、当該特定空家等の所有者等に対し、相当の猶予期限を付けて、必要な措置をとることを勧告することができる（同条第2項）。

勧告を行う場合は、その特定空家等の所有者等に対して、

・当該勧告に係る措置の内容及びその事由
・当該勧告の責任者

を明確に示さなければならない。

また、勧告を行う際には、

・勧告に係る措置を実施した場合は、遅滞なく当該勧告の責任者に報告すべきであること
・正当な理由がなくてその勧告に係る措置をとらなかった場合、市町村長は命令を行う可能性があること
・地方税法の規定に基づき、当該特定空家等に係る敷地について固定資産税等のいわゆる住宅用地特例の対象から除外されること

についても併せて示すべきである。

勧告は、措置の内容を明確にするとともに、勧告に伴う効果を当該特定空家等の所有者等に明確に示す観点から、書面（参考様式2）で行うものとする。

また、勧告の送達方法について具体の定めはなく、直接手交、郵送などの方法から選択することが考えられる。勧告は、相手方に到達することによって効力を生じ、相手方が現実に受領しなくとも相手方が当該勧告の内容を了知し得るべき場所に送達されたら到達したとみなされるため、的確な送達の方法を選択すべきである。郵送の場合は、より慎重を期す観点から、配達証明郵便又は配達証明かつ内容証明の郵便とすることが望ましい。

なお、市町村長が特定空家等に対して必要な措置に係る勧告を講ずるに当たり、特定空家等の所有者等が複数存在する場合には、市町村長が確知している当該特定空家等の所有者等全員に対して勧告を行う必要がある。

市町村長による勧告を受けた特定空家等の建物部分とその敷地のいずれかが当該勧告後に売買等された結果として所有者等が変わってしまったとしても、当該勧告は建物部分とその敷地とを切り離すことなく「特定空家等」の所有者等に対して講じられた措置であり、売買等による変更のなかった所有者等に対する効力は引き続き存続することから、建物部分又はその敷地の所有者等のいずれかが当該勧告に係る措置を履行しない限り、当該勧告に伴う効果は継続する。なお、当然のことながら、このような場合において、新たに「特定空家等」の建物部分又はその敷地の所有者等となった者に対し、市町村長はできる

限り迅速に、改めて勧告を講ずる必要がある（当然、助言又は指導から行う必要がある）。

また、市町村長による勧告を受けた後に「特定空家等」が売買等により、建物部分とその敷地いずれについても所有者等が変わってしまった場合には、勧告の効力が失われるため、本来元の所有者等により講じられるべきであった措置の履行を促す観点から、新たに当該「特定空家等」の所有者等となった者に対し、市町村長はできる限り迅速に、改めて勧告を講ずる必要がある。その際、勧告の効力の有無は、固定資産税等のいわゆる住宅用地特例の適用関係に影響を与えるため、税務部局とも十分連携を図る必要がある。

イ　相当の猶予期限
「相当の猶予期限」とは、勧告を受けた者が当該措置を行うことにより、その周辺の生活環境への悪影響を改善するのに通常要すると思われる期間を意味する。具体の期間は対象となる特定空家等の規模や措置の内容等によって異なるが、おおよそのところは、物件を整理するための期間や工事の施工に要する期間を合計したものを標準とすることが考えられる。

ロ　勧告に係る措置の内容
勧告に係る措置を示す際には、下記に留意されたい。
(イ) 当該特定空家等の所有者等が、具体的に何をどのようにすればいいのかが理解できるように、明確に示す必要がある。すなわち、「壁面部材が崩落しそうで危険なため対処すること」といった概念的な内容ではなく、例えば「壁面部材が崩落しないよう、東側２階部分の破損した壁板を撤去すること」等の具体の措置内容を示すべきである。また、建築物を除却する場合にあっても、建築物全部の除却なのか、例えば２階部分等一部の除却なのか等除却する箇所を明確に示す必要がある。
(ロ) 措置の内容は、周辺の生活環境の保全を図るという規制目的を達成するために必要かつ合理的な範囲内のものとしなければならない。したがって、例えば改修により目的が達成され得る事案に対し、いたずらに除却の勧告をすることは不適切である。

(2) 関係部局への情報提供

市町村長が、法に基づき特定空家等の所有者等に対して勧告した場合には、2(2)に述べたとおり、速やかに税務部局等関係内部局に情報提供を行うことが必要である。

5．特定空家等の所有者等への命令（法第14条第3項〜第8項）

市町村長は、上記勧告を受けた者が正当な理由がなくてその勧告に係る措置をとらなかった場合において、特に必要があると認めるときは、その者に対し、相当の猶予期限を付けて、その勧告に係る措置をとることを命ずることができる（法第14条第3項）。

イ　正当な理由
この「正当な理由」とは、例えば所有者等が有する権原を超えた措置を内容とする勧告がなされた場合等を想定しており、単に措置を行うために必要な金銭がないことは「正当な理由」とはならないと解される。

ロ　特に必要があると認めるとき
「特に必要があると認めるとき」とは、比例原則を確認的に規定したものであり、対応すべき事由がある場合において的確な権限行使を行うことは当然認められる。

ハ　相当の猶予期限
「相当の猶予期限」の解釈は、4(1)イの勧告における「相当の猶予期限」と同義である。

ニ　命令の形式
命令の形式については、命令の内容を正確に相手方に伝え、相手方への命令の到達を明確にすること等処理の確実を期す観点から、書面で行うものとする。

ホ　命令の送達方法
命令の送達方法について具体の定めはないが、勧告の送達方法に準じるものとする。

ヘ　法における特例手続
命令については、法第14条第13項により行政手続法第12条（処分の基準）及び第14条（不利益処分の理由の提示）を除き、同法第3章（不利益処分）の規定を適用しないこととし、その代わりに法第14条第4項から第8項までに、命令を行う際に必要な手続を定めている。この手続の具体的な内容として、措置を命じようとする者は、意見書を提出するだけでなく公開による意見の聴取を行うことを請求する権利も保障されている（法第14条第5項）。

(1) 所有者等への事前の通知（法第14条第4項）

市町村長は、措置を命じようとする者又はその代理人に対し、あらかじめ所定の事項を記載した通知書（参考様式3）を交付しなければならない。記載する事項は、
・命じようとする措置の内容及びその事由
・意見書の提出先
・意見書の提出期限
とされている（法第14条第4項）。

当該通知書を交付する相手は、「措置を命じようとする者又はその代理人」とされており、措置を命じようとする者が代理人を選任できることが明示的に示されている。代理人は、当該命令に関する一切の行為をすることができるが、行政手続法第16条の規定を踏まえ、代理人の資格は書面で証明しなければならないとともに、代理人がその資格を失ったときは、当該代理人を選任した者は、書面でその旨を市町村長に届け出なければならない。

また、当該通知書においては、法第14条第4項に示す通知事項のほか、当該通知書の交付を受けた者は、その交付を受けた日から5日以内に、市町村長に対し、意見書の提出に代えて公開による意見の聴取を行うことが請求できること（同条第5項）について、あらかじめ示すことが望ましい。

なお、当該通知書の交付は、従前の命令の内容を変更しようとする場合も同様である。

イ　命じようとする措置の内容

命じようとする措置は、法第14条第2項に基づき行った「勧告に係る措置」であり、措置の内容は明確に示さなければならない。

その他の留意事項については、4(1)ロを参照されたい。

ロ　措置を命ずるに至った事由

市町村長は当該命じようとする措置の事由を示さなければならない（法第14条第4項）。どの程度の事由を示さなければならないのかについて法に特段の定めは置かれていないが、単に根拠法令の条項を示すだけでは不十分であると考えられ、当該特定空家等がどのような状態にあって、どのような悪影響をもたらしているか、その結果どのような措置を命ぜられているのか等について、所有者等が理解できるように提示すべきである。

ハ　意見書の提出先及び提出期限

市町村長は、当該措置を命じようとする者又はその代理人に意見書及び自己に有利な証拠を提出する機会を与えなければならないとされている（法第14条第4項）。意見書及び証拠の提出は、命令の名あて人となるべき者にとって自己の権利利益を擁護するために重要な機会となるものであるから、行政手続法第15条第1項を踏まえれば、提出期限は意見書や証拠の準備をするのに足りると認められる期間を設定しなければならない。

(2) 所有者等による公開による意見聴取の請求（法第14条第5項）

命令に係る通知書の交付を受けた者は、その交付を受けた日から5日以内に、市町村長に対し、意見書の提出に代えて公開による意見の聴取を行うことを請求することができるとされている（法第14条第5項）。この「5日」の期間の計算については、期間の初日は算入しないものと解される。

なお、意見聴取の請求がなく当該期間を経過した場合には、(1)ハの意見書の提出期限の経過をもって、直ちに法第14条第3項に基づく命令をすることができる。

(3) 公開による意見の聴取（法第14条第6項〜第8項）

市町村長は、命令に係る通知の交付を受けた者から、上記の意見の聴取の請求があった場合においては、当該措置を命じようとする者又はその代理人の出頭を求めて、公開による意見の聴取を行わなければならない（法第14条第6項）。なお、これらの者が出頭しない場合は意見聴取の請求がない場合と同様に取り扱って差し支えないと解される。また、「公開による」とは、意見聴取を傍聴しようとする者がある場合にこれを禁止してはならないというにとどまり、場内整理等の理由により一定者数以上の者の入場を制限するまで否定するものではない。

市町村長は、意見の聴取を行う場合においては、当該措置を命じようとする者又はその代理人に対し、意見聴取の期日の3日前までに、
・命じようとする措置
・意見の聴取の期日及び場所
を通知するとともに、これを公告しなければれば

ならない（法第14条第7項）。なお、通知は、意見聴取を実施する日の3日前までに相手方に到達しなければならない点に留意されたい。また、「3日」の期間の計算については(2)と同様、期間の初日は算入しないものと解される。

通知の方式について定めはなく、口頭での通知も可能と解されるが、処理の確実性を期す観点からは、書面によることが望ましい。公告の方式についても定めはなく、当該市町村で行われている通常の公告方式でよいと考えられる。

措置を命じようとする者又はその代理人は、意見の聴取に際して、証人を出席させ、かつ、自己に有利な証拠を提出することができる（法第14条第8項）。この際、市町村長は、意見聴取の円滑な進行のため、過度にわたらない程度に証人の数を制限し、また証拠の選択をさせることは差し支えないと解される。

(4) **命令の実施**

(1)の事前の通知に示した意見書の提出期限までに意見書の提出がなかった場合、事前の通知書の交付を受けた日から5日以内に(2)の意見聴取の請求がなかった場合（意見聴取の請求があった場合において請求した者が出頭しなかった場合を含む。）、意見書の提出又は意見聴取を経てもなお当該命令措置が不当でないと認められた場合は、法第14条第3項の規定に基づき、当該措置を命令することができる。

命令はその内容を正確に相手方に伝え、相手方への命令の到達を明確にすること等処理の確実性を期す観点から、書面（参考様式4）で行うものとする。また、当該命令は行政争訟の対象となる処分であり、当該命令に対し不服がある場合は、行政不服審査法（昭和37年法律第160号）第6条の規定により当該市町村長に異議申立てを行うことができる[1]。したがって、命令においては、同法第57条第1項[2]の規定に基づき、

・当該処分につき不服申立てをすることができる旨
・不服申立てをすべき行政庁
・不服申立てをすることができる期間

について、示さなければならない。

   [1] 平成26年に成立した（新）行政不服審査法（平成26年法律第68号）において、不服申立ての手続を審査請求に一元化することとなっており（新法第2条）、新法施行後は当該市町村長に審査請求を行うこととなる。（新法第4条第1号、なお、新法の施行日は、公布の日（平成26年6月13日）から起算して2年を超えない範囲において政令で定める日。）
   [2] 改正後の行政不服審査法においては第82条第1項

なお、本項による市町村長の命令に違反した者は、50万円以下の過料に処することとなる（法第16条第1項）。過料の徴収手続については、非訟事件手続法に規定がある。手続の開始は裁判所の職権によるが、裁判所が職権探知により事件を立件することは事実上不可能であり、一般的には、通知を受けて手続が開始されている。このため、裁判所の職権の発動を促すため、違反事実を証する資料（過料に処せられるべき者の住所地を確認する書類、命令書又は立入調査を拒んだ際の記録等）を添付して、過料事件の通知を管轄地方裁判所に行うことが考えられる。この場合の管轄裁判所は、過料に処せられるべき者の住所地の地方裁判所である。過料事件の審理においては、当事者の陳述を聴き、検察官の意見が求められる。ただし、裁判所が、相当と認めるときは、当事者の陳述を聴かないで過料の裁判をすることができ、当事者はこの略式裁判手続に対しては、裁判の告知を受けた日から一週間内に異議を申し立てることができる。異議があったときは、前の裁判はその効力を失い、改めて当事者の陳述を聴いた上で更に裁判が行われる。

(5) **標識の設置その他国土交通省令・総務省令で定める方法による公示（法第14条第11項・第12項）**

市町村長は、法第14条第3項の規定による命令をした場合は、第三者に不測の損害を与えることを未然に防止する観点から、必ず標識（参考様式5）の設置をするとともに、市町村の公報への掲載、インターネットの利用その他市町村が適切と認める方法により同項の規定による命令が出ている旨を公示しなければならない（法第14条第11項、同法施行規則本則）。

標識は、命令に係る特定空家等に設置することができ（法第14条第12項）、当該特定空家等において、目的を達成するのに最も適

切な場所を選定してよいと解されるが、社会通念上標識の設置のために必要と認められる範囲に限られる。

6．特定空家等に係る代執行（法第14条第9項）

(1) 実体的要件の明確化

法第14条第9項は、行政代執行の要件を定めた行政代執行法第2条の特則であり、「第3項の規定により必要な措置を命じた場合において、その措置を命ぜられた者がその措置を履行しないとき、履行しても十分でないとき又は履行しても同項の期限までに完了する見込みがないとき」は、行政代執行法の定めるところに従い、代執行できることとしたものである。

代執行できる措置については、
・他人が代わってすることのできる義務（代替的作為義務）に限られること
・当該特定空家等による周辺の生活環境等の保全を図るという規制目的を達成するために必要かつ合理的な範囲内のものとしなければならないこと

の2つの要件を満たす必要がある。

その他手続等については、全て行政代執行法の定めるところによる。

(2) 手続的要件（行政代執行法第3条～第6条）

イ　文書による戒告（行政代執行法第3条第1項）

代執行をなすには、
・相当の履行期限を定め、
・その期限までに義務の履行がなされないときは、代執行をなすべき旨

を、予め文書（参考様式6）で戒告しなければならない。また、戒告を行う際には、5(4)の命令を行う際と同様、行政不服審査法第57条第1項の規定に基づき、書面で必要な事項を相手方に示さなければならない。

行政代執行法に基づく代執行の手続は戒告に始まるが、戒告は、義務を課す命令とは別の事務として、代執行の戒告であることを明確にして行うべきであると解される。なお、代執行の戒告であることを明確にして行うべきではあるものの、戒告が命令と同時に行われることは必ずしも妨げられるものではないとされている。

「相当の履行期限」について定めはないが、戒告は、その時点において命令に係る措置の履行がなされていないことを前提として、義務者が自ら措置を行うように督促する意味をもつものであるから、少なくとも戒告の時点から起算して当該措置を履行することが社会通念上可能な期限でなければならないと解される。

戒告においては、市町村長による命令措置が履行されないときに、当該市町村長が当該特定空家等について具体的にどのような措置を代執行することとなるのかを相手方に通知する観点から、義務の内容を明確に記載しなければならない。

なお、戒告の送達方法についての留意事項は、5．二を参照されたい。

ロ　再戒告

戒告において定められた措置命令の履行期限までに履行がなされないときは、市町村長は、直ちに代執行令書による通知の手続に移らず、再度戒告を重ね、義務者自らそれを履行する機会を与えることも認められると考えられる。どの時点で代執行を実行するかについては、市町村長において、例えば客観的事情から義務の履行期限を更に延長することが社会通念上許され難い状況にあるのか、又は再戒告により義務者自身による履行が期待され得るのか等の状況を勘案して判断することとなる。

ハ　代執行令書（行政代執行法第3条第2項）

義務者が前述の戒告を受けて、指定の期限までにその義務を履行しないときは、市町村長は、代執行令書（参考様式7）をもって、
・代執行をなすべき時期
・代執行のために派遣する執行責任者の氏名
・代執行に要する費用の概算による見積額

を義務者に通知する。

なお、代執行令書を通知する際には、5(4)の命令を行う際と同様、行政不服審査法第57条第1項の規定に基づき、書面で必要な事項を相手方に示さなければならない。

(イ) 代執行をなすべき時期

代執行令書による通知と代執行をなすべき時期の時間的間隔について定めはなく、

市町村長の裁量に委ねられるが、例えば特定空家等の除却を行う必要がある場合には、義務者が当該特定空家等から動産を搬出すること等に配慮することが望ましい。
(ロ) 代執行のために派遣する執行責任者の氏名

何人を執行責任者とするかは、代執行権者が適宜決定することとなる。

(3) 非常の場合又は危険切迫の場合（行政代執行法第3条第3項）

非常の場合又は危険切迫の場合において、命令の内容の実施について緊急の必要があり、前述の戒告及び代執行令書による通知の手続をとる暇がないときは、その手続を経ないで代執行をすることができる。

(4) 執行責任者の証票の携帯及び呈示（行政代執行法第4条）

法における代執行権者である市町村長は、執行責任者に対して、「その者が執行責任者たる本人であることを示すべき証票」を交付しなければならない。

また、執行責任者は、執行責任者証（参考様式8）を携帯し、相手方や関係人の要求があるときは、これを提示しなければならない。

(5) 代執行の対象となる特定空家等の中の動産の取扱い

代執行の対象となる特定空家等の中に相当の価値のある動産が存する場合、まず、所有者に運び出すよう連絡し、応じない場合は保管し、所有者に期間を定めて引き取りに来るよう連絡することが考えられる。その場合、いつまで保管するかは、法務部局と協議して適切に定める。

(6) 費用の徴収（行政代執行法第5条・第6条）

代執行に要した一切の費用は、行政主体が義務者から徴収する。当該費用について、行政主体が義務者に対して有する請求権は、行政代執行法に基づく公法上の請求権であり、義務者から徴収すべき金額は代執行の手数料ではなく、実際に代執行に要した費用である。したがって、作業員の賃金、請負人に対する報酬、資材費、第三者に支払うべき補償料等は含まれるが、義務違反の確認のために要した調査費等は含まれない。

市町村長は、文書（納付命令書）において、
・実際に要した費用の額
・その納期日

を定め、その納付を命じなければならない（行政代執行法第5条）。

行政代執行法の規定においては、代執行の終了後に費用を徴収することのみが認められ、代執行終了前の見積による暫定額をあらかじめ徴収することは認められない。

費用の徴収については、国税滞納処分の例[※3]による強制徴収が認められ（行政代執行法第6条第1項）、代執行費用については、市町村長は、国税及び地方税に次ぐ順位の先取特権を有する（同条第2項）。

※3 納税の告知（国税通則法（昭和37年法律66号）第36条第1項）、督促（同法第37条第1項）、財産の差押え（国税徴収法第47条）、差押財産の公売等による換価（同法第89条以下、第94条以下）、換価代金の配当（同法第128条以下）の手順。

7. 過失なく措置を命ぜられるべき者を確知することができない場合（法第14条第10項）

法第14条第3項に基づき必要な措置を命じようとする場合において、過失がなくてその措置を命ぜられるべき者を確知することができないとき（過失がなくて助言又は指導及び勧告が行われるべき者を確知することができないため命令を行うことができないときを含む。）は、市町村長は、その者の負担において、その措置を自ら行い、又はその命じた者若しくは委任した者に行わせることができる（いわゆる略式代執行。同条第10項）。

法第14条第10項に基づく略式代執行は、同条第3項の規定により「必要な措置を命じようとする場合」を前提としているから、仮に当該措置を命ぜられるべき者が確知されている場合に、必要な措置を命ずるに至らない程度のものについて略式代執行を行うことは認められないことに留意されたい。

法第14条第10項の規定により略式代執行をするための要件は、
・過失がなくてその措置を命ぜられるべき者を確知することができないこと
・その措置が、他人が代わってすることができる作為義務（代替的作為義務）であること

である。その他手続については、後述の「事前の公告」（法第14条第10項）を経た上で、法第14条第9項と同様である。

(1) 「過失がなくて」「確知することができない」場合

「過失がなくて」とは、市町村長がその職務行為において通常要求される注意義務を履行したことを意味する。また、「確知することができない」とは、措置を命ぜられるべき者の氏名及び所在をともに確知しえない場合及び氏名は知りえても所在を確知しえない場合をいうものと解される。

どこまで追跡すれば「過失がなくて」「確知することができない」と言えるかについての定めはないが、少なくとも、不動産登記簿情報等一般に公開されている情報や住民票情報等市町村が保有する情報、法第10条に基づく固定資産課税情報等を活用せずに所有者等を特定しようとした結果、所有者等を特定することができなかった場合にあっては、「過失がない」とは言い難いと考えられる。

(2) 事前の公告（法第14条第10項）

法第14条第10項に基づく代執行を行う場合においては、相当の期限を定めて、
・当該措置を行うべき旨
・その期限までに当該措置を行わないときは、市町村長又はその措置を命じた者若しくは委任した者がその措置を行うべき旨
をあらかじめ公告しなければならない。

公告の方法としては、当該市町村の掲示板に掲示し、かつ、その掲示があったことを官報に少なくとも1回掲載することを原則とするが、相当と認められるときは、官報への掲載に代えて、当該市町村の「広報」・「公報」等に掲載することをもって足りるものと解される。また、公告の期間については、最後に官報等に掲載した日又はその掲載に代わる掲示を始めた日から2週間を経過した時に、相手方に到達したものとみなされるものと解される（参考：民法（明治29年法律第89号）第98条及び民事訴訟法（平成8年法律第109号）第111条・第112条、行政手続法第31条の規定により準用する同法第15条第3項）。

(3) 代執行の対象となる特定空家等の中の動産の取扱い

代執行の対象となる所有者が不明の特定空家等の中に相当の価値のある動産が存する場合、まず、運び出すよう公示し、連絡がない場合は保管し、期間を定めて引き取りに来るよう公示することが考えられる。その場合、いつまで保管するかは、法務部局と協議して適切に定める。

(4) 費用の徴収

本項の代執行は行政代執行法の規定によらないものであることから、代執行に要した費用を強制徴収することはできない。すなわち、義務者が後で判明したときは、その時点で、その者から代執行に要した費用を徴収することができるが、義務者が任意に費用支払をしない場合、市町村は民事訴訟を提起し、裁判所による給付判決を債務名義として民事執行法（昭和54年法律第4号）に基づく強制執行に訴えることとなる（地方自治法施行令（昭和22年政令第16号）第171条の2第3号）。

8．必要な措置が講じられた場合の対応

特定空家等の所有者等が、助言若しくは指導、勧告又は命令に係る措置を実施したことが確認された場合は、当該建築物等は「特定空家等」ではなくなる。市町村においては、勧告又は命令をしている場合には当該勧告又は命令を撤回するとともに、当該建築物が特定空家等でなくなったと認められた日付、講じられた措置の内容等をデータベースに記録し、速やかに関係内部部局に情報提供することが望まれる。

特に税務部局に対しては、勧告又は命令が撤回された場合、固定資産税等のいわゆる住宅用地特例の要件を満たす家屋の敷地については、当該特例の適用対象となることから、可能な限り速やかにその旨を情報提供することが必要である。

また、必要な措置が講じられた空家等の所有者等に対しては、例えば、当該所有者等から措置が完了した旨の届出書の提出を受け、当該届出書を受領したものの写しを返却する等により、当該所有者等に対し「特定空家等」でなくなったことを示すことも考えられる。

〔別紙1〕「そのまま放置すれば倒壊等著しく保安上危険となるおそれのある状態」であるか否かの判断に際して参考となる基準

「そのまま放置すれば倒壊等著しく保安上危険となるおそれのある状態」であることを判断する際は、以下の1．(1)若しくは(2)又は2．に掲げる状態（将来そのような状態になること

が予見される場合を含む。）に該当するか否かにより判断する。以下に列挙したものは例示であることから、個別の事案に応じてこれによらない場合も適切に判断していく必要がある。

1．建築物が著しく保安上危険となるおそれがある。

(1) 建築物が倒壊等するおそれがある。

以下のイ又はロに掲げる事項に該当するか否かにより判断する。イ又はロに列挙したものは例示であることから、個別の事案に応じてこれによらない場合も適切に判断していく必要がある。

イ　建築物の著しい傾斜

部材の破損や不同沈下等の状況により建築物に著しい傾斜が見られるかなどを基に総合的に判断する。

調査項目の例	・基礎に不同沈下がある。 ・柱が傾斜している。

【参考となる考え方】
下げ振り等を用いて建築物を調査できる状況にある場合、1/20 超の傾斜が認められる場合（平屋以外の建築物で、2階以上の階のみが傾斜している場合も、同様の数値で取り扱うことも考えられる。）
※「被災建築物応急危険度判定マニュアル」財団法人日本建築防災協会／全国被災建築物応急危険度判定協議会

ロ　建築物の構造耐力上主要な部分の損傷等

(イ)　基礎及び土台

基礎に大きな亀裂、多数のひび割れ、変形又は破損が発生しているか否か、腐食又は蟻害によって土台に大きな断面欠損が発生しているか否か、基礎と土台に大きなずれが発生しているか否かなどを基に総合的に判断する。

調査項目の例	・基礎が破損又は変形している。 ・土台が腐朽又は破損している。 ・基礎と土台にずれが発生している。

【参考となる考え方】
・基礎のひび割れが著しく、土台に大きなずれが生じ、上部構造を支える役目を果たさなくなっている箇所が複数生じている場合
　※「震災建築物の被災度区分判定基準および復旧技術指針」（監修 国土交通省住宅局建築指導課／財団法人日本建築防災協会）
・土台において木材に著しい腐食、損傷若しくは蟻害があること又は緊結金物に著しい腐食がある場合
　※「特殊建築物等定期調査業務基準」（監修 国土交通省住宅局建築指導課／財団法人日本建築防災協会）

(ロ)　柱、はり、筋かい、柱とはりの接合等

構造耐力上主要な部分である柱、はり、筋かいに大きな亀裂、多数のひび割れ、変形又は破損が発生しているか否か、腐食又は蟻害によって構造耐力上主要な柱等に大きな断面欠損が発生しているか否か、柱とはりの接合状況などを基に総合的に判断する。

調査項目の例	・柱、はり、筋かいが腐朽、破損又は変形している。 ・柱とはりにずれが発生している。

【参考となる考え方】
複数の筋かいに大きな亀裂や、複数の柱・はりにずれが発生しており、地震時に建築物に加わる水平力に対して安全性が懸念される場合

(2) 屋根、外壁等が脱落、飛散等するおそれがある。

(イ)　屋根ふき材、ひさし又は軒

全部又は一部において不陸、剥離、破損又は脱落が発生しているか否か、緊結金具に著しい腐食があるか否かなどを基に総合的に判断する。

調査項目の例	・屋根が変形している。 ・屋根ふき材が剥落している。 ・軒の裏板、たる木等が腐朽している。 ・軒がたれ下がっている。

	・雨樋がたれ下がっている。
【参考となる考え方】 目視でも、屋根ふき材が脱落しそうな状態を確認できる場合	

(ロ) 外壁

全部又は一部において剝離、破損又は脱落が発生しているか否かなどを基に総合的に判断する。

調査項目の例	・壁体を貫通する穴が生じている。 ・外壁の仕上材料が剝落、腐朽又は破損し、下地が露出している。 ・外壁のモルタルやタイル等の外装材に浮きが生じている。

【参考となる考え方】
目視でも、上部の外壁が脱落しそうな状態を確認できる場合

(ハ) 看板、給湯設備、屋上水槽等

転倒が発生しているか否か、剝離、破損又は脱落が発生しているか否か、支持部分の接合状況などを基に総合的に判断する。

調査項目の例	・看板の仕上材料が剝落している。 ・看板、給湯設備、屋上水槽等が転倒している。 ・看板、給湯設備、屋上水槽等が破損又は脱落している。 ・看板、給湯設備、屋上水槽等の支持部分が腐食している。

【参考となる考え方】
目視でも、看板、給湯設備、屋上水槽等の支持部分が腐食している状態を、確認できる場合

(ニ) 屋外階段又はバルコニー

全部又は一部において腐食、破損又は脱落が発生しているか否か、傾斜が見られるかなどを基に総合的に判断する。

調査項目の例	・屋外階段、バルコニーが腐食、破損又は脱落している。 ・屋外階段、バルコニーが傾斜している。

【参考となる考え方】
目視でも、屋外階段、バルコニーが傾斜している状態を確認できる場合

(ホ) 門又は塀

全部又は一部においてひび割れや破損が発生しているか否か、傾斜が見られるかなどを基に総合的に判断する。

調査項目の例	・門、塀にひび割れ、破損が生じている。 ・門、塀が傾斜している。

【参考となる考え方】
目視でも、門、塀が傾斜している状態を確認できる場合

2．擁壁が老朽化し危険となるおそれがある。

擁壁の地盤条件、構造諸元及び障害状況並びに老朽化による変状の程度などを基に総合的に判断する。

調査項目の例	・擁壁表面に水がしみ出し、流出している。 ・水抜き穴の詰まりが生じている。 ・ひび割れが発生している。

【参考となる考え方】
擁壁の種類に応じて、それぞれの基礎点（環境条件・障害状況）と変状点の組み合わせ（合計点）により、擁壁の劣化の背景となる環境条件を十分に把握した上で、老朽化に対する危険度を総合的に評価する。
※「宅地擁壁老朽化判定マニュアル（案）」（国土交通省都市局都市安全課）

〔別紙2〕「そのまま放置すれば著しく衛生上有害となるおそれのある状態」であるか否かの判断に際して参考となる基準

「そのまま放置すれば著しく衛生上有害となるおそれのある状態」であることを判断する際は、以下の(1)又は(2)に掲げる状態（将来そのような状態になることが予見される場合を含む。）に該当するか否かにより判断する。以下に列挙したものは例示であることから、個別の

事案に応じてこれによらない場合も適切に判断していく必要がある。

(1) 建築物又は設備等の破損等が原因で、以下の状態にある。

状態の例	・吹付け石綿等が飛散し暴露する可能性が高い状況である。 ・浄化槽等の放置、破損等による汚物の流出、臭気の発生があり、地域住民の日常生活に支障を及ぼしている。 ・排水等の流出による臭気の発生があり、地域住民の日常生活に支障を及ぼしている。

(2) ごみ等の放置、不法投棄が原因で、以下の状態にある。

状態の例	・ごみ等の放置、不法投棄による臭気の発生があり、地域住民の日常生活に支障を及ぼしている。 ・ごみ等の放置、不法投棄により、多数のねずみ、はえ、蚊等が発生し、地域住民の日常生活に支障を及ぼしている。

〔別紙3〕「適切な管理が行われていないことにより著しく景観を損なっている状態」であるか否かの判断に際して参考となる基準

「適切な管理が行われていないことにより著しく景観を損なっている状態」であることを判断する際は、以下の(1)又は(2)に掲げる状態に該当するか否かにより判断する。以下に列挙したものは例示であることから、個別の事案に応じてこれによらない場合も適切に判断していく必要がある。

(1) 適切な管理が行われていない結果、既存の景観に関するルールに著しく適合しない状態となっている。

状態の例	・景観法に基づき景観計画を策定している場合において、当該景観計画に定める建築物又は工作物の形態意匠等の制限に著しく適合しない状態となっている。 ・景観法に基づき都市計画に景観地区を定めている場合において、当該都

例	の制限に著しく適合しない、又は条例で定める工作物の形態意匠等の制限等に著しく適合しない状態となっている。 ・地域で定められた景観保全に係るルールに著しく適合しない状態となっている。

(2) その他、以下のような状態にあり、周囲の景観と著しく不調和な状態である。

状態の例	・屋根、外壁等が、汚物や落書き等で外見上大きく傷んだり汚れたまま放置されている。 ・多数の窓ガラスが割れたまま放置されている。 ・看板が原型を留めず本来の用をなさない程度まで、破損、汚損したまま放置されている。 ・立木等が建築物の全面を覆う程度まで繁茂している。 ・敷地内にごみ等が散乱、山積したまま放置されている。

〔別紙4〕「その他周辺の生活環境の保全を図るために放置することが不適切である状態」であるか否かの判断に際して参考となる基準

「その他周辺の生活環境の保全を図るために放置することが不適切である状態」であることを判断する際は、以下の(1)、(2)又は(3)に掲げる状態に該当するか否かにより判断する。以下に列挙したものは例示であることから、個別の事案に応じてこれによらない場合も適切に判断していく必要がある。

(1) 立木が原因で、以下の状態にある。

状態の例	・立木の腐朽、倒壊、枝折れ等が生じ、近隣の道路や家屋の敷地等に枝等が大量に散らばっている。 ・立木の枝等が近隣の道路等にはみ出し、歩行者等の通行を妨げている。

(2) 空家等に住みついた動物等が原因で、以下の状態にある。

状態の例	・動物の鳴き声その他の音が頻繁に発生し、地域住民の日常生活に支障を及ぼしている。
	・動物のふん尿その他の汚物の放置により臭気が発生し、地域住民の日常生活に支障を及ぼしている。
	・敷地外に動物の毛又は羽毛が大量に飛散し、地域住民の日常生活に支障を及ぼしている。
	・多数のねずみ、はえ、蚊、のみ等が発生し、地域住民の日常生活に支障を及ぼしている。
	・住みついた動物が周辺の土地・家屋に侵入し、地域住民の生活環境に悪影響を及ぼすおそれがある。
	・シロアリが大量に発生し、近隣の家屋に飛来し、地域住民の生活環境に悪影響を及ぼすおそれがある。

(3) 建築物等の不適切な管理等が原因で、以下の状態にある。

状態の例	・門扉が施錠されていない、窓ガラスが割れている等不特定の者が容易に侵入できる状態で放置されている。
	・屋根の雪止めの破損など不適切な管理により、空き家からの落雪が発生し、歩行者等の通行を妨げている。
	・周辺の道路、家屋の敷地等に土砂等が大量に流出している。

〔参考様式1:第9条第4項　立入調査員証〕

(表面)

立入調査員証

○○第○○号

(刻印)

(写真)

所　属
職　名
氏　名
生年月日　　　年　　月　　日

　上記の者は、空家等対策の推進に関する特別措置法第9条第2項の規定に基づく立入調査の権限を有する者であることを証明する。

　　　年　　月　　日　発行(　　年　　月　　日まで有効)
　　　　　　　　　　　　　　　　　　○○市長　○○　○○印

(裏面)

空家等対策の推進に関する特別措置法（平成26年法律第127号）（抜粋）

第9条（略）
2　市町村長は、第14条第1項から第3項までの規定の施行に必要な限度において、当該職員又はその委任した者に、空家等と認められる場所に立ち入って調査をさせることができる。
3　市町村長は、前項の規定により当該職員又はその委任した者を空家等と認められる場所に立ち入らせようとするときは、その5日前までに、当該空家等の所有者等にその旨を通知しなければならない。ただし、当該所有者等に対し通知することが困難であるときは、この限りでない。
4　第2項の規定により空家等と認められる場所に立ち入ろうとする者は、その身分を示す証明書を携帯し、関係者の請求があったときは、これを提示しなければならない。
5　第2項の規定による立入調査の権限は、犯罪捜査のために認められたものと解釈してはならない。

注意
　この証票は、他人に貸与し、又は譲渡してはならない。

〔参考様式2:第14条第2項　勧告書〕

平成○年○月○日
○○第○○号

○○市○○町○丁目○番地○号
　　○○　○○　殿

○○市長
○○　○○　印
(担当　○○部○○課)

勧　　告　　書

　貴殿の所有する下記空家等は、空家等対策の推進に関する特別措置法(平成26年法律第127号。以下「法」という。)第2条第2項に定める「特定空家等」に該当すると認められたため、貴殿に対して対策を講じるように指導してきたところでありますが、現在に至っても改善がなされていません。
　ついては、下記のとおり速やかに周辺の生活環境の保全を図るために必要な措置をとるよう、法第14条第2項の規定に基づき勧告します。

記

1．対象となる特定空家等
　　　所在地　　○○市××町×丁目×番地×号
　　　用　途　　住宅
　　　所有者の住所及び氏名
　　　　　　　　○○市○○町○丁目○番地○号　　○○　○○

2．勧告に係る措置の内容
　　　(何をどのようにするのか、具体的に記載)

3．勧告に至った事由
　　　(特定空家等がどのような状態にあって、どのような悪影響をもたらしているか、当該状態が、
　　　①そのまま放置すれば倒壊等著しく保安上危険となるおそれのある状態
　　　②そのまま放置すれば著しく衛生上有害となるおそれのある状態
　　　③適切な管理が行われていないことにより著しく景観を損なっている状態
　　　④その他周辺の生活環境の保全を図るために放置することが不適切である状態
　　　のいずれに該当するか具体的に記載)

4．勧告の責任者　　○○市○○部○○課長　　○○　○○
　　　　　　　　　連絡先：○○○○-○○-○○○○

5．措置の期限　　　平成○年○月○日

・上記5の期限までに上記2に示す措置を実施した場合は、遅滞なく上記4に示す者まで報告をすること。
・上記5の期限までに正当な理由がなくて上記2に示す措置をとらなかった場合は、法第14条第3項の規定に基づき、当該措置をとることを命ずることがあります。
・上記1に係る敷地が、地方税法(昭和25年法律第226号)第349条の3の2又は同法第702条の3の規定に基づき、住宅用地に対する固定資産税又は都市計画税の課税標準の特例の適用を受けている場合にあっては、本勧告により、当該敷地について、当該特例の対象から除外されることとなります。

〔参考様式３：第14条第４項　命令に係る事前の通知書〕

平成〇年〇月〇日
〇〇第〇〇号

〇〇市〇〇町〇丁目〇番地〇号
　　〇〇　〇〇　殿

〇〇市長
　〇〇　〇〇　㊞
（担当　〇〇部〇〇課）

命令に係る事前の通知書

　貴殿の所有する下記空家等は、空家等対策の推進に関する特別措置法（平成２６年法律第１２７号。以下「法」という。）第２条第２項に定める「特定空家等」に該当すると認められたため、平成〇年〇月〇日付け〇〇第〇〇号により必要な措置をとるよう勧告しましたが、現在に至っても当該措置がなされていません。
　このまま措置が講じられない場合には、法第１４条第３項の規定に基づき、下記のとおり当該措置をとることを命令することとなりますので通知します。
　なお、貴殿は、法第１４条第４項の規定に基づき、本件に関し意見書及び自己に有利な証拠を提出することができるとともに、同条第５項の規定に基づき、本通知の交付を受けた日から５日以内に、〇〇市長に対し、意見書の提出に代えて公開による意見の聴取を行うことを請求することができる旨、申し添えます。

記

1. 対象となる特定空家等
　　所在地　　〇〇市××町〇丁目×番地×号
　　用　途　　住宅
　　所有者の住所及び氏名
　　　　　　　〇〇市〇〇町〇丁目〇番地〇号　　〇〇　〇〇

2. 命じようとする措置の内容
　　（何をどのようにするのか、具体的に記載）

3. 命ずるに至った事由
　　（特定空家等がどのような状態にあって、どのような悪影響をもたらしているか、具体的に記載）

4. 意見書の提出及び公開による意見の聴取の請求先
　　　〇〇市〇〇部〇〇課長　宛
　　送付先：〇〇市〇〇町〇丁目〇番地〇号
　　連絡先：〇〇〇〇－〇〇－〇〇〇〇

5. 意見書の提出期限　平成〇年〇月〇日

・上記２に示す措置を実施した場合は、遅滞なく上記４に示す者まで報告をすること。

〔参考様式4：第14条第3項 命令書〕

平成○年○月○日
○○第○○号

○○市○○町○丁目○番地○号
　　○○　○○　殿

○○市長
　○○　○○　　印
（担当　○○部○○課）

命　令　書

　貴殿の所有する下記空家等は、空家等対策の推進に関する特別措置法（平成26年法律第127号。以下「法」という。）第2条第2項に定める「特定空家等」に該当すると認められたため、平成○年○月○日付け○○第○○号により、法第14条第3項の規定に基づく命令を行う旨事前に通知しましたが、現在に至っても通知した措置がなされていないとともに、当該通知に示した意見書等の提出期限までに意見書等の提出がなされませんでした。
　については、下記のとおり措置をとることを命令します。

記

1．対象となる特定空家等
　　所在地　　　○○市××町×丁目×番地×号
　　用　途　　　住宅
　　所有者の住所及び氏名
　　　　　　　　○○市○○町○丁目○番地○号　　○○　○○

2．措置の内容
　　（何をどのようにするのか、具体的に記載）

3．命ずるに至った事由
　　（特定空家等がどのような状態にあって、どのような悪影響をもたらしているか、具体的に記載）

4．命令の責任者　　○○市○○部○○課長　　○○　○○
　　　　　　　　　連絡先：○○○○－○○－○○○○

5．措置の期限　　　平成○年○月○日

・上記2に示す措置を実施した場合は、遅滞なく上記4に示す者まで報告をすること。
・本命令に違反した場合は、法第16条第1項の規定に基づき、50万円以下の過料に処せられます。
・上記5の期限までに上記2の措置を履行しないとき、履行しても十分でないとき又は履行しても同期限までに完了する見込みがないときは、法第14条第9項の規定に基づき、当該措置について行政代執行の手続に移行することがあります。
・この処分について不服がある場合は、行政不服審査法（昭和37年法律第160号）第6条及び第45条の規定により、この処分があったことを知った日の翌日から起算して60日以内に○○市長に対し異議申立てをすることができます。

注：平成26年に成立した行政不服審査法（平成26年法律第68号）において、不服申立ての手続を審査請求に一元化することとなっており（新法第2条）、新法施行後は当該市町村長に審査請求を行うことになる。（新法第4条第1号、なお、新法の施行日は、公布の日（平成26年6月13日）から起算して2年を超えない範囲において政令で定める日。）また、新法における審査請求期間は、処分があったことを知った日の翌日から起算して3月を経過するまで（新法第18条第1項）となる。

〔参考様式5:第14条第11項 標識〕

標　　識

　下記特定空家等の所有者は、空家等対策の推進に関する特別措置法(平成26年法律第127号。以下「法」という。)第14条第3項の規定に基づき措置をとることを、平成○年○月○日付け○○第○○号により、命ぜられています。

記

1. 対象となる特定空家等
   　　所在地　　　○○市××町×丁目×番地×号
   　　用　途　　　住宅

2. 措置の内容
   　(何をどのようにするのか、具体的に記載)

3. 命ずるに至った事由
   　(特定空家等がどのような状態にあって、どのような悪影響をもたらしているか、具体的に記載)

4. 命令の責任者　　○○市○○部○○課長　　○○　○○
   　　　　　　　　連絡先:○○○○-○○-○○○○

5. 措置の期限　　　平成○年○月○日

〔参考様式6：第14条第9項の規定に基づく行政代執行　戒告書〕

平成○年○月○日
○○第○○号

○○市○○町○丁目○番地○号
　　○○　○○　殿

○○市長
　　○○　○○　印
（担当　○○部○○課）

戒　　告　　書

　貴殿に対し平成○年○月○日付け○○第○○号により貴殿の所有する下記特定空家等の（除却）※を行うよう命じました。この命令を平成○年○月○日までに履行しないときは、空家等対策の推進に関する特別措置法（平成26年法律第127号）第14条第9項の規定に基づき、下記特定空家等の（除却）※を執行いたしますので、行政代執行法（昭和23年法律第43号）第3条第1項の規定によりその旨戒告します。
　なお、代執行に要するすべての費用は、行政代執行法第5条の規定に基づき貴殿から徴収します。また、代執行によりその物件及びその他の資材について損害が生じても、その責任は負わないことを申し添えます。

記

特定空家等
　(1)　所在地　　　○○市××町×丁目×番地×号
　(2)　用　途　　　住宅
　(3)　構　造　　　木造2階建
　(4)　規　模　　　建築面積　　約　60㎡
　　　　　　　　　 延べ床面積　約 100㎡
　(5)　所有者の住所及び氏名
　　　　　　　　　 ○○市○○町○丁目○番地○号　　○○　○○

・この処分について不服がある場合は、行政不服審査法（昭和37年法律第160号）第6条及び第45条の規定により、この処分があったことを知った日の翌日から起算して60日以内に○○市長に対し異議申立てをすることができます。

注：平成26年に成立した行政不服審査法（平成26年法律第68号）において、不服申立ての手続を審査請求に一元化することとなっており（新法第2条）、新法施行後は当該市町村長に審査請求を行うことになる。（新法第4条第1号、なお、新法の施行日は、公布の日（平成26年6月13日）から起算して2年を超えない範囲において政令で定める日。）また、新法における審査請求期間は、処分があったことを知った日の翌日から起算して3月を経過するまで（新法第18条第1項）となる。

※措置の内容（除却、修繕、立木竹の伐採等）に応じて記載

〔参考様式７：第14条第９項の規定に基づく行政代執行　代執行令書〕

平成○年○月○日
○○第○○号

○○市○○町○丁目○番地○号
　　○○　○○　殿

○○市長
　　○○　○○　印
（担当　○○部○○課）

代執行令書

　平成○年○月○日付け○○第○○号により貴殿の所有する下記特定空家等を平成○年○月○日までに（除却）※するよう戒告しましたが、指定の期日までに義務が履行されませんでしたので、空家等対策の推進に関する特別措置法（平成２６年法律第１２７号）第１４条第９項の規定に基づき、下記のとおり代執行をおこないますので、行政代執行法（昭和２３年法律第４３号）第３条第２項の規定により通知します。
　また、代執行に要するすべての費用は、行政代執行法第５条の規定に基づき貴殿から徴収します。また、代執行によりその物件及びその他の資材について損害が生じても、その責任は負わないことを申し添えます。

記

１．（除却）※する物件
　　　○○市××町×丁目×番地×号
　　　住宅（附属する門、塀を含む）約１００㎡
２．代執行の時期
　　　平成○年○月○日から平成○年○月○日まで
３．執行責任者
　　　○○市○○部○○課長　○○　○○
４．代執行に要する費用の概算見積額
　　　約○，○○○，○○○円

・この処分について不服がある場合は、行政不服審査法（昭和３７年法律第１６０号）第６条及び第４５条の規定により、この処分があったことを知った日の翌日から起算して６０日以内に○○市長に対し異議申立てをすることができます。

注：平成26年に成立した行政不服審査法（平成26年法律第68号）において、不服申立ての手続を審査請求に一元化することとなっており（新法第２条）、新法施行後は当該市町村長に審査請求を行うことになる。（新法第４条第１号、なお、新法の施行日は、公布の日（平成26年６月13日）から起算して２年を超えない範囲において政令で定める日。）また、新法における審査請求期間は、処分があったことを知った日の翌日から起算して３月を経過するまで（新法第18条第１項）となる。

※措置の内容（除却、修繕、立木竹の伐採等）に応じて記載

〔参考様式８：第14条第９項の規定に基づく行政代執行　執行責任者証〕

（表面）

執行責任者証

〇〇第〇〇号

〇〇部〇〇課長　〇〇〇〇

上記の者は、下記の行政代執行の執行責任者であることを証する。

平成〇年〇月〇日

　　　　〇〇市長　　　　　　　　　　〇〇〇〇　　印

記

１．代執行をなすべき事項
　　代執行令書（平成〇年〇月〇日付け〇〇第〇〇号）記載の〇〇市××町×丁目×番地×号の建築物の除却

２．代執行をなすべき時期
　　平成〇年〇月〇日から平成〇年〇月〇日までの間

（裏面）

空家等対策の推進に関する特別措置法（平成26年法律第127号）（抜粋）

第14条（以上略）

9　市町村長は、第３項の規定により必要な措置を命じた場合において、その措置を命ぜられた者がその措置を履行しないとき、履行しても十分でないとき又は履行しても同項の期限までに完了する見込みがないときは、行政代執行法（昭和23年法律第43号）の定めるところに従い、自ら義務者のなすべき行為をし、又は第三者をしてこれをさせることができる。

10～15（略）

行政代執行法（昭和23年法律第43号）（抜粋）

第４条
　　代執行のために現場に派遣される執行責任者は、その者が執行責任者たる本人であることを示すべき証票を携帯し、要求があるときは、何時でもこれを呈示しなければならない。

参考文献

(URL は 2016 年 2 月 8 日現在のもの)

空家法を解説するもの

北村喜宣「空家対策特措法案を読む（一）（二・完）」自治研究 90 巻 10 号 3-26 頁，同 11 号 30-56 頁（2014 年）

北村喜宣「空家等対策の推進に関する特別措置法」法学教室 414 号（2015 年）55-64 頁

国土交通省住宅局住宅総合整備課「『空家等対策の推進に関する特別措置法』の概要及び空家等対策の取組支援」法律のひろば 68 巻 7 号（2015 年）13-19 頁

小林宏和「空家対策を総合的かつ計画的に推進──立入調査，固定資産税情報の利用，要件が明確にされた行政代執行が可能に」時の法令 1974 号（2015 年）4-16 頁

小林宏和「全国的な空家対策に向けて──空家等対策の推進に関する特別措置法解説」政策法務 Facilitator46 号（2015 年）2-11 頁

小林宏和「空家等対策の推進に関する法律」法令解説資料総覧 401 号（2015 年）31-39 頁

自由民主党空き家対策推進議員連盟（編著）『空家対策特措法の解説』（大成出版社，2015 年）

空き家条例・自治体施策に関連するもの

青山竜治「空家特措法制定後の空き家条例の整備に関する一考察──京都市条例を素材として」自治実務セミナー 2015 年 7 月号 15-20 頁

北村喜宣（監修）『空き家等の適正管理条例』（地域科学研究会，2012 年）

北村喜宣「空き家対策の自治体政策法務（一）（二・完）」自治研究 88 巻 7 号 21-47 頁，同 8 号 49-79 頁（2012 年）

北村喜宣「空家対策特措法の成立と条例進化の方向性」日本都市センター（編）『都市自治体と空き家──課題と展望』（日本都市センター，2015 年）11-48 頁

北村喜宣「空家対策特措法の制定と市町村の空き家対応施策」論究ジュリスト 15 号（2015 年）70-80 頁

北村喜宣「空家対策特措法の成立を受けた自治体対応」自治実務セミナー 2015 年

7月号2-8頁

森幸二「空家等対策特別措置法をどう執行すべきか──法施行後の空家条例の取扱いほか」自治実務セミナー2015年2月号51-57頁

📚 行政代執行について解説するもの

北村喜宣＝須藤陽子＝中原茂樹＝宇那木正寛『行政代執行の理論と実践』（ぎょうせい, 2015年）

北村喜宣（編）『行政代執行の手法と政策法務』（地域科学研究会, 2015年）

📚 その他実務上の手引となるもの

片岡武＝金井繁昌＝草部康司＝川畑晃一『家庭裁判所における成年後見・財産管理の実務〔第2版〕』（日本加除出版, 2014年）

国土交通省住宅局『地方公共団体における空家調査の手引き』（2012年）http://www.sumikae-nichiikikyoju.net/akiya/

埼玉県空き家対策連絡会議老朽危険空き家部会『特定空家等に対する指導手順マニュアル〔第1版〕』（2015年）https://www.pref.saitama.lg.jp/a1106/documents/5sidou.pdf

福井県空き家対策協議会『福井県空き家対策マニュアル〔第2版修正版〕』（2015年）http://www.pref.fukui.jp/doc/kenchikujyuutakuka/akiyamanyuaru2.html

弁護士法人リレーション（編著）『よくわかる空き家対策と特措法の手引き──空き家のないまちへ』（日本加除出版, 2015年）

山形県県土整備部『やまがたの空き家対策の手引き』（2015年）http://www.pref.yamagata.jp/ou/kendoseibi/180032/tochi/akiyatebiki/akiyatebiki.html

📚 空き家問題を多角的に論じたもの

浅見泰司（編著）『都市の空閑地・空き家を考える』（プログレス, 2014年）

公益財団法人 日本都市センター編『都市自治体と空き家──課題・対策・展望』（公益財団法人 日本都市センター, 2015年）

中川寛子『解決！空き家問題』（筑摩書房, 2015年）

長嶋修『「空き家」が蝕む日本』（ポプラ社, 2014年）

牧野知弘『空き家問題──1000万戸の衝撃』（祥伝社, 2014年）

米山秀隆『空き家急増の真実——放置・倒壊・限界マンション化を防げ』（日本経済新聞出版社，2012年）

様々な取組み事例を紹介するもの

国土交通省中国整備局建政部『空き家問題の解消に向けて——空き家対策と取組事例』https://www.cgr.mlit.go.jp/chiki/kensei/akiyahp/index.htm

国土交通省北陸地方整備局建政部『北陸地方における空き家対策と取組事例』（2015年）http://www.hrr.mlit.go.jp/kensei/machi/akiya/akiyahoukokusyo.html

公益財団法人 東京市町村自治調査会『自治体の空き家対策に関する調査研究報告書』（2014年）http://www.tama-100.or.jp/cmsfiles/contents/0000000/376/ALL_L.pdf

徳島県『空き家対策・事例集』（2013年）http://www.pref.tokushima.jp/docs/2013020800152/files/akiya.pdf

その他最近の論考として

榎本好二「空き家問題と自治体——これまでとこれから」法律のひろば68巻7号（2015年）20-28頁

小澤英明「法律家の視点からみる空き家問題」法律のひろば68巻7号（2015年）37-44頁

尾谷恒治＝佐藤康之「空き家問題への弁護士としての取組みと信託」信託フォーラム3号（2015年）27-31頁

小林秀樹「空き家をめぐる現状と課題」法律のひろば68巻7号（2015年）4-12頁

霜垣慎治「空き家バンク制度の分析と展開」法律のひろば68巻7号（2015年）29-36頁

杉田牧子「空き家問題の動向と今後の展望」信託フォーラム3号（2015年）17-26頁

周藤利一「不動産業界における空き家対策」法律のひろば68巻7号（2015年）45-52頁

森登規雄＝浅井学「空き家問題と民事信託」信託フォーラム3号（2015年）32-35頁

INDEX 索 引

あ 行

空き家化の予防 →予防（空家化の）
空き家管理代行サービス　209
空き家関連ビジネス　209
空家等　→定義（空き家の）
空家等対策計画　24, 60, 95
空き家の内訳　2
空き家の活用　→活用（空き家の）
空き家の所有者　→所有者
空き家の賃貸化　→賃貸化（空き家の）
空き家の定義　→定義（空き家の）
空き家の適正（適切）な管理　→適正（適切）
　　な管理（空き家の）
空き家の売却　→売却（空き家の）
空き家の利用　→利用（空き家の）
空き家バンク　35, 179, 180, 183, 198, 202, 205
空家法案　15
空き家率　1, 171
跡地の活用　→活用（跡地の）
意見書　40
意見聴取　40, 81, 130
意見陳述　99
移住支援　204
インスペクション　220
上乗せ規制　78, 80
NPO（との連携）　205
援　助　→支援　→除却支援

か 行

外観目視調査　111
戒告書　133
ガイドライン　44
活用（空き家の）　18, 35, 63, 75, 188, 198, 201
活用（跡地の）　35, 63, 85, 212
過　料　46, 63, 90, 102
勧　告　12, 37, 76, 78, 80, 99, 125

間接強制　30, 113
緩和代執行　42, 131
既存不適格建築物　8, 14, 54, 81, 116
既存不適格建築物に係る是正命令制度に関する
　　ガイドライン　118
基本指針　23
義務付け　11, 23
協議会　26, 44, 60, 86, 96, 188
行政事件訴訟法　38, 40, 131, 133
強制執行　137
行政代執行　42, 99, 129, 131, 137, 191, 195
行政代執行法　12, 14, 36, 42, 43, 63, 79, 129, 132,
　　135, 139
行政手続法　21, 36, 37, 38, 40, 79, 81, 121, 130
行政不服審査法　38, 40, 131, 133
共同住宅　→マンション
緊急安全措置　12, 84, 101, 136
国の支援　→支援（国の）
国の責務　→責務（国の）
警　察　18, 27, 58
軽微な措置　65, 67, 85, 101, 136
建築基準法　8, 11, 12, 14, 19, 20, 31, 33, 40, 43,
　　54, 67, 81, 115, 116, 117, 118, 130, 131, 136, 174,
　　207
建築物　18, 117
現地調査　111
公営住宅　207
公　告　130, 139
工作物　18
工作物責任　22, 176
公　示　23, 79, 81, 100, 131
公　売　196
公　表　12, 21, 79, 83, 131
戸籍情報　106, 109, 156
固定資産税　11, 13, 45, 127, 191
固定資産税情報　32, 82, 108
ごみ屋敷　17

コンパクトシティ　212

さ 行

財政上の措置　45
支援（国の）　45, 188
支援（都道府県の）　28, 188
事業者の責務　→責務（事業者の）
市町村の責務　→責務（市町村の）
実態調査　184
指　導　→助言・指導
司法書士　164
市民等の責務　→責務（市民等の）
修　繕　8, 36, 99
住宅用地特例　13, 38, 45, 128, 191
住民票　106, 110, 156
守秘義務　11, 61, 83, 86
準空き家　117
条例改正　49
除　却　8, 12, 36, 99, 180, 188
除却支援　190
助言・指導　12, 36, 76, 78, 80, 99, 123
助成金　→除却支援
所有者情報の利用　98
所有者の責務　→責務（所有者の）　→適正（適切）な管理（空き家の）
所有者の特定　105
所有者不明　155, 196
所有者への啓発　176
住み替え支援　205
税制上の措置　45
責務（国の）　23
責務（事業者の）　74
責務（市町村の）　22, 60, 74
責務（市民等の）　74
責務（所有者の）　21, 60, 74
責務（都道府県の）　23
接道要件　174
相続財産管理人　110, 155, 196
相続人調査　109
相談体制　180, 182
即時執行　13, 41, 64, 84, 101, 135

た 行

第三者機関　28

代執行令書　133
立入調査　29, 62, 88, 97, 111
地方税法　11, 32, 37, 45, 46, 83, 108
中古住宅　218
賃貸化（空き家の）　178, 180, 200
通　知　30, 62, 112, 129
DIY型賃貸　201
定義（空き家の）　18, 58, 71, 94, 115
適正（適切）な管理（空き家の）　34, 63, 76
データベース　33, 63, 98
登記簿　→不動産登記簿
徳島市公安条例事件判決　52
特定空家等　20, 59, 63, 72, 94
特定空家等の認定　114, 185
特定行政庁　8
都市計画税　13, 46, 127
都市再生法　217
都道府県の支援　→支援（都道府県の）
都道府県の責務　→責務（都道府県の）

な 行

長　屋　59, 116

は 行

売却（空き家の）　178, 180, 190, 200
伐　採　36
罰　則　46, 63, 89, 90, 102
番号法　43
標　識　76, 131
費用の徴収　139
比例原則　30, 37, 40, 59, 67, 129
不在者財産管理人　155
不動産総合データベース　218
不動産登記簿　32, 106, 156
不利益処分　21, 37, 40, 79, 100
報　告　31
防　犯　18, 58, 70, 94
補助金　→除却支援

ま 行

マイナンバー法　43
マンション　58, 116
民　泊　211
命　令　12, 39, 78, 99, 128, 130

目的（空家法の）	17, 58		ら　行	
目的（条例の）	70, 93			
物　置	116		ランドバンク	167, 212
			略式代執行	43, 79, 110, 111, 112, 137, 155
や　行			利用（空き家の）	188, 198, 201
			REINS	218
横出し規制	59, 78, 84			
予防（空き家化の）	75, 98, 180			

本書で取り上げた
条 例 一 覧

明石市空家等の適正な管理に関する条例	38, 57
足立区老朽家屋等の適正管理に関する条例	10, 28, 66
市川市空き家等の適正な管理に関する条例	9
長万部町空き地及び空き家等の環境保全に関する条例	9
京都市空き家の活用，適正管理等に関する条例	11, 68, 149
京都市行政手続条例	80
京都市個人情報保護条例	83
京都市細街路にのみ接する建築物の制限等に関する条例	174
京都市不良な生活環境を解消するための支援及び措置に関する条例	83
上越市空き家等の適正管理及び活用促進に関する条例	60
大仙市空き家等の適正管理に関する条例	141
所沢市空き家等の適正管理に関する条例	9
名古屋市空家等対策の推進に関する条例	61
沼田町あき地及びあき家の管理に関する条例	2
松江市空き家を生かした魅力あるまちづくり及びまちなか居住促進の推進に関する条例	216
横須賀市空き家等の適正管理に関する条例	152

空き家対策の実務

2016年3月10日　初版第1刷発行

編　者　北村喜宣
　　　　米山秀隆
　　　　岡田博史

発行者　江草貞治

発行所　株式会社 有斐閣

郵便番号 101-0051
東京都千代田区神田神保町 2-17
電話 (03)3264-1314〔編集〕
(03)3265-6811〔営業〕
http://www.yuhikaku.co.jp/

文字情報・レイアウト　田中あゆみ
印刷・株式会社理想社／製本・大口製本印刷株式会社
© 2016, Y. Kitamura, H. Yoneyama, H. Okada. Printed in Japan
落丁・乱丁本はお取替えいたします。

★定価はカバーに表示してあります。
ISBN 978-4-641-13199-6

JCOPY 本書の無断複写（コピー）は，著作権法上での例外を除き，禁じられています。複写される場合は，そのつど事前に，（社）出版者著作権管理機構（電話03-3513-6969, FAX03-3513-6979, e-mail:info@jcopy.or.jp）の許諾を得てください。